著者：指文军鉴工作室

003

真田丸

台海出版社

图书在版编目（CIP）数据

日本·军鉴.3，真田丸 / 指文军鉴工作室著. ——
北京：台海出版社，2016.11
　　ISBN 978-7-5168-0802-3

Ⅰ. ①日… Ⅱ. ①指… Ⅲ. ①军事史－日本－战国时
代(日本)－通俗读物 Ⅳ. ①E313.9-49

中国版本图书馆CIP数据核字(2016)第275538号

日本·军鉴.3，真田丸

著　　者：指文军鉴工作室

责任编辑：俞滟荣　　　　　　　　　　装帧设计：指文文化
版式设计：周　杰　　　　　　　　　　责任印制：蔡　旭

出版发行：台海出版社
地　　址：北京市朝阳区劲松南路1号　　　邮政编码：100021
电　　话：010－64041652（发行，邮购）
传　　真：010－84045799（总编室）
网　　址：www.taimeng.org.cn/thcbs/default.htm
E－mail：thcbs@126.com

经　　销：全国各地新华书店
印　　刷：重庆共创印务有限公司
本书如有破损、缺页、装订错误，请与本社联系调换

开　　本：787mm×1092mm　　　　　　1/16
字　　数：276千字　　　　　　　　　　印　　张：17
版　　次：2019年1月第2版　　　　　　印　　次：2019年1月第1次印刷
书　　号：ISBN 978-7-5168-0802-3

定　　价：99.80元

出版寄语

《日本·军鉴》聚焦各个时期的日本军事风云，在专业性与可读性之间取得巧妙的平衡，进而找到了一条通往历史深处的秘径。

——作家魏风华，著有《抗日战争的细节》等

以史为镜可知兴亡，以邻为镜可知短长。我们对邻国日本的了解或许不能说不多，但永远不能说足够。期望《日本·军鉴》能够成为更多读者深入日本史研究领域的一个起点和窗口。

——纪录片《争雄三八线》、央视《互联网时代》导演郭威

作为所谓的邻邦，日本这个国度对于国人而言既熟悉又陌生，尤其是在其军事方面更谈不上知根知底。相信大家能够通过军鉴这一系列出版物，了解对面那个国家军事历史的方方面面。

——资深制服徽章文化研究者、指文号角工作室主编reichsrommel

虽然是中华文化的继承者之一，近邻日本在历史上却多次与中国发生战争，无论过去、今日，还是未来都是中国不可回避的对手。知己知彼，百战不殆。我们必须对日本的历史、文化和军事等一切方面都加以最深刻的研究，才能避免悲剧重演，开辟东亚美好未来。由指文军鉴工作室编著的《日本·军鉴》，便是读者研究日本的最佳途径。

——战史作者王子午，著有《日本武士战争史》等

长久以来，国人对日本的观感似多有偏颇之处，其实我们更应该用客观的眼光看待这个国家。希望广大读者能够通过《日本·军鉴》了解我们这个既熟悉又陌生的邻邦。

——军史作者赵国星，有《装甲司令：艾哈德·劳斯大将东线回忆录》、
《意大利空战1943—1945：欧洲软肋上空的殊死争夺》等作品

卷首语

20世纪我国著名的"大历史论"学者黄仁宇教授，在年少时投笔从戎、参军抗战，至抗日战争取得胜利时，他已经升任为一名年轻的军官。不料很快国共内战又起，他本人也险些被抛于内战战场之上。所幸当时他得到前往美国留学的机会，进入了美国的军校。

对于此时祖国正在上演的内战，黄仁宇（当然，那时还不能称"教授"）心中一直存有芥蒂，更不愿提起，但他在美国的老师、同学们却非常感兴趣，时时会向他提问。终于有一次，黄任宇向一位美国老将军吐露了心声，他认为自己的祖国在击退外敌后不久便拉开内战，作为中国人的自己深感惭愧。老将军听闻此言后却哈哈大笑，否定了他的看法："没有的事！打内战说明国民有爱国心！比如说我家里面吧，我父亲和我叔辈们全都参加过南北战争，有的在南方军，有的在北方军，他们每个人都以参加过那场战争而自豪！"

数月前，我们决定将《日本·军鉴》第三辑的主题设置为"真田丸"，起因自然是正在播出的日本本年度最热的大河剧、由"雅人叔"主演的《真田丸》。战国时代的真田家，尤其是真田信繁（幸村）的故事，曾经无数次地被搬上荧幕。而这一次，大河剧《真田丸》的制作则更为精良，该剧的制作方也将近年来史学界发掘出的一些新观点融入剧情。当然，作为一部电视剧，《真田丸》还是存在一些某种程度上的夸张或是与公认历史记载并不相符的地方，但这也是在所难免的事情。此番《日本·军鉴》第三辑的写作目的也并非要给大河剧《真田丸》纠错（虽然的确也做了一些这方面的事情，但这不是最主要的目的），而是想令更多的人真正地对日本从古到今的历史产生兴趣，并从这种兴趣中收获知识与启迪，而不仅仅是看看大河剧，被"雅人叔"丰富的表情逗乐。

知识与启迪再上升一个层次，便是思考。虽然日本战国时代的战争与中国近代的国内战争毫无联系，但"人性"却在各自的时代里演绎着无数相似的悲欢离合。真田家在战国末期的三次大战（"关原合战"与大坂夏、冬合战）中都处于分裂状态：父子间陷入对战，兄弟间进行厮杀。令这个家族陷入分裂的原因，当然不是前面那位美国将军提到的"爱国心"，避开其他复杂的原因不谈，至少可以明确的是——这个家族成员所具备的"爱家心"，只是在如何保存乃至壮大这个家族的问题上，他们的主张截然相反。有趣的是，他们各自所持有的截然相反的主张，往往又源自于他们各不相同的"个人经历之历史"。历史便是如此有趣，以战国时代中的一个家族为管窥渠道，也能如万花筒般扩散出千变万化的姿态。

指文军鉴工作室主编 潘越

2016年10月20日

目录

CONTENTS

表里比兴

真田昌幸和战国真田家的兴亡

作者/赵恺

关于真田昌幸的人生，日本史学界向来不乏溢美之词，其中最脍炙人口的，还是太阁丰臣秀吉对其的评价："表里比兴之者"。那么，究竟是什么样的人生经历导致真田昌幸始终不甘于人下，他的一生又究竟在谋划些什么呢？

关于真田昌幸的人生，日本史学界向来不乏溢美之词。"无双之智将"、"笼城之达人"、"玩弄群雄于股掌之间"、"若非时运不济当夺取天下"云云，充斥于各种有关他的个人传记之中。其中最脍炙人口的，还是太阁丰臣秀吉对其的评价："表里比兴之者"，而这又引出了如何翻译"表里比兴"的问题。在国内早期所引进的日本小说中，由于不清楚相关语境，多将"表里比兴"翻译为"文武双全"、"内外兼修"，俨然是将这一评价视为丰臣秀吉对真田昌幸的褒奖。而随着国人对日本战国史的了解日益深入，"表里比兴"又被翻译为"表里不一"、"两面三刀"，这一评价又似乎暗示着丰臣秀吉对真田昌幸颇为不满。

如果想要正确理解丰臣秀吉所言的含义，其实正确理解"比兴"才是关键。《诗经》六义认为"比"和"兴"均为修辞手法："比者，以彼物比此物；兴者，先言他物，以引起所咏之辞"，而南朝梁代刘勰所著之《文心雕龙》又将其总结为"比者，附也；兴者，起也"。因此，丰臣秀吉所作评价的真正意思是："真田昌幸只是表面顺服，暗中另有谋划。"那么，究竟是什么样的人生经历导致真田昌幸始终不甘于人下，他的一生又究竟在谋划些什么呢？本文将以战国真田家的兴衰为脉络，为读者全景展现真田昌幸一生的真实心路。

海野源流：真田家的史前史

关于真田氏的起源，今天一般采信所谓"滋野嫡流"的说法。平安时代第56代统治者"清和天皇"惟仁将自己的"四阿哥"贞保亲王册封至信浓国的海野庄，贞保亲王的后世子孙此后长期定居于此，形成了滋野氏一脉。在长年的生聚之后，滋野氏又延伸出海野、根津、望月三个分支，统称"滋野三家"。而这三家之中，又以海野氏实力最强。在以"源平合战"为代表的武家崛起的过程中，海野氏子弟跟随源义朝、源赖朝父子东征西讨，打下了镰仓幕府的铁桶江山。

尽管源赖朝麾下号称"弓马四天王"的悍将中，"滋野三家"占据半数的名额（有海野幸氏、望月重隆），但在战后论功行赏之际，其待遇却远不如同以骑射见长的武田信光和小笠原长清。或许正是缘于对"源家人才是人"（武田氏和小笠原氏均为源氏分支）的不满，此后"滋野三家"长期与担任甲斐、信浓两国守护的武田氏和小笠原氏不睦。随着镰仓幕府的垮台，"滋野三家"更是干脆加入了以后以醍醐天皇为首的南朝阵营，对抗足利氏所建立的室町幕府。

应永七年（1400年），信浓豪族为反对守护小笠原长秀而组成以村上氏为首的"大文字一揆"。"滋野三家"自然不会放过这个令老对手难堪的机会，动员600骑以上的兵力加入战团，最终迫使小笠原长秀兵败之后狼狈逃回京都，是为"大塔合战"。而此战中，"滋野三家"联军麾下有一批以"实田"为苗字的国人众，他们被认为就是未来真田氏的前身。

"大塔合战"之后，室町幕府一度取消了小笠原氏信浓守护的身份，将信浓国收为其直属领地，但这一局面并未维持太久。应永十二年（1405年），随着小笠原家一代雄主政康从其兄长秀手中接过家督之位，信浓当地国人众逍遥自在的好日子算是到头了。小笠原政康在位时期正值室町幕府的多事之秋，这一时期先后爆发了"上杉禅秀之乱"、"正长土一揆"和"永享之乱"。正所谓"家贫思孝子，板荡念忠良"，正是在室町幕府疲于应付各地变乱之际，小笠原政康脱颖而出。最终在应永三十二年（1425年），重获信浓守护一职。

对于小笠原家的"王者归来"，以村上氏为首的信浓国人众虽然有心再发动一场"大文字一揆"，但此时幕府大军集结于关东一线，北方又有越后守护代长尾氏虎视眈眈。权衡再三之后，信浓国人众还是被迫接受了小笠原政康的领导，并在其麾下参与了旷日持久的"结城之战"。正是在这场室町幕府绞杀异己的军事行动中，真田氏正式作为信浓武士出现在了"结城阵番帐"之中。

嘉吉二年（1442年）小笠原政康病逝于信浓海野庄，享年67岁。他的死不仅揭开了小笠原内部各派骚动的序幕，更打响了信浓国群雄逐鹿的发令枪。就

◯▷ 小笠原氏流镝马射手复原。

◯▷ 南北朝乱世的常态。

"大塔合战"：这样的豪族械斗构成了日本

在小笠原政康之子宗康与同族堂兄小笠原持长恶斗于漆田原（今日本长野县中御所附近）之际，一度雌伏的村上氏投衅而起。不过，此时的村上氏早已不是昔日一言不合就揭竿造反的莽夫。跟随小笠原政康南征北战的经历，让村上氏见证了室町幕府的力量和衰弱，也深谙乱世的游戏规则。在村上氏看来，小笠原家虽然深陷内斗的漩涡，但背后毕竟有室町幕府做靠山，与其贸然与之争夺南信浓，不如先拿北信浓的"滋野三家"下手。

事实上，室町幕府对于北信浓的乱局并非全无预案。宽正四年（1460年），幕府方面将信浓国一分为二，南信浓依旧由小笠原家受领，北信浓则由越后守护上杉房定兼任。当上杉氏的人马刚刚越过边境，便遭到了国人众高梨政高的邀击。村上氏看准时机与高梨政高结成同盟，由此展开了北抗上杉、南击海野的开疆扩土之旅。应仁元年（1467年），村上氏夺取小县郡海盐庄，海野氏当家海野持辛战死并由此引发了被称为"海野大乱"的持续内讧。

秉承着"趁他病要他命"的精神，村上氏加紧了对海野氏的全面侵攻。应仁二年（1468年），夺取了海野庄、千叶城。文明二年（1470年），攻占矢沢地区（与前文所提到的千叶城均在今日本上田市）。但"滋野三家"毕竟同气连枝，何况村上氏鲸吞北信浓的野心也同时触怒了高井郡豪族井上氏、水内郡豪族栗田氏和以长沼城为据点的信浓岛津氏，各自围绕着北信浓霸权展开了旷日持久的拉锯战。直到天文十年（1541年），邻国甲斐守护武田信虎加入战团，才给了"滋野三家"以致命一击。

挥师西进、加入信浓战团，并非是武田信虎一时兴起的决定。自永正四年（1507年）继承家督之位以来，武田信虎首先扑灭了自己的叔叔武田信惠，完成了甲斐国的统一。随后又压制小山田氏等领内豪族，并最终通过联姻的方式与上杉、今川两大强邻结盟。至此，武田家可谓再无后顾之忧，可以全力投入对信浓的攻略之中。天文九年（1540年），武田军首先拿邻近的佐久郡豪族大井氏开刀，打开了进入信浓国的大门。次年，武田信虎又将女儿嫁给身兼武士和神官双重身份的诹访氏第19代家主赖重。正是通过这一桩婚姻，武田信虎间接和村上氏家主义清建立了联系。经过一番密议之后，三方一致决定合力扑灭"滋野三家"，平分其地。

天文十年（1541年），武田、村上、诹访三路大军会攻"滋野三家"的核心领地，史称"海野平之战"。五月二十五日，"滋野三家"最后的据点——尾野山城（据说就是上田城的前身）被攻陷，海野氏家主栋纲被迫统率族人逃往邻国上野，寻求上杉氏的庇护。而正是在这场流亡的过程中，一个名叫"真田幸纲"的武士脱颖而出，逐渐成为海野氏乃至"滋野三家"流亡势力的代言人。

真田幸纲与海野家究竟有何渊源，各方史料说法不一。有称其为海野氏嫡流海野栋纲之子的，也有说他是海野栋纲女婿的，还有说他是海野栋纲之子海野幸义嫡子或海野栋纲外孙的。而最为可信的记录来自《良泉寺矢沢系图》，根据这份谱系图的说法：海野栋纲之女嫁与真田右马佐赖昌，生嫡子幸纲。联系到海野栋纲之子海野幸义战死于尾野山城下，晚年无子的海野栋纲很有可能将真田幸纲过继到自己或自己儿子的膝下。这样一来，各方史料中看似矛盾的说法倒是圆满了。

曾经占据信浓一郡之地的"滋野三家"自然不甘就此沉沦。在海野栋纲等老一辈前往平井城依附关东统领上杉宪政之际，真田幸纲率一干能战之士进入地处上野咽喉之地的箕轮城。虽然身为客将，但真田幸纲擅长交际的特点很快令其在上杉家中建立了广泛的人脉，并迎娶了箕轮城支城羽根尾城城主羽尾幸全的女儿。有趣的是，羽尾家当时的家纹便是"六连钱"。除广泛结交武士外，真田幸纲还拜访了吾妻郡的云林寺等寺院，并许下了如能恢复旧领，一定兴建寺庙的承诺。在寺社势力强大的日本，真田幸纲此举与其说是向神佛许愿，不如说是在争取更多的现实支持，不过或许连他自己都不曾想到，这一天竟然会来得如此之快。

天文十年五月，挟海野平之战全胜之威，武田信虎以探望外孙之名，前往今川氏领下的骏河。以当时信浓国内武田、诹访、村上三足鼎立的趋势来看，此举绝不单纯。可惜的是，武田信虎和女婿今川义元还没谈出个所以然来，甲斐国内便传出了其嫡子武田晴信联合重臣将他放逐的消息。对于武田晴信此举后世大多以其不满父亲武田信虎的穷兵黩武、滥杀无辜来洗地，但从武田晴信后来的表现来看，真正穷兵黩武的恰恰是武田晴信本人。

天文十一年（1542年）六月，武田晴信刚刚厘清了甲斐国内事务，便马不停蹄地突袭自己妹夫诹访赖重的根据地——上原城（今日本长野县茅野市）。诹访赖重猝不及防，兵败后被逼自杀。讽刺的是，后世为了维护武田晴信"伟光正"的形象，宣称是诹访赖重勾结南信浓守护小笠原长时趁武田氏家督更迭之际入侵甲斐，最终在"韭崎会战"为武田晴信所击败云云。但所谓的"韭崎

由于最终沦为家族内斗的失败者，武田信虎在历史上留下的往往是嗜杀无度的暴君形象。

被无限美化的武田晴信。

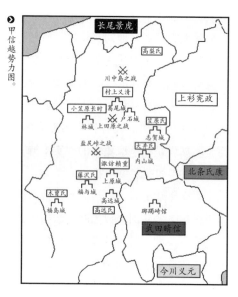

甲信越势力图。

会战"史书无载，反倒是在武田晴信流放自己老爸的同时，上杉宪政派兵3000骑越过碓（duì）冰垰（kǎ）攻入信浓小县郡，试图为"滋野三家"收复旧领。为了迎击来犯的上杉军，诹访赖重率部在长洼（wā）一线与之相持。论领地、兵力，上杉宪政自然力压诹访赖重一头。但此时的上杉氏内部不稳，还要疲于应付北条氏康的进攻，无力在信浓打一场拉锯战。因此在秋季到来之前，两家罢兵议和。而始终作壁上观的武田晴信随即指责谏访赖重与上杉氏单独媾和，有违两家盟约，随即调略高远城主谏访赖继等人，一举并吞谏访家。

攻灭了谏访氏之后，武田家在信浓已经实际领有谏访、伊那、小县三郡之地。如果不是控制佐久郡的大井氏依托地形顽强抵抗，武田晴信又忙于调停今川、北条两家的矛盾，武田氏与村上氏争夺北信浓的战事可能会提前打响。此时身处箕轮城的真田幸纲也始终关注着信浓国内的风云变幻。天文十四年（1545年），上杉氏在"河越合战"中惨败。关于真田幸纲是否参与此役，各方史料的说法虽不相同，但以其才智应当不难看出上杉氏已是冰山难靠。要收复"滋野三家"故土，真田幸纲只能在村上义清和武田晴信中作出抉择。而恰巧此时，也就是天文十七年（1548年），信浓国内传来了武田军大败于上田原的消息。

"上田原合战"是武田与村上两家争夺北信浓的首场大战。武田晴信由踯躅崎馆率5000名精锐北上，在上原城会合板垣信方所带领的谏访众和郡内众，形成8000人大军，越过大门峠攻入昔日"滋野三家"生息的小县郡南部。而村上义清则以葛尾、户石两城为依托布阵，尽管兵力略少于对手，但村上军不仅占据地形之利，更兼本土作战，上下同心、士气高昂，最终以逸待劳，将武田大军击退。

按正常人的理解，村上义清此番大获全胜，阵斩武田家板垣信方、甘利虎泰两员大将，似乎已经奠定了其北信浓霸主的地位，正是前往投靠的良机，但真田幸纲却有自己的一番盘算。在其看来，村上义清为人格局不高，对武田氏侵攻南信浓的行动长期保持坐视的态度，上田原大胜之余也未能展开追击，在战略上如此被动，迟早会被武田氏逐出信浓；而反观武田氏，此时已与今川、北条结成隐性同盟，虽遇战场小挫，但并未伤及根本，很快便能卷土重来。因此，"上田原合战"反而坚定了真田幸纲投靠武田的决心。

关于真田幸纲最终出仕武田家的时间，日本史学界向来有天文十五年（1546年）和天文十八年（1549年）两种说法。"天文十五年说"所引资料出自《甲阳军鉴》，认为在当年十月真田幸纲已与武田家重臣饭富虎昌、小山田虎满联手设计，以海野一族诈降村上义清，成功诱歼了村上氏500名精兵。可在另一部武田家臣日记《高白斋记》中，相同的事件又被记述为天文二十年（1551年）。考虑到天文十五年（1546年）武田晴信仍忙于围攻南信浓佐久郡的大井氏，似乎《高白斋记》的相关记录更为靠谱。而事实上，武田晴信重用

"滋野三家"遗臣的时间也大体始于"上田原合战"之后。天文十八年（1549年），村上义清麾下的布引城主望月信雅投靠了武田氏，并获得700贯文知行的朱印状，据说负责调略望月信雅的正是真田幸纲。

当然，战国时代人才流通并无常态。综合各方史料的说法，大致可以拼凑出真田幸纲在天文十五年至天文十八年间这段时间的生活轨迹。天文十四年，上杉氏在"河越合战"中兵败，上野诸城震动。秉承着"君子不立危墙"的精神，真田幸纲开始另寻出路，而此事也被箕轮城主长野业正看在眼中，因此干脆将其礼送出境。不过，此时的真田幸纲对武田家而言内无姻亲关系、外无尺寸之功，即便有所谓的山本堪助的推荐，但此时的山本堪助自己也不过是200贯文知行的足轻大将。真田幸纲虽然可能在天文十五年便离开箕轮城，但真正在武田家获得任用却也可能经历了长达三年的磨砺。

"上田原合战"之后，武田氏在信浓的势力遭遇了全面的衰退期。诹访郡内豪族勾结南信浓守护小笠原长时发动叛乱，但随着"盐尻（kāo）峠合战"中小笠原氏遭遇奇袭而大败，武田家重新巩固了在南信浓的势力范围，并进一步围攻小笠原氏的核心领地。天文十九年七月，随着小笠原长时放弃林城逃往北信浓、投靠村上义清，武田与村上两家争夺信浓的决战就此打响。

武田氏全力经略南信浓之时，村上义清却忙于和昔日的同盟高梨氏交手。村上与高梨两家从合作走向对立，除了现实的领地纠纷外，更有大环境的影

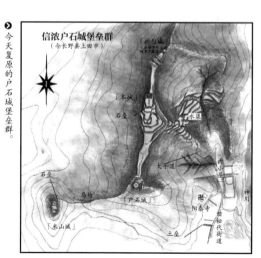

今天复原的户石城堡垒群。

信浓户石城堡垒群
（今长野县上田市）

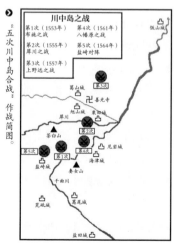

"五次川中岛合战"作战简图。

川中岛之战

第1次（1553年）布施之战	第4次（1561年）八幡原之战
第2次（1555年）犀川之战	第5次（1564年）盐崎对阵
第3次（1557年）上野远之战	

响。长期以来，高梨氏均致力于与越后守护代长尾家交好。随着关东统领上杉家日渐衰弱，长尾家开始谋求其自身的霸权，而夺取信浓无疑是其战略上最重要的一环。利用村上氏无暇南顾之际，武田晴信亲率7000人的大军进围户石城。村上氏在户石城的守军尽管只有500人，但依托当地复杂的山势地形，仍挡住了武田军长达一个月的围攻，坚持到了村上义清的回援。村上义清麾下仅有2500人，但武田军方面此时士气低落，不仅没有围点打援的勇气，甚至连有序地后撤也做不到。在村上义清的追击下，武田军折损上千人，老将横田高松战死，史称"户石之崩"。

从表面上看，"户石之崩"是武田氏自"上田原合战"以来第二次惨败于村上义清手中，攻略北信浓之路似乎更加艰险了，但从政治上来看，进围户石却令长期摇摆不定的北信浓豪族看到了武田家的力量。在户石城下攻守拉锯的同时，真田幸纲成功调略了村上氏后方川中岛郡的清野氏、须田氏、寺尾氏等国人众。正是这一系列的外交动作，使得村上义清虽然成功地解了户石之围，但由他发出的反攻南信浓的号召却应者寥寥。天文二十年五月二十六日，正是在这样的此消彼长中，真田幸纲与小山田虎满等人联手在一日之内便夺取了户石城。

真田幸纲夺取户石城的过程在诸多史料中均没有详细的记载。根据此前真田幸纲以海野一族诈降，诱歼村上氏500名精兵，以及其弟矢泽赖纲出现在户石城降将名单中的记载，这次作战的大体过程可能是真田幸纲先将以其弟矢泽赖纲为首的海野一族诈降至户石城作为内应，再在野战中设伏，歼灭了试图出城偷袭的村上氏守军。在随后的攻坚战中，矢泽赖纲在户石城中放火，直接导致了这座坚城在短时间内陷落。因此也有真田幸纲调略户石城的说法。

户石城的陷落直接导致村上氏的总崩盘。当天文二十二年（1553年）武田晴信再度出兵北信浓之时，各地城砦（zhài）无不望风而降，昔日从属于村上氏的室贺氏等国人众更是倒戈相向。眼见已陷入亲武田势力的包围网中，村上义清并没有在葛尾城死战到底的勇气，而是彻底放弃北信浓的根据地逃往北方，依附于正日益崛起的"越后之龙"长尾景虎。此时的长尾氏刚刚完成了内部洗牌，统一越后全境。怀着"得陇望蜀"的心理，长尾景虎高举"义"字大旗杀入北信浓。此时，武田氏的老兵因在八幡一线大败于长尾、村上联军而疲惫不堪，双方围绕北信浓反复拉锯，是为"第一次川中岛合战"。

由于武田军的防守得当，长尾、村上联军最终知难而退，北信浓成为武田和长尾两家的角力场。为了动员更多的信浓豪族参战，天文二十二年八月十日，武田晴信将小县郡秋和地方350贯文的领地封赏给真田幸纲。至此，作为"滋野三家"旁系后裔的真田家终于重返故土，但代价却是真田幸纲的三子——源五郎，需以"奥近习众"的身份"出仕"武田家。而这个被真田家作为人质送出的孩子，便是日后的真田昌幸。

信玄之眼：真田昌幸的早年生涯和跟随武田战旗转战的真田家

关于真田源五郎抵达踯躅崎馆时的年龄，史料中有6岁和8岁两种说法，但总体来说，当时的他都还是一个总角之年的无知孩童。至于为什么被送出的是源五郎，后世的理解是真田幸纲特别宠爱这个孩子，才将他送去主家"深造"，但从其两个哥哥的成长历程来看，三子源五郎实际上并无继承和光大家业的可能。与其留在家里吃闲饭，不如被送去作人质，或许正是秉承着这样的想法，真田幸纲也将四子源次郎也一并送去了武田家。真田源次郎信尹据说与真田源五郎昌幸同岁，因此有人认为信尹并非真田幸纲的正妻"恭云院"所出。既然是庶子，自然不妨作为"买一送一"的赠品，而武田晴信也对这两个孩子区别对待。真田源五郎昌幸与其他5个武田晴信身边长大的孩子形成了所谓的"奥近习六人众"的第二梯队家臣团，而真田信尹早期却籍籍无名。

天文二十三年（1554年），为了争夺浅间山麓的善光寺，武田、长尾两家在川中岛再度交兵。在对峙了两百余日之后，双方才在今川义元的斡旋下罢兵，是为"第二次川中岛合战"。而从双方签署的和议内容来看，武田氏明显吃亏。武田氏不仅要废弃前沿要塞旭山城，还要允许此前跟随村上氏逃亡的井上、须田等北信浓国人众恢复旧领，如此严苛的条件，武田晴信自然不肯就此作罢。因此在和约墨迹未干之时，武田氏便开始暗中调略善光寺周边的国人众。此后更明火执仗地命令小山田虎满率真田幸纲等人攻取交还村上氏的尼饰、葛山两城，刚刚回归旧领的村上氏国人众见状纷纷逃回越后。

此时的长尾景虎正被家臣大熊朝秀的叛乱搞得焦头烂额，一时无暇南顾。于是，武田晴信得寸进尺，开始围攻长尾家在信越边境地带最后的缓冲区——

由于长期无法控制信浓、越后边境地区的善光寺，武田晴信颇有阿〇精神地在甲斐也建造了一所善光寺。

日后改名：的长尾景虎之铜像。上杉谦信：

高梨氏领下的饭山城。事情发展到这一步，一度用出家、隐居来还击家臣团蝇营狗苟的长尾景虎终于坐不住了。弘治三年（1557年）四月，长尾氏的大军冒着大雪杀入信浓，挑起了"第三次川中岛合战"。

"第三次川中岛合战"中，武田晴信首次采用了正面牵制，别动队奇袭长尾军后方的所谓的"啄木鸟战法"。事实证明，在兵力和武备与对手相差不大的情况下，这一战术至多能达到将对手赶出战场的效果，并不能重创敌军。尽管没能在战场上讨到什么便宜，但纵观"第三次川中岛合战"前后的两军态势，武田晴信仍可谓是胜利者。通过逐渐蚕食的手段，武田氏在北信浓地区逐渐建立起水内郡柏钵城、埴科郡尼饰城、更级郡大冈城的要塞体系，从三个方向包围川中岛地区。

另一方面，武田氏通过对谱代重臣与信浓国人众的混编，在信浓国的统治基础也逐渐稳固起来。以真田氏为例，真田幸纲虽然名义上是武田氏的直臣，但其战斗、调略等都处于小山田虎满的指挥之下，无论是向武田晴信报告，还是获许下赐的知行，也都需要小山田虎满从中转达。好在小山田虎满乃武田信虎时代便已声名鹊起的老将，与板垣信方、饭富虎昌、甘利虎泰合称"武田前四天王"，真田幸纲在其麾下也只有服气的份。

永禄二年（1559年），长尾景虎统兵5000人上洛，在京都觐见"征夷大将军"足利义辉和正亲町天皇方仁，令真田幸纲的心思又活泛起来。大名上洛在战国前期并非难事，获得足利幕府的支持也不过聊胜于无而已，但长尾景虎此番上洛却有着特殊的政治意义。一方面，长尾氏长时间作为越后守护代，此番上洛正式转正，无疑将有利于长尾景虎团结起越后一盘散沙的各方豪强。另一方面，长尾景虎还在京都获得了辅佐和支援关东统领上杉氏的任命，鉴于上杉氏此时已形同政治僵尸，此举无异于默认了长尾景虎继任关东统领的合法性。正因如此，长尾景虎一回到越后，国内各派家臣和国人众便纷纷前往朝贺，并送上太刀以示忠心。这本是长尾氏内部大搞团结的举动，偏偏真田幸纲等信浓豪强也跟着攀龙附风。这种两边下注的行为虽然无耻，却也折射出真田家此时的尴尬处境：毕竟武田的根本之地仍在甲斐，一旦与长尾氏交兵受挫，很有可能退守南信浓，背负着"滋野三家"复兴使命的真田家必须为日后与长尾氏交好留有余地。虽然已经做好了"朝秦暮楚"的准备，但表面上真田幸纲还是要摆出与武田氏共进退的姿态。永禄元年（1558年），武田晴信宣布出家，改名"信玄"，真田幸纲也跟着剃度，法号"一德斋"。

永禄三年（1560年）五月，今川义元在上洛途中于桶狭间被织田信长袭杀。长尾景虎随即打出"复兴上杉，消灭北条"的旗号，大举杀入上野、相模境内。面对来势汹汹的对手，北条家主氏康选择固守小田原城并向武田氏求援的战略。武田信玄未必真的在意北条家的存亡，但此时其近臣香坂虎纲在川中

：桶狭间之战：彻底改变了日本战国的走向。

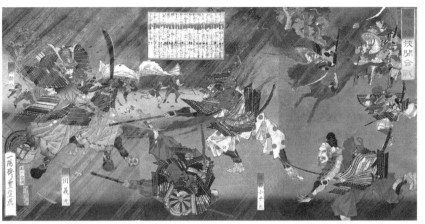

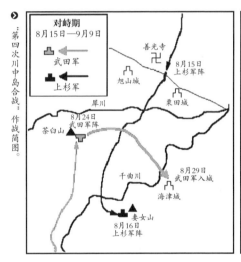

：第四次川中岛合战：作战简图。

对峙期
8月15日—9月9日

武田军
上杉军

善光寺
8月15日
上杉军阵

旭山城
栗田城

犀川

8月24日
武田军阵
茶臼山

千曲川

8月29日
武田军入城

海津城

8月16日
上杉军阵

妻女山

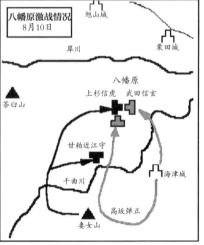

八幡原激战情况
8月10日

旭山城
栗田城

犀川

八幡原
上杉信虎　武田信玄

茶臼山

甘粕近江守

千曲川

海津城

高坂弹正

妻女山

岛修筑的要塞海津城已然竣工，令长尾景虎如芒刺在背。最终长尾景虎只能在镰仓草草宣布奉上杉宪政为养父，在正式继承"关东统领"一职后，便撤回越后，转向川中岛。长期以来被各种文艺作品描述为"战国最惨烈会战之一"的"第四次川中岛合战"由此拉开了序幕。

　　从战略上看，改名为"上杉政虎"的长尾景虎此次出兵川中岛颇为草率。围攻小田原时所纠结的关东诸国所谓的"二十万骑"大军此时已然星散，上杉政虎手中能动用的机动兵力仅有13000人左右，如此微薄的兵力显然不足以拔除武田氏在川中岛地区以海津城为首的堡垒群。因此，在进入川中岛后，上杉氏军队选择绕过海津城，于妻女山布阵。上杉政虎的如意算盘无非是等待武田氏的主力从甲斐赶来，好在野战中居高临下地一举击溃对手。

八月二十四日，统率两万大军的武田信玄抵达川中岛地区，但也没有选择与上杉政虎正面交锋，而是迂回茶臼山封锁了千曲川北岸的渡口，切断了上杉军的归途。这一手看似高明，但上杉政虎偏偏不为所动，反倒是武田信玄先按捺不住，于二十九日移营海津城。两军又对峙了十日，武田军最终召集军议，决定主动进攻。

为什么劳师远征的上杉政虎始终能够以不变应万变，反倒是战略上占据优势的武田信玄显得坐卧不宁呢？除了有兵力优势的一方承担的补给压力更大外，更重要的是，上杉军此番是境外作战，可以名正言顺地"因粮于敌"。而武田氏此时已将真田幸纲等信浓国人众收为己用，长期向他们大量征用军粮反而会引发不满。令人匪夷所思的是，占据兵力优势的武田氏大军并没有使用正面总攻的战术，而是分兵两路，出动12000人的别动队夜袭妻女山，武田信玄则率领8000名精锐在妻女山北面的八幡原布阵以待。

武田信玄这一有违常理的战略部署，引起了后世诸多有趣的讨论和推想。仔细分析了妻女山别动队诸将的身份后，我们却发现了一个有趣的特点：无论是武田氏老将饭富虎昌、小山田虎满，还是信玄新宠马场信房、香坂虎纲都是信浓地区的"城代"，而武田麾下的主力却是真田幸纲等国人众。武田信玄命其仰攻妻女山，不免有用信浓人的鲜血去淹死上杉氏之嫌，而来自武田根本之地甲斐的"一门众"、家臣团则集结于相对安全的八幡原上。按照信玄的战略计划，来自甲斐的兵力所承担的任务只是截杀上杉氏的溃兵而已。可惜这一计划被上杉政虎识破，绝对兵力上据劣势的上杉军提前放弃了妻女山的阵地，全军直扑八幡原，反倒占据了主动。为了一举歼灭对手，上杉政虎更命令各部展开名曰"车悬之阵"的轮番猛攻。

由于最初只打算围歼从妻女山败下的对手，八幡原的武田军摆出的是两侧兵力得到加强的鹤翼之阵。因此战端一开，武田信玄坐镇的本阵便暴露在上杉军的兵锋之下。长期以幕僚身份活跃的山本堪助率先战死，此后武田信玄之弟信繁亦亡于乱军之中。在最危急的时刻，上杉军的骑兵甚至一度冲到武田信玄的面前。这一幕日后逐渐演变上杉政虎和武田信玄所谓"两雄一骑讨"的单挑，但事实上，武田信玄身边长期拱卫着"百足众"和"奥近习众"两支亲兵。"百足众"主要由家臣团中孔武有力的子弟担任，真田幸纲的二子真田昌辉便是其中之一。而"奥近习众"则大多承担着侦察、传令等使命，真田昌幸当时便以"奥近习众"的身份在本阵与上杉军厮杀。

全力猛扑武田军本阵的同时，上杉军奇袭妻女山的别动队也在全速赶往战场。尽管上杉政虎在千曲川一线预留了甘粕景持、村上义清、高梨赖重所部千余人，但这支部队在面对12倍于己的对手时，显然不能发挥太大的作用。九月十日，在本阵苦熬了两个小时之后，武田别动队终于上午十时突破了上杉军的阻击抵达战场。面对两线夹击的不利局面，上杉政虎选择撤往善光寺。

是役武田军战死4000余人，上杉方面亦有3000余人的战损。尽管此役上杉氏的伤亡较少，但随着海津城的竣工，武田氏在北信浓基本上已形成了完整的防御体系，再无上杉氏突然南下的后顾之忧，可以将更多的精力用于其他战略方向。而首当其冲的，正是"滋野三家"昔日避难的上野国。

自上杉政虎率军围攻小田原城以来，上野诸城便处于一种颇为尴尬的状态。自关东统领上杉氏衰弱以来，上野国内的豪强便处于群龙无首的状态。北条、今川、武田各方势力均对其展开过外交攻势。长尾氏"借尸还魂"的手段虽然在短期内为上野的亲上杉势力注入了一针强心剂，但从长期利益来看，此举也为上杉氏最终失去上野埋下了隐患，毕竟上杉政虎的核心势力范围在越后，上野豪强要融入其政治体系尚需时日。正是看准了上杉政虎尚未完全整合上野各派势力的这一有利时机，武田信玄应北条氏康之约，于永禄四年（1561年）十一月率军杀入上野。

事实上，早在天文十五年（1546年）控制信浓佐久郡后不久，武田氏便已展开对西上野豪强的调略工作，只不过长期以来收效甚微。除武田氏自身尚未完成对北信浓的控制之外，造成这一局面的主要原因是上野地区的国人众此时已通过政治联姻等手段形成了一个相对稳固的联盟。在这个联盟中手持牛耳的，正是昔日接济过真田幸纲的箕轮城主长野业正。

在江户时代的各类"军记"中，长野业正都被描述成一个老当益壮的白发宿将，屡挫武田信玄的戏码，更是令人相信其军事才能已经俨然高于公认的战国名将。但从相对理性的角度去分析，我们不难发现，在"第四次川中岛决战"之前，武田氏根本无暇西顾。与其说长野业正是依靠其武勇将武田家拒于上野

之外，不如说他是凭借其人格魅力团结周边的国人众，形成了上杉势力退潮后北条、武田均无法轻易啃下的骨头。就在"第四次川中岛合战"前夕，长野业正病逝于箕轮城中，享年63岁。而他的死，无疑催动了武田信玄经略上野的雄心。

武田氏在上野地区撬动的第一块砖头，是地处信浓小县郡通往上野吾妻郡交通要道的镰原城。依照《真田系图》的相关说法，镰原城主幸定本是真田幸纲的胞弟，因此真田幸纲调略镰原城可谓手到擒来。而从历史上来看，镰原氏本是镰仓幕府时代形成的海野氏分支，此时重新团结在海野氏"正统"继承人真田家的麾下也是理所应当的。为了保障大军顺理成章地进入信浓，武田信玄随即命真田幸纲率"滋野三家"后裔——海野幸忠、根津常安、常田隆永协防镰原城。至此，以真田氏为首的"滋野三家"后裔正式成为武田信玄攻略上野的别动队。

武田主力与北条氏分进合击，围绕箕轮城与上杉氏逐鹿上野，历时三年之久。期间，真田幸纲虽然在战场上表现平平，但鉴于"滋野三家"在西上野的影响力，终于还是获得了武田氏在吾妻郡新筑要塞——岩柜城的实权。至此，开启了真田氏在西上野安身立命的坎坷之路。武田信玄之所以如此慷慨，主要是因为当时西上野豪强斋藤氏依靠越后上杉家的支持，以嵩山城为中心，不断威胁武田家的侧翼。不将其拔除，武田军便无法全力围攻箕轮城。因此，永禄八年（1565年）真田幸纲首次单独领军围攻嵩山城。而大致在同一时间内，真田幸纲改名"幸隆"，算是正式摆脱昔日海野氏的影响。

永禄九年（1566年）三月，嵩山城为真田幸隆所部攻陷，上野斋藤氏灭亡。6个月之后，武田大军攻克箕轮城，长野业正之子长野氏业兵败自刃。至此，武田氏基本控制了西上野地区。而以真田幸隆为首的"滋野三家"后裔，也由此完成了鸠占鹊巢的逆袭，从昔日流亡的难民变成了这片土地的主人。永禄十二年（1569年）左右，真田幸隆正式隐居，将家督之位让与嫡长子真田信纲，由此开启了真田氏作为一城之主的新时代。

真田氏立户于上野的同时，武田信玄也将矛头对准了自己的外甥今川氏真。自"桶狭间合战"以来，今川氏上洛问鼎天下的野心虽然幻灭了，但其地处东海道水陆要冲的地利之便，还是令其治下的远江、骏河两国富甲一方。永禄九年四月，今川氏真更第一个在日本建立起了免除市场税、商业税的"富士大宫乐市"，一时间各方商贾云集骏府，也由此引发了武田、今川两家的矛盾。武田所领有之甲斐、信浓、上野等国向来商业不振，今川氏的乐市政策一出，更形成了经济上的"洼地效应"，令武田家境内的贸易日趋凋零。而武田信玄长期暗中与今川氏昔日附庸的松平家勾勾搭搭，更令今川氏真如芒刺在背。终于，忍无可忍的今川氏真于永禄十年（1567年）八月十七日发动经济制裁的大招，切断了远江、骏河等地对武田领的食盐供应。今川氏真的初衷或许只是想借此施压，让自己的舅舅回到谈判桌前来。不料武田信玄全无香火之情，并于永禄十年十二月亲率12000人的军队杀入骏河，是为"骏河侵攻"。

仅从动员能力上来看，可以轻松派出15000人军队的今川氏并不处于下风，但由于其处于武田、松平两线的夹击之下，骏府城中早已人心浮动。十二月十二日，武田军突破萨埵（duǒ）峠天险，今川氏呈现全线崩溃的局面，有力家臣之中临阵倒戈者达21人之多。坐困愁城的今川氏真只能感叹人心已散，逃往自己的岳父北条氏康处暂避。不满武田独吞骏河的北条氏随即起兵相争，至此，昔日武田、今川、北条三家守望相助的"甲相骏（斐模河）同盟"归于破产。

在整个"骏河侵攻"的过程中，是否有真田氏的参与，各方史料说法不一。比较常见的说法是，此时隐居的真田幸隆和家督真田信纲均忙于西上野岩柜城的经营，并未投入此战，但也有史料宣称，真田信纲曾率军参战，并作为先锋攻入骏河。其实无论真田氏主家在"骏河侵攻"中表现如何，年轻的真田昌幸都在随后与北条氏较量的过程中，得到了武田信玄的重视，逐渐完成了从"奥近习众"到家臣的身份转化。

据说在与北条氏军对峙之时，武田信玄曾召开了军议。会上，马场信房悄悄进言道："我军刚刚到达这里，对周围环境并不熟悉，马上交战的话似乎太仓促了。是不是先仔细调查附近的地形呢？"信玄哈哈大笑着说道："你想到的我也想到了。我已经派遣了像我双眼一样的人，预先将地形打探得一清二楚。"而后，便传来了"奥近习众"曾根昌世和真田昌幸完成了战场侦察任务回营的消息。这则著名的"信玄之眼"尽管未必属实，但在由"骏河侵攻"所引发的系列战事中，真田昌幸被武田信玄安排继承甲斐豪族大井一族分支的武藤氏却是有据可依的。改名为"武藤喜兵卫"的真田昌幸随后被任命为足轻大将，统率一支由骑兵15人、步兵（足轻）30人组成的战术单位。后世大多将此事作为武田信玄欣赏、宠信真田昌幸的主要依据，殊不知这一安排的背后其实隐含着武田氏族内部深层次的政治危机。

长篠遗恨：武田氏内部甲信纷争的暗流和武田胜赖时期的真田家

长期以来高唱"人是城，人是垣，团结是朋友，内斗是仇敌"论调的武田氏，都被视为日本战国时代君友臣恭、上下一心的典范。仔细分析武田氏的历史却不难发现，在所谓的"团结"的光环之下，这个战国豪族的内部纷争其实贯穿着信玄、胜赖两代君主的始终，较周边强邻有过之而无不及。特别值得注意的是，与其他战国豪门以一门众、谱代重臣为核心展开的利益集团对立不同，武田家的内耗始终呈现出甲斐系和信浓系泾渭分明的局面。

"经略信浓"无疑是武田信玄一生最为成功的对外扩张。依照后世"太阁检地"的标准，经过此役后的武田氏从仅仅领有石高23万的甲斐国，一跃成为坐拥超过甲信两国50万石的大名，可谓是"陡然而富"，但代价也是巨大的。从天文十一年（1542年）攻灭诹访氏到永禄四年（1561年）的"第四次川中岛之战"，武田氏用了近二十年的时间才将信浓收入囊中。期间的连年出兵，其各类

注①

所谓"地头"，除一些宗庙、神社势力外，主要指掌握地方及其辖下农民的国人众。

军役的负荷长期均由甲斐国人承担。战国大名在通过战争扩张领国的过程中往往需要仰仗"地头"①层面的支持，除了战时需要由其动员和武装农民参战之外，还需借由其征收的年贡来支持战争。武田信玄"经略信浓"初期也曾试图践行"以战养战"的战略，让南信浓的诹访、佐久两郡成为供给兵粮的前进基地，但结果却是上田原大败之后诹访湖西四乡爆发的大规模反乱。无奈之下，武田氏只能在完全控制信浓之前，对当地的国人众一直保持怀柔态度。毕竟频繁的军役和过重的赋税会令百姓不堪负担，也会令国人众对大名做出如押领、拒缴年贡等的反抗，这些都会对领国兵力支配产生巨大的影响。但如此一来，武田本领的甲斐国内又不免陷入"鞭打快马"的窘境之中了。

在详尽记录了武田家兴衰史的《妙法寺记》中，收录了大量甲斐国人的悲叹怨言，显示了当时甲斐国内高涨的厌战情绪。信玄本人显然也意识到了这一点，因此逐渐将统治重心北移。而随着武田重臣纷纷受领信浓城代，武田氏的经济压力是有所减轻，但甲斐国系家臣的影响力却也开始走低。

❶ 武田氏强大的战力建立在巨大的军费开支之上。

除了封地的转化之外，战损也是武田甲斐国系家臣日益势微的原因。从上田原、户石城到川中岛，武田系所折损的板垣信方、甘利虎泰、横田高松、诸角虎定等人均为武田信虎时代的老臣、甲斐国系的中坚力量。而此后崛起的马场信房、内藤昌丰等人均非甲斐国出身，领地更在信浓，政治立场自然可想而知。而这种家臣团势力之间的此消彼长也自然影响到了武田氏整体的战略决策。

"第四次川中岛合战"尽管令武田氏伤筋动骨、损失惨重，但从战略上来看，武田氏毕竟掌握了北信浓的主导权，其后西侵飞驒（tuó）、东入上野，武田氏基本上完成了对越后的战略合围之势。摆在武田信玄面前其实有两个非常不错的战略选择：一是与上杉、芦名等关东强国联手，继续压缩上杉氏的生存空间，最终逼迫其内部崩塌；二是协助今川氏对抗崛起的松平氏族，在稳定远江、三河战线的同时，从飞驒、美浓一线直扑近畿，趁织田信长与京都周边各势力缠斗不休之际，饮马琵琶湖。但这两条战略线显然都不符合信浓家臣团的利益，毕竟上杉氏兵强马壮，正面强攻难免损兵折将。西出美浓又道路艰险，且面对织田信长也没有必胜的把握。权衡再三之后，武田信玄做出了破弃"甲骏相"三国同盟，出兵攻略今川氏的决定。从短期利益来看，武田氏以百战之兵临今川家久败之师如揉小儿，骏河、远江领地的富庶更可以贴补连年兴师所造成的财政窘窆，可谓皆大欢喜。但从长期态势上看，此举却可谓是目光短浅、自毁根基。一方面出兵骏河，势必导致与今川、北条两家的对立。武田氏除了要在北方继续戒备上杉之外，又多一条与北条对峙的东方战线。另一方面，武田氏在骏河全无根基，虽然轻松地赶走了今川氏真，但却无法快速将其消化。昔日富甲东海道的骏府城在武田和北条的拉锯战中毁于兵燹（xiǎn），远江国大半落入了松平氏的手中，武田信玄的"骏河侵攻"最终导致其陷入了进退两难的局面。或许正是预见了这个战略悲剧，在武田信玄的决策阶段，其嫡子武田义信愤然决定发动兵谏，流放自己的父亲。

作为武田氏内部政治斗争的失败者，后世对武田义信的评价不高。江户时代的各类"军学家"更不惜笔墨将其描绘成一个心胸狭隘、狂傲自大、目光短浅、不自量力的中二少年，但翻开武田家的各类战记，我们却不难发现武田义信的战功卓著。即便是针对"第四次川中岛合战"中因武田义信的贸然出击而令信玄本阵陷入危急这样的指责，《武田三代军记》也给出了一个相对合理的解释：在发现了浓雾之中的上杉军阵列后，武田信玄接受了武田信繁和穴山信君的谏言，为了在激战中达到混淆敌军、隐匿总大将本阵位置的效果，遂将自己的御旗和花菱纹大马标移转到旗本众右侧上方的义信队。也就是说，根本不是武田义信主动出击而被围的，他是被自己父亲作为靶子抛出，以吸引上杉军的火力。

作为信玄的嫡长子，武田义信除了长期被视为钦定的继承人之外，更是甲斐与骏河方面盟约的践行者。天文二十一年（1552年），武田义信迎娶了骏河守护今川义元的长女为妻，其身边更是云集了诸如饭富虎昌、穴山信嘉等武田氏甲斐国系家臣团大佬，其中特别值得一提的是穴山氏。作为地处甲斐、骏河边境河内地区的豪族，穴山氏长期在武田与今川之间扮演着桥梁的作用。在武田信虎时代，穴山义贞（穴山梅雪祖父）、大井信达（信玄外祖父）均为今川氏的负弩前驱，成为侵攻甲斐的急先锋。武田信玄在流放其父之后，才采取联姻（将自己的姐姐嫁给穴山义贞之子信友）的方式怀柔穴山氏，使其成为甲斐国西部的屏障。

对于武田氏甲斐国系家臣而言，与今川氏交兵有着道义和经济上的双重风险，其强烈的抵触情绪最终促成了所谓的"武田义信谋乱"事件。从已知史料来看，武田义信谋乱并无实际的动作，只有一些间接证据指向其曾与饭富虎昌密谈过流放其父的相关计划，但武田信玄对此事的处理却极端狂暴。武田义信被幽闭于甲府东光寺，战功赫赫的饭富虎昌被勒令剖腹自尽，其余同谋者被处以死刑，超过80名家臣被流放。而在整个事件上，穴山家的立场显得格外的暧昧，穴山信友的次子穴山信嘉自杀，但其兄穴山信君不仅未被卷入其中，更在此后的"骏河侵攻"中表现活跃，并在此后成为了武田氏在骏河方向的主要代理人之一。

"武田义信谋乱"事件对武田氏甲斐国系家臣团而言，无疑是一次重创。此后，武田信玄下令甲、信二州家臣团签署血判起请文，选择的地点也是信浓国小县郡的生岛足岛神社，这从一个侧面说明甲、信二州家臣团在武田信玄心目中地位的变迁。而随着武田义信的倒台，武田信玄继承人的问题也随即浮出了水面。

武田信玄颇能生育，除长子义信之外，还有次子信亲、三子信之、四子胜赖、五子盛信、六子信贞、七子信清可供选择。武田信亲早年失明，被安排继承海野氏后不久，便在长延寺出了家。三子信之在"武田义信谋乱"事件发生后不久亦离奇亡故。按照长幼顺序，武田氏家督之位似乎由四子胜赖继承最为合适。永禄八年（1565年），武田信玄更安排了胜赖迎娶织田信长的养女远山氏（苗木城主远山勘太郎的女儿，信长的侄女）为妻。可见武田胜赖早已被纳入了武田氏交好织田、松平两家以谋取骏河这一远交近攻的大战略之中。但武田胜赖的生母是信玄的侧室诹访赖重之女，一方面庶子继位本已有违礼法，另一方面胜赖早年过继入诹访氏，在信浓高远城长大。因此，在各种史料之中，武田胜赖继承家督之事都被认为饱受家臣团非议。以上原因最终迫使武田信玄隔代传位，他将胜赖之子信胜收为养子，胜赖作为自己儿子的"监护人"代行武田家督之责。

究竟是什么样的阻力迫使武田信玄要采取如此"曲线迂回"的策略呢？或者说，究竟是哪些人在非议武田胜赖的继承权呢？这个问题各种史料之中并未给出明确的答案，但可以想见武田胜赖常年在信浓已经拥有了自己的家臣团，此时回归武田氏必然给信玄时代的老臣系统造成了冲击，本就日渐式微的甲斐国系家臣团更感到前途暗淡。在武田信玄在世之时，这些反对的声音仍不足以掀起什么太大的风浪。为了融合麾下甲、信二国的家臣团，武田信玄也有意安排自己身边一些信浓出身的近侍过继入甲斐豪强的名下。真田昌幸继承武藤家后不久，其弟信尹也被甲斐国武士加津野昌世收为养子，改名"加津野信昌"，以"枪奉行"的名义指挥骑兵15人、步兵10人，跟随武田胜赖投身战场。

永禄九年（1566年），真田昌幸的长子真田信之出生于武田家全盛时期的甲府，但当时真田昌幸不过是统率15名骑马、30名足轻的"足轻大将"，对于自己的人生尚未完整地规划。因此，当妻子"山手殿"诞下一子后，他或许并没过脑子便说了句："就叫源三郎吧！"这便造成了日后比信之小一岁的弟弟真田信繁幼名反而是"源次郎"的尴尬局面。

由于后世赋予真田昌幸的是算无遗策的智将形象，这种连长幼尊卑都搞不清楚的局面自然是不能被接受的，于是好事者纷纷从各种角度替其圆场。其实真田氏家族内部的排行就非常混乱，真田昌幸明明是真田信隆的三子，幼名却是"源五郎"，其弟德川信尹幼名却是"源次郎"，外人似乎也没有必要一定要搞清楚其内在的逻辑。

真田信之的童年时光基本上是和母亲"山手殿"、姐姐"村松殿"和弟弟真田信繁一起在甲斐度过的。关于其生母"山手殿"的生平，各方史料说法不一，真田家方面的相关谱系吹嘘其为公卿名门——右大臣菊亭晴季之女，但此时的真田昌幸仅为武田氏家臣，似乎没有和公卿联姻的可能。因此，"山手殿"为信浓豪族宇多赖忠之女的说法似乎更贴近史实。

宇多赖忠本姓"尾藤"，世代居住在信浓高井郡。武田信玄攻略信浓的过程中，尾藤氏与其主家信浓守护小笠原氏双双落败，被迫迁往远江国引佐郡，依附于今川义元。今川义元在"桶狭间合战"中败亡后，尾藤氏更是一分为二，宇多赖忠的父兄选择了投靠织田信长，而宇多赖忠则选择重返信浓，仕奉武田信玄。为了尽快融入武田氏这个"大家庭"，宇多赖忠将自己的女儿许配给了同殿为臣的真田幸隆之子昌幸，似乎也在情理之中。而作为宇多氏和真田氏的"双料人质"，"山手殿"及其三个孩子自然长期都被要求居住在躑躅崎馆中，成为拱卫武田氏的城垣，这一局面一直延续到武田氏灭亡前期。

元龟元年（1569年），武田胜赖正式离开信浓高远城，入住躑躅崎馆。次年，号称"相模狮子"的北条氏康病死，武田与北条长期对峙的拉锯局面宣告终结，武田信玄随即将矛头对准了领有三河、远江的德川家康。作为在三河国内经营多年的松平氏后裔，德川家康在远江地区的影响力远强于武田氏。因此，武田信玄气势汹汹的"骏河侵攻"最后反倒喂肥了德川氏这头拦路虎。以"太阁检地"时期的经济数据来看，三河国八郡总石高约29万石、远江十四郡石高约26万石。德川家康所拥有的动员能力同样不弱于武田氏的核心领土甲斐、信浓之和，更何况德川家康背靠织田信长这棵大树，武田氏却仍要防备上杉、北条两家。此消彼长之下，武田与德川两家在战略的天平之上已呈现均势的局面。

元龟三年（1571年），控制京都的织田信长对朝仓、浅井两家发动总攻。眼看室町幕府末代将军足利义昭所组织的"织田包围网"即将被撕破，武田信玄一方面要求武装僧侣集团"一向宗"头目本愿寺显如在上杉氏领地发动"一向一

浮世绘中的"三方原合战"。

揆"的民众暴乱，一方面动员各方力量，打着"上洛"的旗号杀入德川领地。

元龟四年（1572年）十二月，武田军在远江的三方原轻松击溃了此时已经是德川家康麾下的德川、织田联军。据说德川家康在战场上仓皇而逃，甚至被吓得尿了裤子，在躲进相对安全的滨松城后，他立即找来画师，记录下自己落魄的样子。此后多年，家康都将这幅肖像挂于卧室之内，以激励和鞭策自己。对年仅29岁的德川家康而言，"三方原会战"的失利无非是人生的一次试练，但对武田信玄而言，这场辉煌的胜利却无法挽回他油尽灯枯的生命。次年春季，在一时无力攻克德川氏遍布远江、三河的大小据点的情况之下，武田信玄的肺病日益恶化，不得不在三河国的长篠城休养了一个月，最后放弃了其上洛的雄心。

年仅53岁的武田信玄最终病死于撤军回甲斐的路上，他的死与其说是武田军功败垂成的偶然因素，不如说是一块遮羞布。毕竟此时织田信长已经彻底击败了浅井、朝仓两家，长期秘密与织田氏为敌的比叡山延历寺也被烧成了白地，所谓的"织田包围网"已然崩溃。而武田军历时4个月都未能瓦解德川家康在远江、三河的势力，战争如果再继续进行下去，倾国而出的武田氏更有春耕被荒芜的风险。

为了安抚军心，武田信玄临终前曾授意秘不发表。因此，织田信长通过"正亲町天皇"方仁与足利义昭和解，便成了武田氏撤军的绝佳借口。值得一提的是，此时的日本天皇和公卿势力几乎均穷途潦倒，物资极端匮乏。"正亲町天皇"方仁在继承大统之后，足足等了三年，才从各地大名的捐助中攒够了举办即位仪式的钱。因此，方仁对接管京都后对他生活进行了颇多资助的织田信长"百依百顺"，每每在织田氏陷入困境时，方仁都会下达和谈敕（chì）命。

最早接到武田信玄病故消息的，是他的宿敌——已经改名为"上杉谦信"的长尾景虎。据说这位近年来性别存疑的"战国军神"为此痛哭流涕，感叹说："吾国之弓箭将不利矣。"并从此放弃了对甲斐的敌对政策。武田信玄和上杉谦信的地位长期被日本小说家无限地拔高，但细究之下，却也能发现他们各自在战略或战术上均有不少严重的失误。当然，我们不能说这对所谓"龙与虎"的对垒就是"菜鸡互啄"，但他们的"一时瑜亮"对日本列岛的实际影响却微乎其微，堪称"偶像派"大名。

随着信玄的病故，武田氏内部的权力斗争似乎变得更趋白热化。在《甲阳军鉴》中，有大量信玄的时代老臣与胜赖及其近臣长坂光坚、迹部胜资争执的记载，长坂、迹部两人也因此在后世留下了导致武田氏由盛转衰的弄臣形象。但客观地说，尽管长坂光坚、迹部胜资出身不正（均为信浓小笠原氏家臣的后裔），但他们在出仕武田家以来，亦可谓尽心竭力，他们与高坂昌信（即海津城主春日虎纲）、内藤昌丰等人的矛盾，与其说是正邪之争，不如说是利益纠葛。武田信玄的秘不发丧，从某种意义上来看，也是对胜赖继承权的变相否定，既然各国都没有正式接到信玄的讣告，胜赖父子也不可能公开行使家督的权力。而就在武田信玄死后的一段时间里，早已被流放的武田信虎却回到了甲斐。此举背后是否有甲斐国系老臣在推动，便不得而知了，但武田胜赖的政治地位之薄弱由此也可见一斑。

　　武田胜赖深知乱世之中唯有对外征战才能建立起足够的威望，压服父亲留下的诸多老臣。另一方面，织田、德川联军也在三河、远江一线不断发动反击。因此，武田胜赖无法遵守老头子临终时留下的"三年不离甲斐"的训诫，于天正二年（1572年）出兵美浓，并在织田信忠所率援军抵达战场前，夺取了明知城。随后，武田胜赖又移师远江，夺取了德川所有的高天神城。这两场战役规模虽小，但也算是击败了织田、德川两家对武田领地的窥测。可惜的是，后世并不在意胜赖的这些努力，反而编造了"织田信长畏惧武田信玄，在其死讯公布前不敢兴兵甲斐"的传说。

❂ 反映"长篠之战"的屏风局部。

天正三年（1575年），为了讨伐被德川家康策反的长篠城主奥平亲子，武田胜赖再度率军进入三河境内。此战无疑是武田信玄昔日战略决策失误的全面爆发，武田氏根本无力掌控骏河、远江一线的国人众，而从甲斐、信浓赶赴战场的武田军又受制于后勤，无法长期作战。在长篠城久攻不下的情况下，织田、德川联军纷至沓来，两军形成决战之势。面对兵力和武备均处于劣势的不利局面，武田胜赖却偏偏不能选择后撤，因为在他身后是诸多老臣讥讽的目光。

面对兵力近三倍于己的织田、德川联军，武田军展开了气势如虹的冲锋。由于织田、德川联军在此战中出动了3000挺以上的"铁炮"（火绳枪），而武田氏又长期以骑兵著称，因此"长篠会战"一度被日本史学界吹嘘为"世界历史上第一次大规模使用火枪"的战役，仿佛一夜之间日本便进入了"热兵器"时代。但事实上，日本所谓的"骑兵"不过是以马匹进行机动作战的步兵而已，"策马冲击"也只是少数武士才具备的特殊技能。真正击败武田氏的，除了其对自身单兵素质的骄傲和迷信之外，主要还是织田、德川联军兵力优势和其在战场预设的木栅、壕沟工事。

经过后世一些日本学者的兵棋推演，有人认为武田胜赖并非浪战。在布阵的过程中，武田军有意强化了两翼，毕竟任何防线都有尽头。武田胜赖试图采取正面仰攻、两翼包抄的战术，以精锐的家臣团撕开织田、德川两军虚弱的侧翼，再一举击溃对手。可能是考虑到左翼队更接近织田信长本阵的位置，胜赖在布阵时更重视左翼队的兵力布置，有意使左翼更强于右翼，以马场信房、穴山信君领队，配属有真田信纲、真田昌辉两兄弟及"奥近习六人众"之一的土屋昌次和武田信玄的叔叔一条信龙所部。在战斗正式打响之后，武田胜赖更将内藤昌丰、山县昌景所部也投入到了左翼，对当面织田军形成了强大的压力，一度击破了织田军名将佐久间信盛、柴田胜家、丹羽长秀、羽柴秀吉等部，直逼织田信长的本阵。但就在此时，织田信长投入后备军以及全部"母衣众"近卫军，最终化解了武田军的攻势。内藤昌丰、山县昌景等人力战身亡，马场信房、真田信纲等人以殿军的姿态掩护武田军主力后撤，亦战死沙场。值得注意的是，穴山信君所部的骏河武士在此战中伤亡最少。

"长篠之战"令武田氏伤亡惨重，信玄时代称雄一方的精兵悍将几乎全军覆没，这就给了武田胜赖"从头收拾旧山河"的空间。撤回甲斐之后，武田胜赖对领地内的家臣团进行了一番"脱胎换骨"的大手术。真田昌幸也正是在此

时脱离了武藤家，改回了本名，并登上了真田氏家督之位，被派往上野的白井城出任城代一职。可以说，真田氏真正成为武田家栋梁的时代，是在"长篠之战"后由真田昌幸所开创的。

从天正四年（1576年）到天正六年（1578年）的两年光景中，尽管武田氏仍不得不面对德川家康对远江诸城的蚕食和反击，但此时以上杉谦信及在本州岛西部崛起的毛利氏为首的日本各派势力组建了"第二次信长包围网"，对织田氏一家独大的局面形成了冲击，因此武田氏在这段时间承受的压力并不太大。直到天正六年常年嗜酒的上杉谦信死于脑溢血，上杉氏陷入了内讧，武田氏才再度来到生死存亡的关头。

上杉谦信没有直系后裔，因此他的继承人只能在上杉景胜和上杉景虎两名养子中选出。上杉景胜是谦信的外甥，血缘上自然更近一些。上杉景虎出身关东名门北条氏，先后在武田、上杉两家都当过"养子"（其实是人质），又迎娶了上杉谦信的外甥女，人脉更宽泛，在上杉氏内部也不乏支持者。双方势均力敌，最终演化为兵戎相见的"御馆之乱"。事情发展到这一步，本来毫无关系的武田氏也不可避免地被卷入其中。

站在后世的角度来看，对武田胜赖而言，"御馆之乱"最好的结局莫过于景胜、景虎平分上杉氏的领地：上杉景胜在越中、越后一线继续牵制织田氏的兵力，上杉景虎则领有东上野，成为联系武田氏与上杉氏的纽带。因此，在接到双方救援的信件后，武田胜赖并未急于站队，而是率军进入越后，希望效仿其父斡旋今川、北条纷争之法，以和平的方式解决上杉氏的家督之争，与参与争夺的两方都建立起同盟关系。但由于北条氏此时忙于对抗以佐竹氏为首的关东诸侯，未能北上协助上杉景虎，战事开始迅速朝有利于上杉景胜的方向发展。

天正六年五月下旬，武田胜赖以堂兄弟武田信丰为前锋北上越后，直面武田军锋的上杉景胜随即遣使求和。武田胜赖随即开出了上杉氏割让信浓、越后国境要冲饭山城的条件。鉴于此时武田胜赖的另一支别动队——仁科盛信所部，已由小谷道攻入越后，并攻占上杉氏所属之西滨根知城。上杉景胜只能"孙卖爷田"，全盘接受了武田胜赖的条件。就在武田氏于越后方面小有斩获的同时，东上野方向传来了真田昌幸成功调略沼田领内诸将的消息。沼田地处东上野咽喉的位置，不仅对周边地区具有重要的战略价值，更扼守着相模与越后之间的交通要道，北条氏不能坐视武田氏夺取沼田城的计划。于是，北条氏于七月中旬，以支援上杉景虎为名，遣钵形城城主北条氏邦领兵三万北上。

面对北条氏压倒性的兵力优势，原本已经答应归降武田的沼田诸将随即向北条氏开城纳降。可惜北条氏邦志大才疏，夺取沼田城后不久便在越后上田城遭遇上杉景胜所部的阻击，寸步难行。而其任命的沼田城代猪俣邦宪更是无能之辈，不仅未能在任期内有效地利用东上野的资源支援北条氏邦，更是令当地的国人众对北条氏深恶痛绝。

天正七年（1579年）三月二十四日，上杉景虎于鲛之尾城兵败自杀，但令上杉氏元气大伤的"御馆之乱"并未就此画上句号。毕竟上杉景虎代表的本身就是越后豪族割据自立的野心，如果武田、北条两家能够通力合作的话，仍有可能利用上杉景胜忙于内部平叛之际，获取更多的战略利益。可惜武田胜赖与北条氏政之间缺乏信任，从天正七年九月开始，武田、北条两家的摩擦日益加剧，北条氏政干脆与德川家康结盟，从东、西两线同时对武田氏领有的骏河、远江地区展开侵攻。

在骏河、远江方面全力抵抗德川、北条攻势的武田胜赖，将东上野视为牵制北条氏的一个重要战场。在箕轮城配置了内藤昌丰养子内藤昌月的同时，更放手让真田昌幸重夺沼田城。真田昌幸与自己的叔叔矢泽纲赖联手，首先调略了沼田城周边的国人众势力。至天正九年七月，不仅扼守沼田城西侧要隘的名胡桃城主铃木主水向武田氏开城纳降，就连驻守沼田城内的海野幸光等人也早已与真田昌幸暗通款曲。八月，武田胜赖亲率主力攻入东上野，沼田城旋即在里应外合下一鼓而定。

尽管武田氏在上野国内势如破竹，但鉴于远江战场上德川家康步步紧逼的态势，武田胜赖最终还是将沼田城及联络关东诸侯以牵制北条的任务交给了真田昌幸。至此，真田氏领有以岩柜和沼田两城为中心的上野国北部地区，加上其在信浓的领地，真田氏总体动员力保守估计在5万石左右，不仅在武田氏内部位列前茅，更是在战国时代有了安身立命之资。

如此大的一块蛋糕，自然会招来觊觎的目光。在真田氏领有沼田后的一年多时间里，北条氏先扶植上野豪强沼田景义重夺旧领，又怂恿海野幸光背叛真田昌幸。对于前者，真田昌幸不得不用加官进禄来拉拢沼田当地的豪强，而后者却令真田氏与海野氏之间仅有的一点香火之情为现实的利益瓜葛所扑灭。随着海野幸光被迫自刃，流亡上野的海野氏最终淡出了战国纷争的舞台。而正是以此为踏板，真田昌幸昂首前行，最终以独立大名的姿态崛起于上野。

壬午之乱：武田家灭亡及其旧领混战漩涡中的真田家

在上杉氏爆发"御馆之乱"及引发武田、北条对立的近三年时间里，武田氏与织田家的"和睦交涉"始终并未中断，史称"甲江和与"。但这种外交手段无论对于正处于"第二次织田包围网"中的织田信长，还是急需时间调整战略部署，舔舐"长篠之战"伤口的武田胜赖而言，都不过是虚与委蛇的权宜之计。而最好的例证莫过于天正七年（1579年）织田信长以勾结武田氏为名，要求德川家康的正室和嫡长子松平信康自刃。显然在织田信长看来，武田氏始终是东线的大敌，只要腾出手来便欲灭之而后快。而德川氏作为负责袭扰、牵制武田的一线力量，决不允许有半点懈怠。

天正九年（1581年）三月，在德川家康攻克武田氏在远江的最重要据点——高天神城的同时，织田信长在京都的天皇内殿举行了盛大的阅兵式，史称"京都军马演练"。此举不仅向世人展示了织田家已经彻底走出此前两次"信长包围网"的困境，更昭现了织田氏"挟天皇以令诸侯"的无上权威。而将这份强大变为现实的最好途径，就是对外扩张。武田胜赖无疑成为织田信长利刃面前的第一个目标。

面对织田氏于国境一线修筑城砦，并向三河等地积蓄粮秣的全面战备，武田胜赖做出了在甲斐国西部建造新府城的决定。从宏观战略上来看，武田胜赖的这一决定有着精确的考量。新府城的选址恰位于武田氏两大核心领地——信浓和骏河之间，南可顺富士川而下进入骏河、江尻，北可遮蔽信浓西部的佐久郡等战略要冲。城垣背靠七里崖易守难攻，城下的平原地比踯躅崎馆广大，为

新府城想象复原图。

织田信长发动的"甲州征伐"示意图。

发展城下町预留了辽阔的空间。可以说，新府城一旦落成，将成为武田氏在西部国境的巨大堡垒和前进基地，足以应付与织田、德川联军的全面冲突。但武田胜赖选对了地址，选错了时机。

在武田信玄执政后期，武田氏的重要经济命脉——甲斐金矿便呈现出枯竭的态势，连年的对外征战更令军费节节攀升。"长篠之战"败后，武田氏用于重新编组和武装部队的开销已经令国人不堪重负。此刻征集大量的农夫用于兴建新府城，并提高年贡和税赋，更令原本就离心离德的武田氏内部暗流涌动。天正十年（1582年）二月，武田信玄的女婿——福岛城主木曾义昌突然宣布投靠织田氏。消息传来后，武田胜赖在盛怒之下，下令处决木曾氏全部70余名人质。随后，以武田信丰所部5000名精锐为前锋，亲率15000人紧随其后，试图一举荡平木曾氏。

客观地说，武田胜赖讨伐木曾义昌的决定是他人生中最大的战略失误。因为此时正值初春，从甲斐本领前往福岛城的道路之上依旧白雪皑皑。而就在武田氏将手中全部的机动兵力用于平叛之际，织田信长以正亲町天皇方仁的名义宣布将武田氏列为"朝敌"，随即发布了讨伐武田的总动员令。织田家近十万大军从飞驒、美浓突入信浓境内，而德川家康和北条氏政则从远江、关东攻入骏河。就在武田氏全线告警之时，武田胜赖的机动兵力仍困在前往平叛的路上。

二月十六日，武田氏主力经过12天的艰难跋涉终于抵达福岛城前沿的鸟居峠，而此时由织田信忠统率的织田氏主力业已抵达战场。武田军接战不利，武田信丰所部先锋全军溃散，武田胜赖被迫撤军。与此同时，德川家康已攻入骏府，北条氏则扫荡、攻陷武田氏在骏河残存据点——户仓城、三枚桥城等地，并在上野威逼真田氏据守的沼田城。而恰在此时，信浓北部的浅间火山爆发。据说火焰将整片天空染成了红色，在京都都能观测到。武田氏昔日诹访大明神加护的形象被一扫而光，更加速了其崩溃的过程。

三月一日，织田军以三万之众围攻武田胜赖之弟仁科盛信据守的高远城。仁科盛信虽奋力拼杀，但最终寡不敌众，自刃身亡。高远城陷落之后，武田军在南信浓再无险可守，武田胜赖被迫放弃诹访，逃往仍在建造中的新府城。而此时又传来了江尻城主穴山信君私通德川家康已反出武田家的消息，穴山氏的背离无疑宣告了武田氏家臣团的总崩溃。带着残兵败将退入新府城的武田胜赖，面对仍是工地的城垣，再无凭城死战的勇气，但要退守何地却成了一个新的问题。

此时主动邀请武田胜赖前往避难的，主要是驻守岩殿城的小山田信茂和领有岩柜、沼田的真田昌幸两家。从地理位置来看，岩殿城距离新府城更近一些。武田胜赖在权衡再三后，最终决定将修筑中的新府城焚之一炬，前往岩殿城。三月七日，织田信忠进入甲府，搜出了包括武田信廉在内的武田氏重臣，并全数处以极刑。而此时本应出兵迎接武田胜赖的小山田信茂却突然派兵在笹子峠以铁炮伏击胜赖、信胜父子的队伍，并劫走小山田信茂作为人质的老母。本来有300人规模的武田护卫队最终溃散至40人，被迫退守先祖武田信满在"上杉禅秀之乱"时自害的场所——天目山。

三月十日，最后的武田军在大和村构筑栅栏，与追击的织田军泷川一益所部展开激战。在随从诸人先后战死之后，武田胜赖和其子武田信胜也举刀自刃。至此，存续了400余年的甲斐武田氏归于灭亡。据说武田胜赖败亡的消息传到了真田昌幸所在的岩柜城，真田昌幸痛哭流涕，并感叹："要是听了我的建议，便不会被小山田信茂那个竖子所蒙骗了。"但站在后世者的角度来看，武田胜赖无论如何选择，都难逃灭亡的命运。毕竟此时武田氏的昔日同盟北条氏已加入了敌对阵营，北方的上杉景胜面对织田军的步步进逼，也是苟延残喘。真田昌幸邀请武田胜赖前往避难，是否也存着和小山田氏一样抢回人质的主意，世人便不得而知了。但在织田军强大的军势面前，仅靠岩柜、沼田两城的兵力绝不可能长期抵抗，更不用说反败为胜了。

关于武田胜赖的执政能力，坊间始终存在着褒贬不一的各种评价，但武田胜赖在面对比其父更为强大的敌人和更为复杂的政治环境时，所展现的勇气却是得到公认了的。武田氏在战国舞台上的演出固然华丽，但对日本列岛而言，一个崛起于甲斐穷乡僻壤之间的武家强权，又何曾不是强横好斗、蹂躏四邻呢？当武田胜赖父子的头颅被以"朝敌"的名义送往京都之时，或许为其所灭的诹访、大井等诸多信浓豪强的怨灵也正在拍手称快吧！

据说在以背主之名处决了小山田信茂之后，织田信长下达了捕杀武田遗臣的"狩猎武田令"。但从后续对武田氏所领有的甲斐、信浓、骏河、上野诸国的处理来看，织田信长所针对的目标可能只是武田氏的"一门众"和亲近的家臣，最先反出武田家的木曾、穴山两氏不仅保全了领地，还各自得到了增封。曾经与真田昌幸同属"奥近习六人众"的曾根昌世也因早年暗通德川家康，而保留了骏河兴国寺城的支配权。

◍ 武田胜赖在天目山最后的死战。

◍ "本能寺之变"中，同属于织田家的武士因利益分配不均而势如仇寇。

　　与曾根昌世相比，真田昌幸与织田、德川联军接洽的时间较晚。武田胜赖败亡前后，真田昌幸表面上忙于加强岩柜、沼田两城的军备，暗中却伙同箕轮城主内藤昌月与北条氏暗通款曲。此时的北条氏面对如日中天的织田信长，也唯有雌伏一途。随着织田氏大军由信浓进入上野境内，武田遗臣纷纷转投织田麾下。面对真田氏的从属申请，织田信长倒也没有刻意刁难，将其配属在领有上野一国及信浓小县、佐久两郡的泷川一益麾下。不过真田昌幸并非以岩柜、沼田两城城主的身份接受这一安排的，因为按照织田信长的安排，真田家必须吐出在上野的全部领地，以国人众的身份重回信浓小县郡真田乡。可以说，真田氏在武田家时代所获得的一切被全部剥夺，一夜回到了解放前。

此时真田昌幸心中的愤懑可想而知，但他并没有想到，这种"断人财路如杀人父母"的怨念也正一步步逼近看似已无敌于天下的织田信长。就在已经掌握日本列岛大半富庶之地的织田信长一路从甲斐回归安土城，并于天正十年（1582年）六月二日夜下榻京都本能寺之际，长期被织田信长委以重任的家臣明智光秀突然举起了叛旗，率军冲入本能寺中。身边仅有百余名亲信的织田信长虽然亲自上阵，但最终仍因寡不敌众，被迫切腹自焚。史称"本能寺之变"。

据说在向织田家宣布臣服的同时，真田昌幸将自己的长女"村松殿"作为人质送往了安土城。不过在"村松殿"尚未抵达安土城之时，织田信长便在"本能寺之变"中为部下明智光秀所杀，"村松殿"也因此在战乱的近畿地区流浪了两年之久。不过此事在日本史学界也颇受争议，毕竟真田氏已经被织田信长剥夺了岩柜、沼田两城的所有权，彻彻底底地被打回了国人众的原型，而如果每一个国人众都要向织田氏输送人质的话，安土城早已人满为患了。

关于"本能寺之变"，日本学者以各种笔记为出发点，拼凑出了一幅织田信长与明智光秀逐步结怨的长卷。但事实上，明智光秀不仅与信长的正室斋藤归蝶是表兄妹，更长期为织田氏东征西讨，发动"本能寺之变"时，明智氏已然从昔日的美浓土豪跃升为丹波一国的守护。诸多所谓的织田信长当众羞辱明智光秀的记载，无非是信长的性格使然，也是两人关系不凡的另类证明。因此，真正促使明智光秀铤而走险的，并非意气之争，应是赤裸裸的利益矛盾。

对于明智光秀，织田信长虽然曾有过一些过激的言行，但总体上还是信任的。正因如此，在灭亡武田氏后展开的西进支援羽柴秀吉、对抗毛利氏的军事行动中，织田信长以明智光秀所部为前锋。为了激励其斗志，信长还特意许下了出云、石见二国作为封赏，不过在这之前，明智氏必须先吐出已经入账的丹波国作为交换。此举在信长看来是要明智光秀"置之死地而后生"，但明智氏上下却视为"卸磨杀驴"，因此光秀一呼"敌在本能寺"，全军上下便不无诛杀信长而后快。

明智光秀袭杀织田信长之后，织田氏的合法继承人织田信忠也在京都附近的二条城遭遇了明智氏大军的包围，自感前途渺茫的信忠最终选择了切腹自杀。在肃清了京都附近的织田氏人马之后，明智光秀以"征夷大将军"的名义传檄天下，指望一举成为日本列岛的主宰，但他等来的并不是"贺电"，而是从西国前线连夜赶回的羽柴秀吉的三万大军。

◎ ：山崎合战：获胜后的羽柴秀吉军。

◀ 晚年沦为丰臣秀吉跟班的泷川一益。

羽柴秀吉之所以能够顺利地从自己向信长求援时吹嘘的无法力敌的"毛利大军"面前成功回师，很大程度上要感谢"毛利两川"之中的小早川隆景。在小早川隆景看来，毛利氏无力长期与织田对抗，与其鱼死网破，不如降服，以保全其独占西国的局面。基于这一目的，早在"本能寺之变"前，小早川隆景便已与羽柴秀吉开始秘密接触。而在羽柴秀吉率军赶回京都，与明智光秀争夺织田氏政治遗产之时，小早川隆景更力阻吉川元春等人试图展开的追击。有些坊间传闻更直指小早川隆景秘密向羽柴秀吉借出多面军旗，以造成羽柴、毛利联军的假象。

在决定性的"山崎会战"中，明智光秀最终兵败被杀。明智光秀的"三日天下"一终结，羽柴秀吉便在多方势力都保持观望的情况下，成功排斥了织田信长的三子信孝的继承权，以年仅2岁的信长嫡孙秀信为傀儡，开始了其全面窃取织田氏的历程。在此后的两年时间里，羽柴秀吉先后击败了柴田胜家、佐佐成政等昔日战友，以其灵活多变的外交手腕，与德川家康结成了政治联盟。

"本能寺之变"不仅是织田氏内部的一次空前大洗牌，它的发生几乎影响了整个关东地区的政治走向。"本能寺之变"前，上杉氏在织田氏柴田胜家的攻势下几乎已全无还手之力，自诩关东豪门的北条氏在织田氏驻守上野的泷川一益兵团面前也只能摆出雌伏的姿态，德川家康与穴山信君一路尾随织田信长从甲斐回到安土城以示恭顺。但随着织田信长及其威权在本能寺化为飞灰，整个关东地区又陷入了混战的漩涡，日本史学界称之为"天正壬午之乱"。一般认为，挑起这场战乱的是不甘为织田氏所压制的北条氏政，因为在"本能寺之变"的消息传到小田原城后，已经对外宣布归隐的北条氏政立即命其子（也就是北条氏的第五代家督）北条氏直发布动员令，迅速纠集五万大军杀入上野。好不容易拥有一国之地的泷川一益当然不甘轻易放手，立即召集上野、信浓两地的国人众至武藏国边境的神流川布阵，是为"神流川合战"。

"神流川合战"固然可以视为"天正壬午之乱"全面爆发的标志性事件，但事实上，早在北条氏与泷川一益公然对立之前，织田氏在上野、信浓、甲斐地区的统治便已随"本能寺之变"的消息呈土崩瓦解的态势。北方的上杉氏在柴田胜家率军赶赴京都讨伐明智光秀之后，也攻入了信浓，驱逐了领有川中岛四郡的织田氏武将森可长，并联络了北信浓、上野的国人众。因此"神流川合战"尚未正式打响，上野、北信浓各地就已经出现了一片反旗林立的局面。

天正十年（1582）六月十九日，仅有18000余人的上野织田军奋战三日，最终兵败神流川。深知在上野国内得不到支持的泷川一益，被迫在箕轮城与上野的各路豪强话别。虽然最终他还是安全地回到了其在伊势的领地，但却已经失去了与羽柴秀吉、柴田胜家等人瓜分信长遗产过程中的话语权，此后更是行情一路走低，最终沦为老战友丰臣秀吉的跟班。

对于处心积虑想要夺回岩柜、沼田两城的真田昌幸而言，泷川一益与北条氏的上野争夺无疑是天大的利好。他一方面与驻军川中岛的上杉景胜建立联系，一方面召集上野各地的旧部。在六月十六日"神流川合战"刚刚打响之时，真田昌幸便迅速抢占了形同空城的岩柜城，随后又从沼田国人众金子氏的手中接管了沼田城。

真田昌幸深知北条氏对上野的执念。因此，在夺回岩柜、沼田两地后，他并未趁乱扩张真田氏的领地，而集中力量强化各地的守备，构筑了一条由真田乡经岩柜城直达沼田城的防线。但出乎真田昌幸意料的是，北条氏并未攻略沼田，而是以追击泷川一益的名义，进军信浓。一时间真田乡周边的室贺氏等国人众纷纷转投北条，连真田昌幸也被迫向北条氏直表达了"求加入"的意向。

天正十年七月，真田昌幸与领有西信浓的木曾义昌正式加入北条氏直的麾下，此时北条氏已基本占据了除川中岛地区外的整个信浓国。七月十三日，北条氏的两万大军逼近了昔日武田信玄用于防备上杉谦信的海津城，与统率八千精锐的上杉景胜形成对峙之势。面对依托坚城而固守不出的上杉军，北条氏直不愿长期僵持，遂怀着"得陇望蜀"的心理，而选择挥师南下杀入甲斐。

北条氏直虽然自以为争分夺秒，殊不知德川家康已抢先一步。"本能寺之变"爆发之时，德川家康正带着穴山信君在从安土城前往界町的途中。在得知织田信长遇害、明智光秀接管京都的消息后，德川家康只能冒险穿越各路民间武装纷起的伊势国领地，一路辗转之下才终于安全地回到家中。穴山信君就没那么走运了，据说其为了尽早赶回甲斐扩张领地，而与德川家康分头前进，后为地方武装截杀。

织田信长本将甲斐国的大部分给了自己的近臣"黑母衣众"笔头河尻秀隆，但面对势如鼎沸的甲斐国各派势力，河尻秀隆无力镇压，在逃往美浓的途中为武田遗臣所杀。德川家康随即向甲斐国内的武田旧臣和国人众发出了"本领安堵"的委任状，几乎不费一兵一卒便收割了甲斐国内武士的效忠。而与之相比，北条氏虽然占据了信浓大部，却始终没有明确各路豪强的势力范围；匆匆南下之际，又将真田昌幸、木曾义昌等人置于殿军的位置，如此安排自然引发了信浓国人众的不满。

七月二十二日，南下的北条氏直与攻占甲斐的德川家康所部于武田胜赖所焚毁的新府城下对峙。德川氏虽然抢占了先机，但兵力终究不如北条氏雄厚。为了缓解正面的压力，德川家康接受了重臣大久保忠世的建议，向真田昌幸派出了使者，以上野箕轮城及甲斐诹访郡为条件，要求真田昌幸从侧后牵制北条军。经过了一番权衡和准备之后，真田昌幸于十月十九日前后正式宣布与北条家断交。

从客观层面上来讲，真田昌幸此后的军事行动与其说是在配合德川家康，不如说是在趁机扩张，他的攻击目标主要是小县郡内的那些亲北条氏的国人众。此举不但在信浓各地引发连锁反应，令北条氏后方陷入混战，同时也切断了北条氏联系上野与信浓之间的补给线。隐居的北条氏政最终还是坐不住了，他亲自写信给德川家康，促成了双方的罢兵休战，但在具体的停火条件上，北条氏要求德川促成令真田昌幸让出沼田城一事，并表示自己愿意将甲斐国的都留郡和信浓国的佐久郡让给德川方作为交换。对于德川而言，这桩买卖可谓是割他人之肉饱自己之腹，自然没理由拒绝。而在北条氏看来，都留郡和佐久郡都是武田的故土，在当前情况下无法长治久安，不如用来换回上野的战略要冲。两只老狐狸这时心里都清楚：在这桩"皆大欢喜"的买卖里，吃亏的唯有沼田城真正的主人——真田昌幸而已。

上田城下：战国真田家的独立之路和声势浩大的北条征伐

随着北条大军退出甲斐、信浓各地，"天正壬午之乱"在名义上宣告终结，但德川势力的北上却无可避免地引起了上杉方面的警觉。而其中上杉氏最为关切的，莫过于从属德川的真田氏在小县郡的动作。真田昌幸打着德川氏的旗号，在天正十年冬至次年春季，几乎扫荡了小县郡内除了室贺氏外的异己势力，兵锋直逼上杉在信浓的桥头堡——川中岛地区。但此时德川与上杉并未正式进入战争状态，即便是真田昌幸借助德川的财力、物力于海津城南的净土渊敌前修筑名为"上田城"的堡垒，上杉氏也只能保持强势围观的姿态，不敢贸然出兵。

德川家康之所以全力协助真田氏在净土渊筑城，除了强化当地针对上杉氏的防御之外，更重要的是，他已经答应了北条氏，要求真田割让沼田城。按照德川家康的计算公式，真田氏以上田城为中心所领有的信浓土地，已足以抵消失去沼田的损失。而事实上，早在北条与德川两军于新府城对峙之时，北条氏就已展开了对沼田城的攻略。

真田昌幸专心于信浓方向后，沼田城方面的防御事务便交给自己的叔叔矢泽赖纲打理。客观地说，此时已年近古稀的矢泽赖纲，在沼田城的防御问题上表现得非常顽强，但要说其完全是凭一己之力便多次击退北条氏的侵攻，却言过其实。一方面，沼田城本身就建于利根川、莲根川、片品川合流处的悬崖绝壁之上，易守难攻。另一方面，沼田城外还有阿曽之砦、镰田之砦、长井城、森下城等分支据点，而北条氏第一次攻略沼田所投入的兵力也仅有5000人。矢泽赖纲依托外线据点牵制北条军的兵势，自己则率数百精锐不断主动出击，最终北条军并未抵达沼田城城下便草草收兵了。

除了北条之外，上杉氏也同样觊觎真田家的领地。据《松城通记》的相关记载，1582年6月，17岁的真田信之领军与上杉家的须田相模守、甘粕备后守在川中岛先后交战数次。此事当然属于真田家的自吹法螺，因为须田相模守指的是出身信浓高井郡的须田满亲，甘粕备后守则是上杉氏名将甘粕景继，从这两人在其他战场上的表现来看，任何一个都足以吊打真田信之。更何况这两人此时都是上杉氏的一城之主，手中所能动员的兵力对刚刚趁乱夺回岩柜、沼田两城的真田氏更是形成了压倒性的优势。

虽然真田信之单挑上杉氏两员悍将的纪录不可信，但此后他跟随自己的父亲昌幸，扫荡信浓国小县郡豪族的战功却是基本可信的。真田氏自幸隆出仕武田家以来，便始终将小县郡作为核心领土进行治理。成功夺取户石城之后，真田家便在当地建造名为"真田馆"的武家屋敷，此后又进一步扩建了真田本城等防御设施。但对于小县郡当地的豪强来说，真田氏依旧是"外来户"。因此随着武田、织田势力的全面退潮，真田氏在小县郡也成为众矢之的。1583年1月，真田信之领军与小县郡内的诸多豪族作战，先后击破和田、大门、长洼、武石、内村、丸子诸氏，确保了真田家对小县郡的统治。不过，此时的真田氏依旧处于东有北条、北有上杉、南有德川的危险处境，击败小县郡内的国人众

❯ 今天日本国土重建的上田城遗址。

根本不足以改变战略上被动的态势。

　　天正十一年（1583年），北条军一度迫降了长期从属于上杉氏的上野厩桥城主北条芳林，令真田领有之岩柜、沼田两城成为上野地区唯一的反北条势力。不过，当北条氏准备再度兴兵沼田之时，矢泽赖纲却抢先一步投靠了上杉氏。北条氏一时倒也拿他无可奈何。

　　天正十二年（1584年）三月，德川家康与羽柴秀吉争夺织田信长遗产的"小牧·长久手之战"爆发。两军除了正面交锋外，也各自试图从战略上迂回对手。羽柴秀吉交好于上杉景胜，希望其能在信浓地区牵制德川军。而德川家康则以真田昌幸牵制上杉，遣木曾义昌出兵美浓、尾张。但出乎德川家康意料的是，木曾义昌不仅没有按照他的剧本成为牵制羽柴秀吉的一支奇兵，反而转投羽柴旗下，令德川氏在信浓的领地门户大开。"小牧·长久手之战"后，羽柴秀吉与德川家

康进入冷战对峙时期，德川家康对真田昌幸的不信任也日益增加。

　　在德川家康看来，真田昌幸长期不顾自己的要求，以各种理由推迟将沼田城移交给北条氏，极大地影响了德川与北条两家的关系。这样的局面如此继续下去的话，一旦羽柴秀吉再度发动进攻，德川氏就很有可能会陷入羽柴、北条两线夹击的危险之中。除此之外，真田氏在北信浓的影响力日益增长，也逐渐呈现出"尾大不掉"之势。天正十二年（1584年）六月，德川家康密令小县郡国人众室贺正武暗杀真田昌幸，但由于室贺氏内部早已为真田氏所渗透，不仅室贺正武本人未能得手，反倒成了真田氏的刀下之鬼。真田昌幸和德川氏的矛盾由此事而变得日益表面化了。

　　天正十三年（1585年）八月八日，在得知真田昌幸决定从属于上杉家的确切情报后，德川家康以鸟居元忠为主帅率军围攻上田城，"第一次上田城合战"由此拉开了序幕。"第一次上田城合战"长期以来均被视为真田氏以寡破众的经典之役，但仔细分析却不难看出，光环之下其实胜败有据。德川军虽号称拥有七千之众的兵力，但其主力是甲斐、信浓两地的国人众，战斗力远不如德川氏夸耀于世的"三河武士"那般强韧，各部之间更是缺乏协同，称之为"乌合之众"亦不过分。而真田氏方面在上田城地区可用兵力约为骑兵200人、足轻1500人左右，加上协防的百姓和浪人，则逾两千之众。除此之外，真田氏还有数量不明的援军从上野赶来。在战前，真田昌幸更将自己的次子真田信繁等亲属作为人质送往上杉氏，以换取上杉氏的支援。由此来看，"第一次上田城合战"中的两军兵力并不如传说所说的那般对比悬殊。

即便如此，在两军交锋的过程中，德川军仍一度击退了真田氏在上田城下依托河流和鹿砦据守的部队，并一度攻入上田城中。只不过在内城的巷战中，德川方各部协同能力差和战斗力不强的弱点才逐渐显现。可能出于保护这座坚城的目的，在攻入城内后，德川军并没有依照惯例放火，这才导致当真田昌幸的长子真田信之所部别动队出现在其侧后时，德川军出现了全军溃败的现象。不过无论如何，"第一次上田原合战"仍令真田氏在信浓方面摆脱了被德川鲸吞的危机。

与此同时，矢泽赖纲也在上野方向依托沼田城的有利地形再度击败了来犯的北条军，是为"第二次沼田城攻防战"。"第二次沼田城攻防战"于天正十三年（1585年）九月爆发，北条氏由当主氏直亲自指挥，从小田原城出发，号称共动用了58000人的兵力。在具体兵力部署上，北条氏直却将军队分成两支：北条氏照率领其中的20000人从吾妻郡的中山奔赴沼田，自己则率领35000人从势多郡侵入沼田领地，同时命北条氏邦率3000人进入阿曾之砦作为接应。

矢泽赖纲继续依托外线据点和北条氏拉锯，自己则积极地出城进行奇袭。等到混乱的北条重新整顿好后，他已经回城固守了。面对这样机动灵活的战术，始终无法攻克城池的北条军气急败坏而又无可奈何，每每还要由于赖纲的奇袭而损兵折将。北条氏直在两路均遭受重大损失的情况之下，只好放弃攻占沼田城的想法。九月二十九日，北条军在进退两难之际终于作出了长期围攻不下对己不利的判断，只留下猪俣邦宪等人把守已经攻占的外线据点，其他部队全部撤回到小田原城。至此，"第二次沼田城攻防战"以真田方的胜利而告终。

真田氏于上田、沼田两地先后击败德川、北条大军的进犯，固然是真田昌幸、矢泽赖纲两人兵法精湛、真田氏上下一心的结果，但从当时整个战国格局来看，却也暴露出德川、北条两家在战略上的尴尬。自"本能寺之变"以来，德川昔日与织田通力合作、守望相助的时代可谓一去不复返。而"天正壬午之乱"后，德川家康虽然鲸吞了甲斐全境和信浓大部，但当地的武田氏崩溃后形成的无序局面，却仍需德川氏投入大量的人力、物力才能消化。德川家康虽然长袖善舞，一度通过团结当地国人众击退了北条方面对甲斐、信浓的窥测，但对于如真田昌幸、木曾义昌等地方豪强而言，依附德川氏不过是权宜之计，一旦北条氏的威胁退潮，其本就不安分的雄心自然会再度活泛起来。

与德川相比，北条氏的境况也好不到哪里去。"神流川合战"后，北条氏虽然击溃了织田氏安插在关东的桥头堡——泷川一益所部，并趁势将上野南部收入囊中，但在此时北条的侧后，仍有一股势力正在日益崛起。长期以来，日本关东地区便存在着一批自称公卿藤原氏后裔的地方豪强。战国初期，这些夜郎自大的所谓名门之后便相互攻伐，当时北条也忙于应付上杉、武田等豪强，双方虽时有摩擦，但总体来说还算相安无事。但随着织田氏扫平武田、重创上杉，关东的整体战略平衡也随即被打破。面对快速扩张的北条家，关东地方的豪强组成以宇都宫、佐竹两家为首的"东方之众"联军，全力抵抗北条。

值得一提的是，此时由于日本各地城下町的发展和商贸往来的加速，"铁炮"（火绳枪）等新型武备在相对偏僻的关东地区也逐渐流行起来。就在北条氏第二次进攻沼田城的前一年（天正十二年），北条氏与"东方之众"联军于下野国沼尻地区展开了长达3个月的拉锯战，双方据称投入了近十万兵力，铁炮8000余挺，规模远超"长篠之战"。

当然，此时已经结成隐性同盟关系的德川、北条两家，其真正的威胁还是近畿地区崛起的羽柴秀吉。自"本能寺之变"后迅速回师并击破明智光秀以来，羽柴秀吉通过军事和外交并重的政治手段，迅速完成了对织田氏家臣团的全面并吞。"小牧·长久手之战"虽以德川氏的战术胜利而告终，但从战略上看，德川家康不仅未能阻止织田信长的次子织田信雄向羽柴秀吉屈服，更几乎坐视后方牵制羽柴秀吉的各方势力被各个击破。眼见昔日声势浩大的"秀吉包围网"只剩下自己仍在独自奋战，德川氏上下的惶恐可想而知。

真田昌幸也敏锐地捕捉到了这一点，并于"第一次上田城合战"后不久便写信给羽柴秀吉，表示结好之意，但羽柴秀吉的回信却令真田昌幸多少有些失望。秀吉虽然表达了收到书信后的喜悦之情，但却提出：真田氏如有任何需求，可通过深志城主小笠原贞庆来转达。小笠原贞庆是昔日南信浓守护小笠原长时的三子。小笠原长时被武田信玄驱逐出信浓后，小笠原氏一度流浪于近畿地区，但其破落贵族的身份最终还是被织田信长看重。不过，在信长麾下的小笠原贞庆不过是装点门面的公家代表，真正帮助小笠原贞庆收复旧土、复兴家门的，是在"天正壬午之乱"中出兵信浓的德川家康。但是通过安堵和布施等方式收买小笠原旧臣和诸寺社的人心，并实际控制安云、筑摩两郡之后，小笠原贞庆却日益表现出与德川氏离心离德的趋势。毕竟站在小笠原氏的角度上来看，德川家康所能给的实惠已经全部拿到手了，与其继续替德川家康卖命，担负起牵制上杉、木曾两家的重任，不如投靠势力更大的羽柴秀吉。作为昔日的武田氏重臣，真田昌幸对于小笠原贞庆这个"还乡团"颇为鄙视。也正因如此，羽柴秀吉的这封信令他颇为不爽。

很快，羽柴秀吉又写来了第二封信，信里说他将于不久后讨伐德川氏，希望真田昌幸出兵相助，但羽柴秀吉并未开出令真田昌幸动心的条件，只是含糊地表示：信浓、甲斐的事务，真田昌幸可与小笠原贞庆、木曾义昌多多沟通。羽柴秀吉连续两次欲将真田昌幸置于小笠原和木曾氏治下的意图，令真田昌幸"卖身投靠"的热情大减，这股热情逐渐冷却为坐观羽柴、德川两虎相争的幸灾乐祸。可惜天不遂人愿，进入天正十三年十一月后，德川、羽柴方面相继发生的"地震"，令两家的对立情绪逐渐消散。十一月十三日，德川氏重臣冈崎城代石川数正突然投奔羽柴秀吉。石川氏是德川氏的谱代老臣，数正本人更是与家康自幼相识、一起长大。此时突然率家臣、族人出奔，对本就人心不稳的德川氏而言，可谓是一场政治上的大"地震"。而石川数正出走时还带走了小笠原贞庆送往德川家的人质——嫡子小笠原秀政。小笠原氏随即再无后顾之忧，也举起了针对德川氏的反旗。

石川数正熟知德川氏的战备情况，他的出奔令德川氏对羽柴秀吉而言再无秘密，而小笠原贞庆的叛离，更令德川氏在信浓的防线门户大开。因此，在事情发生后仅仅两天，德川家康便令驻守信浓的德川氏各部迅速南撤，回防滨松城。同时改筑石川数正曾经管理的冈崎城，又命武田氏遗臣提交武田信玄、胜赖时代的军制文书，改"三河军制"为"武田军制"。德川氏的此番军制改革，由于长期以来缺乏具体的史料，因此各方褒贬不一。但战国时期所谓的军制本身就大同小异，德川家康崛起之前，三河武士虽忠诚骁勇，实则并无专门的传世兵法。德川家康的这一举动与其说是改革，不如说是订立相关的规定。德川家康如此高调地征集武田氏的相关资料，可能还有另一层深意，便是趁势收拢武田遗臣的人心。毕竟信浓已必然要放弃，如果甲斐地区再出现动荡，德川氏将被压缩在三河、远江、骏河的狭长地带，战略态势更为糟糕。

幸运的是，就在织田信雄向德川家康通报羽柴秀吉即将出兵，劝说其归降之际，羽柴秀吉治下的日本中部地区于十一月二十九日发生了里氏8级左右的大地震。在这场"天正大地震"面前，羽柴秀吉不得不暂时停止对外用兵，全力抗震救灾，对德川氏也只能转用怀柔的态度。天正十四年（1586年），羽柴秀吉先是将自己的妹妹旭姬嫁入德川氏，又将自己的母亲大政所也送了过去。最终才以最大的诚意将德川家康邀请到京都，完成了两家的和睦。而在德川家康"上洛"之前，上杉景胜也在京都正式宣布臣从于羽柴氏，信浓各地豪族纷纷紧随其后。但真田昌幸却似乎耻于与小笠原贞庆、木曾义昌为伍，始终并未对秀吉的"上洛"要求进行回应。如此自抬身价的举措，最终引出了羽柴秀吉对真田氏"表里比兴"的评价，并表示要以德川家康为先锋攻略真田氏。

羽柴秀吉此举固然是对真田氏前恭后倨的不满，但同时却也是对指挥德川、上杉两大昔日豪族的一次试水。毕竟在讨伐真田的问题上，德川、上杉都必须形同家臣，跟从羽柴氏的指挥棒行动，在天下人面前已然可谓尊严扫地。以德川氏的兵力，想要攻灭真田氏并不难，但真田氏灭亡后留下的北信浓至上野一线的战略真空，却有可能会再度引发德川、上杉、北条三家的纷争，而这一局面恰恰是急于宣告天下一统的羽柴秀吉所要竭力避免的。因此，就在德川氏磨刀霍霍之际，羽柴秀吉突然宣布赦免了真田昌幸。侥幸保全首级的真田昌幸此时也再搭不起架子，只能心甘情愿地在小笠原贞庆的陪同下，抵达京都觐见秀吉。而羽柴秀吉给他的政治定位，自然也不会高于此前的书信往来。真田昌幸与小笠原贞庆、木曾义昌一道作为德川氏的与力大名，归属德川家康指挥。真田昌幸长久以来想要独立的野心，算是得到了名义上的肯定，但真田氏也由此被捆绑在了羽柴秀吉的战车之上。

1585年，羽柴秀吉已经有能力问鼎"征夷大将军"的宝座了，但是公卿阶层却以羽柴秀吉并非正统的武士出身为由，希望他能出任相当于宰相的"关白"一职。所谓的"关白"，与"幕府"一样，都是中国大陆的舶来词汇。其最早出现于《汉书》中的"诸事皆先关白（霍）光，然后奏天子"，日本取其"总理"之意，于平安时代设立"摄政"与"关白"两个职位。即天皇成年之前，由权臣出任"摄政"；天皇成年之后，"摄政"改任"关白"，合称"摄关"。客观地说，公卿阶层很大程度上是在"忽悠"羽柴秀吉，目的自然是复活早已作古的"公卿政治"。而自惭形秽的羽柴秀吉连自己是天皇私生子的谣言都不惜编造，自然不会耻于认前任关白近卫前久为"干爹"。即便如此，日本公卿也不肯让羽柴秀吉这个泥腿子挤进自己的家族，于是随手编了一个"丰臣"的姓氏。从此，丰臣秀吉便顶着"关白"的头衔，干起了"征夷大将军"的差事。

在内政领域，丰臣秀吉全面研习了织田信长"兵农分离"和鼓励商业的政策，但在对外事务上，却一改织田氏"崇尚武力征服"的思路，他先后以接受名义上臣服，并保证其独立性的方式，收复了西国的毛利氏、四国岛的长宗我部氏以及九州岛的大友、岛津两家。此时的日本列岛之上，只有以北条氏为代表的关东地区仍"未服王化"了。德川家康深知，此时的丰臣氏实力之强难以力敌，于是他不断地怂恿北条氏政、北条氏直两父子效仿自己向丰臣秀吉低头。北条氏政委派自己的弟弟北条氏规前往京都，算是满足了丰臣秀吉的要求，但此举并非毫无代价。北条氏随即提出重新划分关东各国的属地，要求真田氏吐出沼田城。

客观地说，北条之所以如此执念于沼田，并非完全是出于意气之争。毕竟在北条氏看来，随着上杉和德川的从属，丰臣政权已对北条领地形成西、北两线的包围之势。北条氏在西线有箱根山天险可以依托，北线却是一马平川，必须拿下沼田才能保证安全。丰臣秀吉也不愿意为了真田氏的领地和北条氏多作纠缠，于是大笔一挥，将沼田领一分为二。沼田城及当地三分之二的区域归属北条，真田则保留名胡桃城及沼田剩余的三分之一。如此一来，北条氏的诉求也算得到了部分的满足，但在具体的交割过程中，北条氏却违背了丰臣秀吉提出的不得出动超过一千兵力的要求，派出两万大军。而正是在这个过程中，屡次败于真田的北条氏家臣猪俣邦宪突然出兵强占名胡桃城，吹响了北条氏灭亡的号角。

猪俣邦宪究竟出于什么样的动机做出如此鲁莽的举动，至今仍是一个未解之谜，但有一种颇有意思的说法却值得考量：在北条军进入沼田城的过程中，真田方的铃木主水据说接到了真田昌幸的军令，要求其撤离名胡桃城。北条军随即接管此城，铃木主水在名胡桃城下自刃。事后，真田方表示这份军令为猪俣邦宪所伪造。不过无论如何，北条氏此举都违反了丰臣秀吉颁布的"关东总无事令"，丰臣秀吉遂纠集各路大名所部20万人，攻入了北条氏的领地。

丰臣秀吉如此大张旗鼓地对关东用兵，固然有一举铲除异己、统一日本的意味，更不乏削弱德川家康等人的目的。面对丰臣秀吉麾下的大军，北条氏放弃了御敌于国门之外的野战，而是选择龟缩在以小田原为中心的城堡之中。此举不但令丰臣秀吉借机削弱各方大名力量的图谋落了空，更使战争有演变为长期对峙局面的倾向。

而此后战事的发展也从一个侧面证明了沼田城的重要性。丰臣秀吉方以德川家康为先锋的东海道方面主力虽然轻松突破了箱根天险，但只能屯兵于小田原城下。反倒是以上杉、前田、真田三家为主力的北陆方面军由上野杀入了北条氏空虚的侧背，一路拔除了松井、箕轮、钵形、八王子等坚城，动摇了北条氏的根本。此时，关东各地以伊达政宗为首的各路豪强审时度势，纷纷加入了丰臣秀吉一方，而北条氏内部也在长期的围困中分崩离析。

犬伏之别："关原之战"中真田氏的投机和战国真田氏的衰亡

北条氏的最终灭亡虽然标志着丰臣秀吉对日本列岛名义上的统一，但是想利用此役削弱德川等大名，以扶植自己亲信的目的却并未达到。怀着忿忿不平的心理，丰臣秀吉要求德川家康吐出包括世代盘踞的三河国及远江、骏河、甲斐、信浓等地的大片领土，并答应以昔日北条氏的领土作为交换。德川家康虽心有不甘，但最终也只能忍让。但便如"塞翁失马"一般，失去了昔日富庶之地的德川家康，不仅通过自身的努力迅速在关东积聚力量，更以讨伐"北条残党"为由，获准不全力出兵参与丰臣秀吉对朝鲜所发动的倾国远征。

与德川氏同时改易的，还有信浓的小笠原、木曾、诹访、保科等豪强，代之以丰臣氏家臣仙石秀久、毛利秀赖、日根野高吉以及此前倒反德川的石川数正等人，地势险要的木曾郡更被丰臣秀吉收为其直辖领地。在这场信浓国的大洗牌之中，真田氏却始终岿然不动。真田昌幸本人对此颇为得计，认为真田氏深受丰臣秀吉的信赖，终于将其在信浓、上野的领地合法化了。在随后的几年里，真田氏与丰臣政权的关系日趋密切。最终，真田昌幸的长子信之、次子信繁均获姓丰臣，并在丰臣秀吉的安排下，迎娶了德川氏重臣本多忠胜之女小松姬、大谷吉继之女（大谷吉继之女真名不详，日本史一般以其出家后的法号称之为"竹林院"）为妻。真田氏的政治地位至此可谓登峰造极。

而随着丰臣秀吉对朝鲜的战争的全面展开，真田父子更率700名精兵前往九州的名护屋集结。丰臣秀吉之所以觊觎朝鲜半岛，除了狂妄的所谓"超越山海而直入于明使四百州溶化我俗，以施王政于亿万斯年"之外，更实际的打算是利用征朝之役完成自己攻略小田原时未经的事业。因此在战争动员阶段，丰臣秀吉便蛮横地要求各国大名造船征兵。不过由于地域和交通的限制，日本投入朝鲜半岛的主要兵力还是来自关西地区，真田家与德川家康、伊达政宗等关东大名一样，虽然被要求出兵集结于九州岛地区，但始终只是充当预备队而已。

在名护屋期间，真田昌幸与丰臣秀吉之间的互动颇多，在民间更留下了诸多轶事。总体来说，日本民间传说将真田昌幸描绘成"铁齿铜牙"的形象。细究这些故事却不难发现，与其说真田昌幸是不畏丰臣秀吉的权威，不如说是在丰臣氏面前显摆自己早年的文韬武略，一个风光不再的"老炮"形象呼之欲出。

对于"人不知兵二百余年"的朝鲜王国而言，经历了百年内战的日本军队堪称虎狼之师。在对手于釜山强行登陆之后的短短两个月之内，朝鲜王国的正规军便全线崩溃，首都汉城、陪都平壤先后失守。朝鲜国王李昖仓皇逃往中朝边境的义州，丰臣秀吉鲸吞朝鲜的野心似乎已经接近实现了，但朝鲜民众却没有放弃抵抗。在以全罗道左水军节度使李舜臣为首的朝鲜官员所组织的海、陆义军的抵抗之下，日本远征军不仅海上补给线受阻，在地面战场上也屡遭败绩。而更为重要的是，与朝鲜山水相邻的大明帝国也开始逐渐关注起自己藩属的异动。

1592年冬，在经过了一番军马钱粮的筹措和准备之后，大明帝国的远征军终于跨越了鸭绿江。受后勤运力所限，明军第一批次援朝的兵力并不多，仅有"东征提督"李如松麾下的四万多人马，兵力上仅为日本在朝总兵力的五分之一。但这支明军是在漠北战场多年与蒙古等游牧民族交锋的百战之旅，加上大明帝国在重型火器上的优势，明帝国远征军很快便收复了平壤。

1593年正月，中、日两军在通往汉城的碧蹄馆展开会战。日军虽然凭借着兵力上的优势，成功阻止了明军的继续南下，但是中、日两军在兵员素质和武器装备上的差距，还是令丰臣秀吉不得不暂时收敛起自己的野心。他一面放弃汉城，向釜山地区收缩战线，一面积极地与大明帝国和谈，谋求迅速结束战争的可能。

丰臣秀吉开出的议和条款主要是明帝国重新恢复对日的勘合贸易，朝鲜割让南部四道给日本。而这些条款在当时的战场力量对比下，根本是无法实现的。因此在双方使节往来三年之后，丰臣秀吉最终换来的不过是一纸"日本国王"的册封。对于比肩足利义满的待遇，丰臣秀吉虽然当场发飙说："吾掌握日本，欲王则王，何待髯虏之封哉！"但第二天却"身穿明朝冠服，在大坂城设宴招待明朝使节"。显然，对丰臣秀吉而言，如果能依靠大明帝国的册封，将自己家族对日本列岛的统治权固化下来，也未尝不是一件好事。但册封终究只是一个形式，在日本军队执意不肯从釜山撤退的情况之下，中、日两国围绕朝鲜半岛南端的战事终于在1597年再度打响。

在试图北上的攻势中，日本军队虽然再度遭遇重创，但那些依附着釜山等地的沿海堡垒却依旧试图在朝鲜半岛长久地驻守下去。其中，以加藤清正死守蔚山城的战役最为惨烈。由于明军截断了蔚山的水粮供给，城内的日军每天都有大批军兵因为饥渴而倒毙，城中干涸的蓄水池里堆满了尸体。那些原本不食畜肉的日军官兵也因饥饿难忍，将城中为数不多的牛马全部吃光。但就是在这样山穷水尽的情况下，加藤清正还是支撑到了援军的抵达。不过，他的这份执着更可以理解为恐惧，因为加藤清正在朝鲜半岛杀人如麻，一旦落入中、朝军民的手中，等待他的自然将是死无全尸。

加藤清正在蔚山的胜利并不能挽救丰臣秀吉油尽灯枯的生命。1598年8月18日，63岁的丰臣秀吉病死于伏见城中。临终之前，丰臣秀吉怀着"勿使我十万兵为海外鬼"的忧虑，要求石田三成统一部署在朝日军撤退回国。尽管在石田三成的部署之下，加藤清正等所率日军主力安全地回到了国内，但是在露梁海域，负责接应小西行长的岛津义弘还是遭遇了中、朝联合舰队的邀击，死伤了万余名精锐。

远征朝鲜与其说是丰臣秀吉自我膨胀的必然产物，不如说是在日本根基不稳的丰臣家族的一次豪赌。伴随着这场赌博的终结，日本列岛再度出现了群雄并立的局面。德川家康虽然接受丰臣秀吉的托孤，但是内心深处却无日不想着取而代之。在石田三成与福岛正则、加藤清正等人反目的情况下，德川家康动员日本列岛的各派势力，以"讨伐悖逆谋反的上杉氏"的名义起兵。嗅到对手"项庄舞剑，意在沛公"的危险后，石田三成迅速联合了与上杉氏同为丰臣秀吉托孤重臣的毛利氏和宇喜多氏，联合向关东进军。在美浓群山环抱的关原盆地，一场决定日本列岛命运的恶战悄然揭开了序幕。

丰臣秀吉逝世之时，日本列岛表面上形成了以其独子丰臣秀赖为"天下共主"的均衡局面，但丰臣秀赖未满6岁，丰臣氏内部很快便形成了秀吉正室"北政所"宁宁和秀赖生母"淀殿"浅井茶茶对立的局面。宁宁和浅井茶茶之间所上演的"宫斗剧"，幕后实则是丰臣家族内部武将系与文官派的内讧。以"贱之岳七本枪"为首的丰臣氏武将大多参与了"远征朝鲜之役"，和大多数日本武士一样，加藤清正等人从来不肯检讨自己在朝鲜的滥杀和冒进，而是将矛头指向了负责远征军后勤和撤退事宜的石田三成。曾在朝鲜战场上亲冒矢石而负伤的石田三成，也多次向丰臣秀吉弹劾加藤清正等人在朝鲜的暴行。丰臣秀吉原本寄希望于巩固家族势力的两次征朝之役，反倒埋下了文武决裂的导火索。

年幼的丰臣秀赖自然无力修补家臣团之间的矛盾，而本应"母仪天下"的宁宁和浅井茶茶又水火不容。1599年，丰臣秀吉的老友、实力派大名前田利家去世，福岛正则、加藤清正等人随即包围了石田三成的府邸。就在丰臣家一场空前恶斗在所难免之时，德川家康却出面调停。石田三成虽然保住了性命，却也不得不退出中枢，引退佐和山城。

德川家康之所以为石田三成作保，无非是不想这场内斗如此迅速地落幕而已。在之后不到半年的时间里，德川氏的军队便借口大野治长等人预谋利用1599年"重阳节"当日各地大名朝见丰臣秀赖之际刺杀自己，而正式进驻大坂。昔日执掌日本的丰臣氏俨然已经落入德川家康的操控之中，甚至连出兵讨伐上杉氏，德川家康也要打着丰臣氏的名义。虽然作为儿子丰臣秀赖代言人的浅井茶茶以"这是家臣之间的争斗，主家不便参与"的名义高高挂起，但福岛正则、加藤清正等人却无一不为德川氏负弩前驱。

德川家康出兵讨伐上杉氏之时，真田父子也欣然前往。毕竟对真田家而言，在此时加入德川氏阵营，能获得的政治、经济利益都是显而易见的。但偏偏在真田父子行至半途时，于下野国犬伏（栃木县佐野市）收到了石田三成密使传来的密信。在得知石田三成打算以"征讨家康之罪"为名举兵后，真田昌幸开始踌躇起来。后世多以"真田昌幸的妻子和三成的妻子是亲姐妹的关系"或"真田氏对丰臣家的忠义"的角度去分析真田昌幸的取舍，殊不知真正令真田昌幸最终决定支持石田三成的原因是对方开出了若击败德川氏，真田氏可领有甲斐、信浓两国的高价。

在犬伏城下，真田昌幸与领有沼田城的长子真田信之、次子真田信繁展开了长久的谈论。真田信之坚持按约定与德川家康会合，而真田信繁则支持石田三成。最终谁也不能说服对方，以分道扬镳而告终。

加入西军的昌幸和信繁领军，以春原若狭、佐藤军兵卫两人为先锋，从犬伏向上田城前进。不知道是有心还是无意，真田昌幸选择了真田信之领有的沼田城作为中转站。先到达的春原若狭在沼田城门前大声禀报"昌幸就要来了"，而城中却没有开门出迎的样子。几天后，真田昌幸也抵达沼田城下，再次催促开门。没想到信之的妻子小松（本多忠胜的女儿）身着甲胄，凛然地回答说："确实看到大殿（昌幸）了，不过，城主伊豆殿（信之）我却没有看到。正为了讨伐会津而进兵的大殿突然从这返回，实在可疑。即使是大殿，也请原谅我不能放你们入城。"平日十分文静的媳妇突然变了个人似的，令真田昌幸着实大吃一惊，但也毫无办法，只好领军在附近的寺院休息。不久后，真田信之的使者赶到，也传达了希望父亲改道前进的愿望。真田信繁怒气冲冲地表示："哥哥就像是浮在水里的木头，看着风向而动。"甚至一度准备在沼田城下放火，最终在真田昌幸的劝阻下才作罢。真田信之夫妻的行为固然令人齿冷，但真田昌幸父子的行为又何曾不是朝秦暮楚的反复小人呢？

关于这次"犬伏之别"，有人认为是因为信之与弟弟信繁分别迎娶了本多忠胜之女和大谷吉继之女的缘故，也有人认为这根本就是真田昌幸玩弄的又一次保全家名的计谋（因为这样一来，无论是东军胜利，还是西军胜利，真田家都能得以保存），而更多的人认为这是真田信之长期观察家康与德川家的结果，正是出于对自己判断能力的自信，才会提出应该加入东军。但从更为现实的角度来看，真田信之的计算方式可能是这样的：如果加入了西军，自己领有的沼田很可能在战斗中首当其冲。无论关原主战场的胜败，自己都可能成为第一个牺牲品。而在真田信之赶去向德川家康汇报真田氏的异动之后，德川家康于二十四日颁给信幸嘉奖状，赞赏其忠节，并于二十七日保证战后将没收的小县领交给真田信之。

眼见德川家康"挟丰臣以令天下"的局面已然无可挽回，被逼到墙角的石田三成只能铤而走险。庆长五年（1600年）七月十五日，石田三成会合宇喜多秀家所部共四万大军，率先围攻德川氏控制大坂一线的伏见城。石田三成自

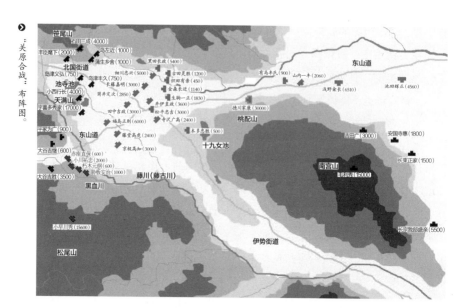

「关原合战」布阵图。

笹尾山
石田三成 (4000)
丰臣魔下 (2000)
岛左近 (1000)
蒲生乡舍 (1000)
黑田长政 (5400)
东山道
北国街道
岛津义弘 (750)
池寺池 (4000)
小西行长 (4000)
天满山
宇喜多秀家 (17000)
岛津丰久 (750)
细川忠兴 (5000)
长曾嘉明 (3000)
筒井定次 (2850)
田中吉政 (3000)
井伊直政 (3600)
松平忠吉 (3000)
藤堂高虎 (2400)
本多忠胜 (500)
古田重胜 (1200)
织田有乐 (450)
金森长近 (1140)
生驹一正 (1830)
寺沢广高 (2400)
有马丰氏 (900)
山内一丰 (2060)
浅野幸长 (6510)
池田辉正 (4560)
德川家康 (3000)
桃配山
吉田广 (3000)
安国寺惠 (1800)
长束正家 (1500)
平塚为广 (900)
东山道
大谷直保 (600)
赤座直保 (600)
小川拓忠 (2000)
朽木元纲
胁坂安治 (1000)
大谷吉胜 (3500)
藤川 (藤古川)
黑血川
福岛正则 (6000)
京极高知 (3000)
十九女池
南宫山
吉崎邦家 (15000)
伊势街道
小早川秀 (15600)
松尾山
长宗我部盛亲 (5500)

德川时代的伏见城。

认此举必然会打乱对手的全盘部署，不料却恰恰落入了德川家康这只"老狐狸"的盘算中。要收拾上杉氏本不用在关东经营了多年的德川家康亲自上阵，由三子德川秀忠所指挥的三万精兵，配合关东地区的伊达政宗等大名的部队便足以应付了。德川家康之所以会大张旗鼓地率军出击，无非是想"引蛇出洞"而已。作为诱饵的伏见城守军必然是会被石田三成一举吃掉的，据说在出兵之前，德川家康已与重臣鸟居元忠作了不再相见的诀别。

自幼与德川家康一起长大的鸟居元忠的确没有辜负德川家康的期望，在仅有1800人的情况，仍死守了伏见城15天之久。在甲贺忍者的帮助下，石田三成最终攻克了这座丰臣秀吉所修筑的名城，但61岁的鸟居元忠在所谓的"血天井"留下的那句战死前的呢喃："主公，祝您武运昌隆"，却如同一个魔咒。石田三成的行动非但没有给德川家康带来困扰，反倒令他们从容地集结了原本用于讨伐上杉的大军转而西进。

据说在伏见城陷落的消息传到德川家康的军营之后，德川家康曾故作大方地向麾下云集的各路大名说："各位的妻女都在大坂城中做人质，恐怕现在已经落到了叛贼三成手中。我决定要不顾生死讨伐叛逆，你们是去是留，完全自主决定。"此语一出，与石田三成势同水火的丰臣系武将不无慷慨请战。而在得知德川家康引兵西去的消息后，上杉氏内部无不欣喜若狂，只有少数清醒者黯然表示："如果将德川方的这次退兵视为害怕我上杉家的话，那就太不了解家康公了。家康公此次带领诸将回军西上讨伐石田殿，十之八九石田殿下会败。到时剩下我主公一人如何对抗家康公。德川没有进攻我们而选择了退兵，这才是我们的不幸吧！"所谓"上兵伐谋"，对决尚未展开，石田三成一方已然失去了主动权。

"关原之战"名义上是石田三成与德川家康的较量，但实质上却是日本列岛"反德川"系大名与"反三成"派人马的交锋。作为昔日丰臣秀吉的家臣，石田三成的封地有限，所能动员的兵马仅所部的6000余人而已。加入所谓"西军"的诸路大名中，有些与石田三成沾亲带故，如在"关原之战"中奋死力战的"麻风病人"大谷吉继，本是率军响应德川家康的，因为路过佐和山城，碍于情面才临时"转会"。而"西军"之中兵力最强的毛利氏人马及小早川秀秋、宇喜多秀家等人，则是不满德川家康大权独揽，期盼在这场战争中获得更多的实惠。为了笼络这些人，石田三成不得不在政治上作出让步（如将"西军"主帅的位置让与毛利辉元），更开出了诸多无力兑现的空头支票（如向本为丰臣秀吉养子的小早川秀秋承诺可以在丰臣秀赖成年之前，由其继承丰臣氏"关白"的头衔）。

比起石田三成，德川家康开出的条件则更令人心动。同样是为了拉拢小早川秀秋，德川家康开出的价码是更为实惠的封地和石高。早年在朝鲜战场上曾亲自手持长枪与明军恶斗，也曾遭到石田三成弹劾的小早川秀秋该何去何从自然不难判断。《孙子兵法》中的"次者伐交"，德川家康玩得同样游刃有余。

唯一令石田三成感到欣慰的是，扼守德川大军西进要道的美浓国此时由对德川家康心怀不满的织田秀信执掌。织田信秀是枭雄织田信长的嫡孙，如今沦为边缘势力的他自然也站在德川氏这个"既得利益集团"的对立面。石田三成如能在第一时间与织田信秀会合，仍有机会将德川家康阻挡在近畿之外，但掌握了"西军"指挥权的毛利氏却选择向伊势国进军，在一个次要战场又白白浪费了近半个月的时间，最终在织田信秀兵败之后被迫隐居。德川家康的"东军"顺利进入了尾张，在自己封地的福岛正则颇为慷慨地拿出了30万石的储粮，使得长途奔袭的"东军"各部得以在衣食无缺的情况下，与石田三成展开长期对峙。

眼见自己所打造的同盟在德川家康的渗透之下有分崩离析的趋势，石田三成不得不于九月十四日主动出击。在名为"杭濑川之战"的前哨交锋中，"西军"意外地获得堪称完胜的战果。备受鼓舞的石田三成得知德川家康有意绕道突入近江，随即移师关原，以中山道为中心，依托两翼的笹尾山和松尾山，将"西军"布置成中央收缩、两侧展开的"鹤翼之阵"。因此，仅从地理上来说，占据了制高点的石田三成的确比只能在平缓的开阔地上展开阵型的德川家康更有优势。除了地形的不利因素之外，德川家康还要面对兵力上的捉襟见肘，因而遭到了信浓土豪真田昌幸、真田信繁父子的阻击，是为"第二次上田城合战"。此战虽然被同样赋予了以少胜多的色彩，但实际上我们不难发现，真田氏阻击德川秀忠的时间并不长。

八月二十四日，德川秀忠率38000人的部队，从宇都宫城出发。途经中山道、上田城附近时，秀忠派出本多忠政和真田忠幸要求真田昌幸开城投降。不久后，传回了真田幸昌将会在九月四日开城的消息。秀忠闻后大喜，立即开始筹划投降事宜，并准备赦免昌幸，但真田昌幸却暗中防备，秘密准备迎战。

九月四日，秀忠眼见上田城没有动静，便再次派遣使者催促开城。昌幸答复为无法忘记太阁的恩惠，并以带有挑衅的形式引诱秀忠攻击上田城。九月五日，秀忠开始准备对真田昌幸的征伐。德川秀忠首先攻击的是上田城的支城户石城，但是砥石城的守将真田信繁无意交战，随即从上田城撤离。秀忠的部队进入户石城，准备攻击上田城。当时在阵的本多正信和榊原康政曾建议绕过上田城直接与德川家康合流，但是德川秀忠仍自恃兵强马壮决定向上田城攻击。

九月六日，两军开始交战。由真田军派来的侦察兵来到城外，遭到德川军牧野康成队的攻击。牧野队追击到科野大宫社（离城东七百米左右）的时候，遭到了伏兵队攻击，陷入了苦战。直到得到了大久保忠邻队的救援，才解除了危险。紧接着，真田军又利用游击战和民兵，使德川军陷入了混乱。九月八日，德川秀忠收到森忠政的书信，信中提到家康正催促秀忠西上。秀忠才在部下的谏言之下，决定在十一日撤离。也就是说"上田城之战"前后仅耽误了德川秀忠至多七天的时间，也并未出现激烈的攻防战。

在总兵力远少于对手的情况下，德川家康只能将本阵前移。九月十五日，德川家康抵达了距离前线仅两公里的桃配山，但德川家康很快便发现自己此举有些荒唐，因为在桃配山东南的南宫山上，就部署有毛利氏的两万余人马。这样一来，"东军"不仅在正面战场要遭遇对手的左右夹击，更在战略上陷入了"顾此失彼"的尴尬之中。但事已至此，德川家康只能硬着头皮命令麾下的75000人的大军于10月21日清晨的浓雾细雨中向对手发起进攻。

尽管担任"东军"前锋的福岛正则叫嚣着要与石田三成一决生死，但是面对"西军"居高临下的火力优势，德川家康的第一轮进攻非但没有讨到什么便宜，反而陷入了混乱之中。石田三成以日本列岛罕见的大口径火绳枪"大筒"①向对手射击，一边传令点燃狼烟，号召各部展开总攻。

毫无疑问，石田三成最期待的是驻守南宫山的毛利军可以投入战斗，但是担任毛利军前锋的吉川广家却不为所动，还有意阻挡堂弟毛利秀元的行动。客观地说，吉川广家并非贪生怕死之徒，在远征朝鲜的碧蹄馆、蔚山等战役中均有不俗的表现，真正促使他作壁上观的，还是其对天下局势的判断。"关原之战"前夕，身为"西军"主帅的毛利辉元曾在大坂城力劝浅井茶茶抱着儿子丰臣秀赖前往石田三成的本城佐和山，在关原前线树立起丰臣氏的战旗，但浅井茶茶却搬出一堆理由，表示"不能擅离大坂"。既然有着切身利益的丰臣氏都

注①

"大筒"并非火炮，其构造类似于大明帝国军队所列装的"佛郎机炮"。在日本战国时代，又被称为"国崩"。

如此首鼠两端，毛利家自然也大可不必为之卖命。吉川广家按兵不动，毛利秀元干脆要吃罢战饭再行冲锋，不过这顿饭一直从上午吃到正午，由此日本列岛多了一个"宰相殿下空便当"的典故。

尽管毛利氏大军"不动如山"，但至少还是牵制了"东军"方面的上万人马。真正令石田三成功败垂成的，还是小早川秀秋的迟疑和倒戈。占据松尾山的小早川秀秋不仅握有15000人的生力军，更直指德川军虚弱的侧翼。面对在"关白"之位和封地实惠间左右徘徊的小早川秀秋，德川家康终于失去了耐心，命令麾下的"铁炮大将"布施孙兵卫率部对松尾山进行射击。被枪声惊醒的小早川秀秋随即倒戈相向，冲入了友军大谷吉继的阵中。

小早川秀秋最终决定站在德川家康一侧时，石田三成方面的核心战力事实上已经消耗殆尽。大谷吉继虽然已事先对小早川氏可能的异动做好了准备，但在数倍于己的敌军合围下，还是很快便全军覆没了。而随着这一块多米诺骨牌的倒下，整个"西军"都陷入到全面崩溃中。石田三成的本部人马遭到德川氏的全力追击，很快便全军覆没。一心还想东山再起的石田三成逃入伊吹山中，最终为当地农民所俘。

据说石田三成被俘之后，德川家康对他颇为客气，还待之以诸侯之礼，但昔日同殿为臣的福岛正则却在马上呵斥道："你掀起无益之乱，今天落到如此地步有何脸面？"石田三成却反唇相讥："是我武运不好，不能活捉你而感到遗憾。"尽管表面上看，福岛正则和石田三成在战场上分属不同的阵营，但"关原之战"最终败北的，却是丰臣系的人马。石田三成和小西行长等人在大坂等地游街示众后，最终人头落地，世人眼中丰臣家昔日无上的威望也跟着落到了谷底。而再度率军进入大坂的德川家康更挥舞起"改易"的大棒，开始重新划分日本列岛的政治版图。

所谓"改易"，顾名思义便是调整各大名所属的封地。"关原之战"中从属于德川家康的各路大名包括临阵倒戈的小早川秀秋、按兵不动的吉川广家等人自然要论功行赏，但是这些土地不可能由德川氏来自掏腰包。于是乎，从属于西军的大名们便集体倒霉了：宇喜多氏的领地被全部没收。毛利秀元虽然忙于吃盒饭，但毛利氏毕竟顶着"西军"主帅的头衔，其原有的8国120万石的领地被削减到2国37万石。为此，吉川广家日后在毛利氏也受尽了白眼。有趣的是，上杉氏虽然长期与德川家康敌对，但由于其奉行的是"战是死，不战亦是死"的顽抗政策，在1601年宣布降服之后，倒也保留了米泽藩30万石的领地，境遇与毛利氏不相上下。而在"关原之战"中，抱着"今日胜败虽属未知之数，岛津却自有岛津的进退"想法打酱油的岛津义弘，虽然从属于"西军"，且在撤退的过程中连伤德川家松平忠吉、井伊直政两员大将，却也只是让出家督之位，提前退休而已，岛津氏在萨摩的领地没有受到丝毫的影响。

尽管从战败者头上掠走了近600万石的土地，但由于德川秀忠所指挥的三万关东劲旅未能及时赶到战场，德川家康必须先用这些战果来安抚福岛正则、加藤清正等人，自己的家臣反倒所获寥寥。面对这种局面，他也只能另辟蹊径。德川家康虽然无力削减封地的数量，但却能决定封地的位置。于是乎，丰臣秀吉昔日以大坂、伏见两城为中心分封于近畿的家臣纷纷被调往本州岛西部、四国、九州等地。日本列岛形成了以关东江户为中心的德川系一家独大的局面。

"关原之战"中西军的惨败，使真田昌幸的努力付诸东流，也不幸沦为了败军之将。好在属于东军的嫡子真田信之与岳父本多忠胜商量，打算请求德川家康以赦免昌幸父子来作为对自己战功的奖赏。本多忠胜回答道："家康公到现在都没有定安房守（昌幸）的罪，想来是觉得很严重。家康公现在肯定在家里想着，帮助了造反之人（三成）的昌幸，究竟要怎么处置。想要劝说家康公会很困难，很可能会激起他的愤怒，反而连累到自己。"真田信之还是不依不饶地反复说道："我早做好了那样的精神准备。作为亲生儿子，不能拯救自己父亲的生命，活着有何意义。"短暂地沉默之后，本多忠胜终于说道："好吧，要是那样的话，让我先和井伊兵部少辅（直政）商量一下。"

听到信幸的决定后，井伊直政非常吃惊，连忙说道："如果不能成功劝说家康公的话，他是会连伊豆守（信之）也一块杀死的啊。而且你作为信幸的岳父，也去劝说的话，是会更加触怒家康公的，说不定会有毁家灭门之事啊。我既然听到了这件事，就让我试着努力来做吧。"于是，他马上向家康再三发出赦免昌幸的请求。家康听说后，脸色立刻就变了，说道："兵部这是在干什么？"很不高兴地打算离开座位。井伊直政急忙牵住家康的袖子，说道："如果您不宽恕昌幸的话，伊豆守信之将会自杀，他的岳父中务忠胜只怕也会觉得丢脸而离开您逃走吧。再说如果那样的话，代为请求的我也没脸在这世间继续待着了。现在这种时候，我想如果失去中务，好不容易安定下来的天下只怕会有动荡。请求您同意赦免吧。"但家康还是完全不做回答地进入了里间。直政退出后，立刻宣布："由于伊豆守的忠义，安房守和左卫门佐被赦免了。马上按规定举行谢恩的仪式。"于是，当家康再次从里间出来的时候，信幸与忠胜立刻按照直政的安排向家康举行感谢接纳上言的仪式。家康终于勉勉强强地允许了赦免昌幸和信繁。被免去一死的昌幸被流放到高野山。在出发之时，昌幸忍不住流泪说道："真是可惜，让家康看到我这个样子。"

担心父亲和哥哥处境的昌幸末子真田昌亲，在昌幸被流放到高野山数年后，为父亲送去了40两金子。其中的20两先被送到昌幸处，收到送金的昌幸马上写了回信，并在信中说道："因为一下子改不了原来的生活习惯，欠下了不少债，后边的二十两最好尽快送来。实在不行的话，就先送五两或者十两来。"从信中可以看出，真田昌幸即使被流放，也和做大名的时候一样，有很多家臣和开销，所以好像欠了很多债。

真田昌幸在"关原之战"的11年后死去，也就是庆长十六年（1611年）7月13日，时年64岁。据说他死前只与次子信繁在一起，两人经常长时间地谈话。"如果要说我有什么遗憾的话，那就是我的生命不能再延长三年。再过三年，必定会在大坂城下定胜负。那时太阁的精魂将进入由他筑造的大坂城，将全天下的士兵作为对手，你将漂亮地战斗给世人看。"昌幸不停地重复说道。忍耐不住的信繁问到底有什么好计谋，昌幸则大口地喘息着说："你现在这个样子，只怕还是做不到的吧。只有世间积累了丰富经验的名将，才能取得士兵的信赖。作为将领如果不出色也没有威名的话，手下的士兵们就会不安，在关键时刻就会犹豫不决，以致于最终失败。"但后世更愿意相信，昌幸在死前还授予了真田信繁大坂守城中所需的诸多密计。

真田昌幸的一生在踌躇满志和灰心绝望中终结了。纵观其领导下的真田家在战国舞台上的表现，其内政、外交自然都颇有可圈可点之处。但其始终不愿久居人下却又安于领有信浓、上野四战之地现状的固执，最终注定了其悲剧收场的命运。虽然"关原之战"后，长子真田信之依旧领导着真田家走向更为辉煌的未来，但独立于诸方豪强之外的战国真田家却依然形同灭亡。

大坂冬·夏

战国武士最后的余晖

作者/吴克勤

英雄亦有垂暮之日，霸者难逃终结之际。丰臣秀吉快要去世时，其嫡子丰臣秀赖年仅6岁。庆长三年（1598年）秀吉离开人世后，日本再一次陷入了争夺"天下人"的争端。

战国霸主织田信长"天下布武"的野心在本能寺的烈焰中化为乌有，继承了信长野心的是他手下一个身材瘦小的不起眼的部下。在击败了众多竞争者和敌手之后，天下的权柄终于落入了这个叫"丰臣秀吉"的男人手中。英雄亦有垂暮之日，霸者难逃终结之际。在时间面前，"天下人"丰臣秀吉终究败下阵来。秀吉快要去世时，自己的嫡子丰臣秀赖只有6岁。庆长三年（1598年），在丰臣秀吉撒手离开人世后，早已对天下垂涎欲滴的内大臣德川家康终于撕开了"忠厚"的面具，准备谋夺丰臣家的天下。

九度山的访客

庆长十年（1605年）四月十六日，赢得"关原之战"后的德川家康在担任征夷大将军两年后，主动辞去了这一武家的最高职位，把它让给了自己的嫡子德川秀忠。德川家康此举自然是考虑到自己年事已高，需要将自己的继承人提前"扶上马，再送一程"。在德川家康眼中，此时已然成型的德川幕府仍谈不上稳如泰山：他依旧是丰臣家的臣子，而德川幕府的建立，就是要让原先的主君——丰臣家向他称臣。

事实上，早在"关原之战"爆发前，德川家康就如同自由操控棋子的大国手一般，一步步将那些打着"同情、支持丰臣家"旗号的竞争对手慢慢地清扫至这个名叫"天下"的棋局外。等大坂①方面回过神来的时候，才发现曾经有着"天下人"名分的自己已经沦落到了一个稍微有点实力的普通大名的地步。让大坂的贵人们更加无法接受的是，昔日里跪拜在丰臣秀吉面前，口口声声地表示要世代效忠的诸多大名们此刻已另寻新主，竞相站到了德川家这一边。

最显著的例子就是加贺的前田家。加贺前田家的开创者前田利家是秀吉年轻时的至交。秀吉在世之时，利家一直勤勤恳恳，为秀吉竭忠尽力，丰臣秀吉亦将加贺近100万石的领地易与利家作为回报。秀吉在临终之时，虽然设立了"五大老"的官职来维持丰臣的天下，但他真正信任的并不是"五大老"的

注①
明治维新时期改为"大阪"，之前称"大坂"。

❷ 丰臣秀吉像。

❷ 德川家康像。

❷ 前田利家像。前田利家是加贺的百万石大名。

笔头德川家康，而是"五大老"中排行第二、同自己有着数十年情谊的前田利家。丰臣秀吉一遍遍不厌其烦地要求臣下写下誓言书，保证永远忠诚于自己的幼子丰臣秀赖，却亲自拉着前田利家的手，对利家说道："请千万善待天下的孤儿秀赖啊"。前田利家本就是性情忠厚之辈，再加上这份深情厚谊，使得利家在秀吉去世后勉力维持着丰臣政权的稳定。或许是过于忧心丰臣天下的缘故，在秀吉过世后的第二年，前田利家也因病去世了。继承前田本家的是利家的长子前田利长。就这样，丰臣家最大的护持者不在了。

"关原之战"后，天下大势基本上已经定局。面对开始表现出桀骜不驯的德川家康，丰臣家的使者时常会前往与自家关系紧密的前田家寻求帮助。此时前田家的家主已经是利家的四子前田利常了，而前田利常的回复通常会让他们听得目瞪口呆："先父抱病常驻大坂，披肝沥胆，尽心竭力扶持秀赖殿下，且一命归天。先太阁殿下的恩义已由先父悉数奉还。鄙人则蒙受德川的宏恩，现下唯有顾全万事以报江户大人的厚恩。"

如果是明理之人，此时就应该知道现今德川称霸已是大势所趋，如果不想另生事端，就该默认现状，采取蛰伏之策。秀吉的结发妻子北政所宁宁（也作祢祢）就意识到了这一点，她不顾自己年老体弱，时常作为和平纽带来回奔走于朝廷、江户、大坂之间，希望能够令丰臣家的安泰延续。

可惜的是，大坂城名义上的继承者丰臣秀赖是一个不懂事的孩子，执掌大权的又是与宁宁一向不和的茶茶。浅井茶茶本来就是近江国主浅井长政和战国第一美女织田市的女儿，自然看不起下级武士家庭出生的宁宁。

茶茶在为秀吉生下第一个儿子鹤松（2岁左右去世）后，地位大大提高。秀吉将淀这个地方的一座城赐给了茶茶，此后茶茶就被称为"淀夫人（淀殿）"。

或许是身居高高在上的大坂城内，身份高贵又不通世事的浅井茶茶一直认定自己的儿子就应该是继承天下的人。她产生这样不切实际的幻想也无可厚非，

❥ 丰臣秀吉正妻宁宁像。

❥ 丰臣秀吉侧室浅井茶茶（淀殿）像。

毕竟她身处深宫，身边既没有为她出谋划策的智者，也没有能影响她决定的官吏，只有一帮围着她打转、竭力讨好于她的女官们。当然浅井茶茶也可能并非庸碌之辈，她认为丰臣家必须顽强地站在世人面前，才能维护仅存的利益，一切劝说她向家康低头示弱的行为，对她而言都是一种莫大的侮辱。

但必须承认的是，在"关原之战"后漫长的十余年时间里，大坂与江户方面虽然在根本利益上水火不容，但仍维持着表面的相安无事。究其原因，一方面固然是丰臣系武将福岛正则、加藤清正仍雄踞一方，令德川家康投鼠忌器；另一方面仅有65万石领地的丰臣本家掌握在秀赖母子手中，对德川家康似乎也不构成威胁。"关原之战"后，德川家康甚至依旧按照昔日秀吉的遗命，将自己的孙女千姬嫁给了丰臣秀赖。

在德川家康看来，丰臣秀赖既然已经是自己的孙女婿，只要他安分守己，自己未尝不能饶其一命，毕竟如挑起"关原之战"的上杉景胜、试图在德川家背后插上一刀的真田昌幸等枭雄，德川家康都未赶尽杀绝。保留丰臣秀吉这一点可怜的骨血，也足以向天下彰显德川家康的仁德。而只要丰臣秀赖与千姬生下一儿半女，德川、丰臣两家更可谓是难分彼此。丰臣家人丁单薄，德川家康子嗣众多，只要稍加运作，德川氏不难利用过继等手段鸠占鹊巢。不过，随着时间的推移，德川家康很快便发现自己的这一手如意算盘打错了。

首先，德川家康发现自己和丰臣秀赖处于不同的政治体系内，而这正是昔日织田信长有能力取室町幕府而代之，却没有坐上征夷大将军宝座的深层政治谋略。所谓的"武家政治"，织田信长早已看透，其实质不过是一种强权文化，想要获得土地与官爵只能通过争取战功这一途。但公卿则不然，一旦获得了家格便可以旱涝保收，垄断朝廷。君不见无数武士团兴起、覆灭犹如海潮，而"五摄政"、"九清华"等公卿却与天皇一道，享受着万世一系的安稳。尽管德川家康贵为征夷大将军，但丰臣秀赖也从自己老爹手中继承了右大臣的官衔，在朝廷眼中，他们的地位是对等的。

为了改变这种令人气恼的局面，德川家康曾屡次要求丰臣秀赖到京都二条城觐见。有人认为这是德川家康效仿当年丰臣秀吉讨平后北条氏的策略，如果秀赖拒绝这次会见，家康可以借机诬陷丰臣家谋反而一举将丰臣家摧毁。但事实上，德川家康考虑得更多的是想通过这种形式向天下证明德川家的地位要高于丰臣家。不过在浅井茶茶的反对之下，大坂方面始终推辞不见，反倒是德川

家康按捺不住了。德川家康于庆长十年（1605年）派自己的六子松平忠辉前往大坂一探虚实，而此举自然被好事者理解为德川氏还是向丰臣家低头了。

庆长十年（1605年），虽然淀殿极力反对，但19岁的丰臣秀赖依然在加藤清正、浅野幸长两人的陪同下，来到二条城会见家康。据说事后家康不得不这样评价眼前的少年："虽然听说秀赖愚钝，但实际上却是个贤明的人物。"可以说，正是这次会面坚定了德川家康灭亡丰臣氏的决心。一方面，已是老年的家康看到体格强健的秀赖，难免开始焦虑。另一方面，加藤清正、浅野幸长手持一枝长竹棒，左右紧随着秀赖，形影不离，也令德川家康看到了丰臣氏"百足之虫死而不僵"的政治潜力。

庆长十九年（1614年）开始，德川家康便开始积极筹划消灭丰臣政权的计划。同年八月是丰臣家建造的京都方广寺大佛开眼供养之际，在浇筑完毕的大佛殿梵钟中上有着"国家安康，君臣丰乐"的字句。"五山之僧"（金地院崇传等人）与家康的亲信儒者林罗山故意曲解"国家安康"四字，称之是故意将家康的名讳分割开，实为对家康本人身首分离的诅咒。于是，家康以此为由责难丰臣家。这就是有名的"钟铭事件"。

方广寺铜钟铭文

洛阳东麓，舍那道场，耸空琼殿，贯虹画梁
参差万瓦，崔嵬长廊，玲珑八面，煜耀十方
院象兜夜，刹甲支桑，新钟高挂，尔音于锽
响应远近，律中宫商，十八声缦，百八声忙
夜禅昼诵，夕灯晨香，上界闻竺，远寺出湘
东迎素月，西送斜阳，玉笋掘地，丰山降霜
告怪于汉，救苦于唐，灵异惟移，功德无量
阴阳燮理，国家安康，四海施化，万岁传芳
君臣丰乐，子孙殿昌，庆云甘露，呈瑞呈祥
佛门柱础，法社金汤，英檀之德，水远山长

对于这种莫名的责难，大坂方面的淀姬与丰臣秀赖母子派出了重臣片桐且元前往德川方进行解释。片桐且元是丰臣秀吉时期就效忠于丰臣家的元老，同时也是丰臣秀赖的老师，为人忠厚，但略少应变之谋。在丰臣秀吉与柴田胜家争夺织田家大权的"贱岳决战"中，片桐且元立下了大功，是跟随在秀吉身边十数年的老臣。

老谋深算的家康更是决定借此机会设计大坂城内孤立片桐且元。说来也简单，德川家康始终以各种理由拒不接见作为正使的片桐且元，而他却亲切接待了之后到达的几名茶茶的侍女。在言谈间，家康向这几名侍女表示所谓的钟铭诅咒之事自己完全没有介意，秀赖是自己儿子秀忠的女婿，等于是自己的孙子，自己是绝对不会对他有什么不良之心的。于是乎，这几名侍女高高兴兴地回到大坂，向自己主子汇报了家康如此大度的回复。

而另一边，作为正牌使者的片桐且元始终没有得到德川家康的亲自接见，只能从家康身边谋士的只言片语中，得到家康要求茶茶本人作为人质前往江户，秀赖也要迁出大坂城等诸多假消息。德川的谋士又趁机威吓片桐且元，如果大坂方面不同意的话，德川家就要对大坂付诸武力。吓得片桐且元只得怀揣着万分紧张的心情赶回大坂，并将自己得到的消息告诉茶茶。茶茶听后勃然大怒，她认为片桐且元与德川的家臣们一起，在策划针对丰臣家的密谋，以讨好德川家康。于是，片桐且元被大坂高层要求剖腹自杀以证忠诚。无奈之下，片桐只好带领着亲属和忠于自己的部下退出了大坂城，逃进了自己的居城，然后派遣使者投靠到了家康的手下。

以反间计来说，家康将片桐且元拉出大坂阵营的手段算不上特别高明，茶茶与秀赖如果将使者前后带回的信息进行客观分析，不难看出这是家康的阴

❯ 真田信繁像。

谋。经历了百余年的战国乱世，天下人人都活成了精，大坂的决策层居然还会如此轻易地钻入圈套，可见其最终的败亡也实在是无话可说的。

事实上，庆长十九年（1614年）十月一日，也就是惴惴不安的片桐且元逃离大坂的当天，时刻关注丰臣家一举一动的德川家康就向天下大名发布了讨伐大坂的命令。仅仅第二天，家康本人就亲自统领着大军开始从骏府出发，开始了夺取天下的进军。大惊失色的大坂反应也算是快，他们立刻开始联系原先那些与丰臣关系密切的大名，期望能够得到援助。

可惜的是，当时天下数百名大大小小的领主都畏惧家康的威名和实力，不但没有一个人加入丰臣的阵营，相反地，他们都投入了家康的军队。此时，大坂方面唯一能指望上的，就是那些曾经与家康敌对，而被家康处罚失去领地的浪人武士们了。

庆长十九年（1614年）深秋，因为十多年前对抗德川而被幽居在九度山上的真田信繁①，迎来了他人生中的又一个转折点。

"请左卫门佐大人切勿忘记昔日太阁大人的恩义。"隐秘前来的使者恳切地对着已经年近五十的信繁说道。从五位上左卫门佐的官位是在天正十四年（1586年）被授予的，当时年仅19岁的信繁被父亲真田昌幸作为人质派往大坂，因意外得到了当时的"天下人"丰臣秀吉的赏识，并被奏请授予官职。不但如此，秀吉还将天皇赐予的"丰臣氏"赐给了信繁，这对出生在甲斐山国、作为人质上京的信繁而言，真是无上的荣耀。

"鄙人心中时刻未忘太阁大人的恩情，信繁愿为秀赖公效犬马之劳。"说完之后，信繁低下了头。在送走了来自大坂的使者之后，信繁一个人默默地坐在屋中。十月的秋天已经有了凉意，信繁看着屋里铜镜中自己模糊的样貌：胡须已白，牙齿脱落，一副老朽入土的样子。

真田与德川两家的恩怨是从战国最强大名之一——武田家的灭亡开始的。意图占据武田遗留领地的德川家康与刚刚独立出来、想要保住自家领地的真田昌幸围绕着当时的天下大势来回博弈，两家既兵戎相见也短暂联合，完完全全

注①

真田信繁，是日本战国时代末期、江户时代初期的武将，以"真田幸村"、"真田左卫门佐"之名闻名于世。但"真田幸村"并不是其正式名字，很有可能诞生于后世的一些文学、戏剧创作中。为忠实于史实，本篇采用了"真田信繁"这一名字。

体现出了战国时代大名之间不断反复的外交关系。最终，在当时的"天下人"丰臣秀吉的调解下，两家以昌幸的长子真田信之迎娶德川家重臣本多忠胜之女（德川家康将其收为养女）的联姻达成了和睦。

但是到了庆长五年（1600年），秀吉死后的日本再次陷入了争夺"天下人"的争端。夹杂着丰臣家内部的混乱与德川家康的野心，决定天下命运的"关原之战"拉开了序幕。武田灭亡以来，一直在诸多势力中来回游走的真田家终于压错了赌注。在加入反对家康最后失败的石田一派后，真田家族分崩离析。家主真田昌幸同信繁受到了严厉的处罚，所赖昌幸的长子、加入了德川家的真田信幸（改名后的真田信之）在德川家康面前拼死求饶，才得以免去一死，被流放到了高野山，后又被送至九度山看押。

真田昌幸、信繁父子刚从上田城被流放到高野山上时，德川家康命纪伊和歌山城主浅野幸长监视他们的动向。浅野幸长亦是丰臣旧臣，私下里很同情昌幸的命运。不但对昌幸同信繁平日力的行动给予诸多庇护，每年还赠给他们50石粟米。加上长子真田信幸也拿出直辖领上缴的一部分年贡给父亲和弟弟作为生活上的开销，因此起初昌幸与信繁的生活过得还算悠闲。昌幸一度还希望家康能够赦免自己，但随着时间的推移，不但没能得到赦免，反而还被转押到了九度山。赦免无望加上离乡之情，使昌幸的身体每况愈下。如此一来，昌幸对德川家的愤恨之情自然愈演愈烈。

昌幸死后，追随昌幸的许多真田旧臣在前途无望之下，纷纷离开了九度山，回到了故乡，信繁身边只剩下寥寥数人。在这一系列的打击中，唯一让信繁感到欣慰的是，同自己一起流放到九度山的正室大谷氏给自己生下了二男三女，让信繁在清贫的九度山中多少有了一点慰藉。

真田信繁虽困守九度山，但他对外界的情况也并非一无所知。信繁手中依旧掌握着一支世代听命于真田家的忍者家族，他们作为真田家的眼线，时刻让信繁能够明晰天下的大势。扶助昔日的恩主丰臣家，对抗如今的天下霸主德川家康，怎么看都是没有一丝胜算的无谋之举，但是信繁心中想起的，却是真田与德川两家之间的恩怨交集以及病榻上父亲昌幸临终前的遗言："我预测德川与丰臣两家的决战即将到来，你应该加入丰臣方以消灭家康为己任。"留下了这些遗言的昌幸，还谋划了众多的策略，只可惜当时的信繁连生活都难以为继，更不用说实施了。

真田绳。

表里比兴之人：真田昌幸。

　　蛰伏了十几年后，那个让自己不再在山野中蹉跎岁月，能够一展所学的机会终于来到了。"有朝一日必取二代将军之首级，扬真田之名于天下！"想起父亲临终时自己愤而发下的誓言，信繁握紧了双拳，终于下定了决心。既然已经做下投奔丰臣的决断，真田信繁就要开始考虑如何逃离的问题了。

　　被囚禁的真田信繁被限制在九度山范围5町（1町大约110米）以内活动，周围是负责看守的密探和九度山四周的村民，他们都严密地监视着信繁的行动。好在信繁本人对他们的监视早已有了对策：信繁命一直服侍着真田家的忍者在自己出逃之际消灭密探，又派人前往故乡信浓的真田领联系依旧忠于自己的旧部，他自己则早已做好了出逃准备。

　　真田绳据说是由真田信繁的正室大谷安岐设计的，可以用来收纳武具、捆绑货物。一直以来，真田信繁都让家臣将编织好的真田绳交予九度山当地的村民拿去贩卖，一来是为了补贴家用，二来是为了借此改善与这些村民间的关系。十月九日，信繁以答谢照顾的名义，邀请九度山附近的村民来家中饮宴，村民们纷纷应邀前往。尽情饮乐之后，早有预谋的信繁便以身体不适为由，中途退出了宴席。趁着众人大醉之际，骑上了早已准备好的战马，快速逃离了关押了自己14个春秋的九度山。

当听闻信繁出逃的浅野长晟赶来向村民们询问信繁去向的时候，一直与信繁交好的村民们向浅野长晟撒了谎，称信繁已于三日前出逃，这令浅野长晟放弃了派兵追击的计划。从九度山成功脱困的信繁带着家眷与几个家臣，迅速与从信浓赶来的旧部汇合。庆长十九年（1614年）十月十日（一说是十四日）上午，集合了百余名旧部的真田信繁抵达了大坂。

此时的信繁剃掉了稀疏的胡须，化了浓妆，身着赤红色的盔甲，骑着高头大马，缓缓前行。身后则是一队同样赤盔赤甲的武士护卫着家眷。听闻昔日在上田原大败过德川的真田信繁前来投效的消息，大坂民众特意烹煮了红豆饭，在街道两边相迎。看到与其他那些前来投奔丰臣家的落魄浪人完全不同的雄姿，大坂民众反应极为热烈，他们不停地躬身说道："一切就拜托真田大人了。"在大坂民众的欢呼声中，真田信繁策马进入了这个同自己命运紧紧联系在一起的城市。

集合在大坂的勇者

丰臣家之所以敢和如今的霸主德川家康对抗，倚仗的便是已经过世的丰臣秀吉集天下之力建造起来的这座大坂城。天正十一年（1583年），羽柴秀吉（后来的丰臣秀吉）在石山本愿寺的原根据地上建造了大坂城，并以一年半左右的时间完成了本丸（主郭）。在秀吉死去之前，二之丸、三之丸等附郭以及多重水堀（护城河）、运河等防御设施都仍在持续不断地建设之中。大坂城拥有着五层以上的天守阁，瓦上覆以金箔，极其奢华，含石垣有40米高，位置在今日大阪公园蓄水池附近。

丰臣秀吉本人就以善于攻城著称，他在建造这座城堡之时，必然会将能够防范的地方全都想到。为了防止被截断饮水，秀吉开挖了许多水渠。为了增加城墙的防御，秀吉还特意深挖了环绕城墙的巨大壕沟。为了防止被炮击，秀吉特意用巨石加厚了城壁。此外，大坂城内还修筑了大粮仓用于储备粮食，以备长时间的围困。除此之外，大坂城内的仓库还储满了黄金和各类武器、军火。大坂城可谓是丰臣家最后也最坚固的要塞。

后来，丰臣秀吉又在京都建造了聚乐第和伏见城，作为自己居住和处理政务的中心，秀吉本人倒是很少住在大坂城。到了庆长三年（1598年）秀吉死后，

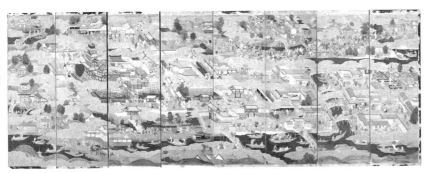

位于大坂的五层天守阁。当然，这是现代修复起来的。丰臣大坂城随着丰臣家的灭亡而被烧毁，江户时代又数度遭灾并重建。最近一次遭遇的大难是1945年8月14日（投降前日）的美军大空袭。1995年进行了全面改造，加强结构使其能够经受住阪神大地震规模的大灾，从而最终形成今日的模样。

继承人丰臣秀赖就从伏见城移居到已完全建好的大坂城内。完全建好的大坂城仅城郭（含城下町等）的周长就有近8公里，是当时日本最大也最坚固的城池。

但是庆长十九年（1614年）的大坂城又与过去的大坂城完全不同。在丰臣盛世的时候，武士们前行于各个大名的府邸，商人们穿梭在大街小巷叫卖着商品，脚夫在码头上等待着一批批货物的运达，打扮得花枝招展的艺妓们欢笑着招揽往来的旅客。整个大坂在井然有序的环境中，充满着一个大城市特有的生机。而如今的大坂城到处都是粗野的浪人武士，只要一言不合便拔刀相向。歇斯底里叫卖武具的商人，更是将自己手中的兵器、盔甲吹嘘得天花乱坠。平日里承

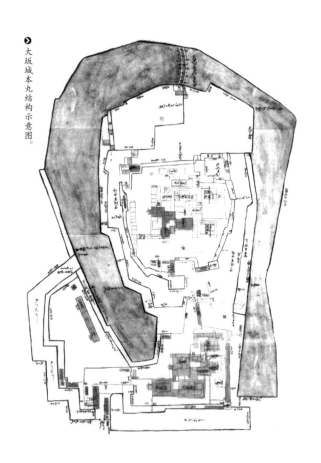

大坂城本九结构示意图。

载着各种商品的码头，堆满了从各地紧急运来的枪支和火药。只有艺妓们依旧大声地调笑、勾引着自己看准的目标。整个大坂弥漫着一种破灭前的畸形的繁华。此时的大坂城内，已经汇聚了来自各地的浪人武士，总数已经超过了10万人。以一城之力可以招募到如此多的浪人武士，难怪家康会对丰臣家持"除之后快"的态度。

在进入大坂之后，信繁立刻得到了大坂方面的重视。在"关原之战"中以弱势兵力击败德川大军的经历，令信繁立刻被授予军师的职务，统领5000人的军队，并被告知获准参与最高军事会议。一进大坂就能得到如此高的重视，这让信繁在感激之余开始尽心竭力地为丰臣家谋划战局，并没来得及细想"军师"这个职务本身的意义。而接下来的事态发展，让单纯以军事胜利为目的的信繁感到迷惑不已。

面对以全天下之力侵袭而来的德川大军，大坂城内部虽然在战争的前提下统一了口径，但是在决定战争方式的问题上仍存在着激烈的斗争。

大坂城内的实权者大野治长，凭借着自己母亲是丰臣秀吉侧室淀殿（茶茶）乳母的关系，在秀吉死后成为丰臣秀赖亲信的近侍。大野治长是少数几个能在大坂城内直接面见淀姬和丰臣秀赖的臣子，在大坂城中有着重要的影响力。不过，虽然其身份、权位重要，但大野治长却没有与之相仿的才能。大概是从小生活在女人堆里的缘故，大野治长特别会揣摩淀姬的心思，对具体的政务倒不怎么上心，但他本人对权力确实有着很大的欲望。丰臣重臣片桐且元的出奔，就是大野治长为了能夺得大坂城内首席重臣的位置而故意主导的计谋。这样的人，自然不会有同对手孤注一掷、一战到底的决心与魄力。虽然大野治长也叫嚷着不能原谅德川家这样的下克上（以下犯上）的叛行，却无时无刻不在期望与德川家恢复到开战前的态势。因此，他的身边聚集起一大群和他目的一样的家臣。

与之对立的，则是丰臣秀吉时代创建的旗本武士集团"七手组"。这是丰臣秀吉在世时由总数约10000人的精锐旗本武士组成的7支部队，有着绝对忠于丰臣家的理念，同时也是主战的激进派。这些由秀吉一手提拔的侍卫武士们倒是下定决心要同罔顾太阁（丰臣秀吉）大恩的德川家康战斗到底。只不过一直作为丰臣秀赖的侧近，侍卫在秀赖身边的他们大都没有过实际作战的经验，有的只是血气之勇。因此也就没有什么明确的战略规划，只是一门心思地高喊着要同德川家决一死战。

而像信繁这样前来投奔的浪人，虽然经验丰富和满腔的热诚。但是因为浪人的身份和地位，他们提出的意见不是不被采纳就是在各个派系之间的争吵中消磨殆尽。

大坂上层就已经如此了，下层则更为混乱。防御大坂城的主要力量是来自日本诸地的流浪武士，大坂方面按照大体的地域将他们划分为各个兵团。从近畿一带过来的武士看不起四国过来的武士，四国过来的武士则打扮成奇形怪状的样子招摇过市，还有无事生非、没事就夸耀勇力的不知从哪里来的野武士流窜在大坂的大街小巷里。而像这样混乱不堪的环境里，更是不知道潜伏了多少德川家的密探。总之，信繁进入后的大坂城不像是一座准备战争的大军营，倒像是一个乱纷纷的集市。

所幸，丰臣家招募的浪人中，还有一个才智、经验、武勋不逊于信繁的名将——后藤基次。后藤基次，又名"后藤又兵卫"，是播磨国大名别所长治的家臣、三木城主后藤基国之子。他原本是侍奉黑田家的武士，名列黑田八虎之首。因为与家主黑田长政性格不合，而离开了黑田家。虽然才能出众，却因黑田长政的忌恨和阻挠，不能在任何大名家长期出仕，只得流落在京都以传授兵法为生，生活十分困苦。所以，当大坂招募浪人武士的消息传来时，已经50多岁的后藤基次毅然决定加入当时已孤立无援的大坂的丰臣家，作为自己武士生涯的最后一站。

　　后藤基次是历经无数次战役的老将，在他到达大坂后，就被任命担任军师一职，统领一支2000人的部队。后藤基次在很短的时间里就把原本2000人的乌合之众训练得行令禁止、井然有序，不仅在大坂的浪人中得到了很高的威望，也受到了丰臣家谱代武士们的敬佩。但可惜的是，后藤基次同真田信繁一样，虽然表面上看起来地位很高，也能参与战略军议，但在最后的战役指挥决策权上，仍需听命于掌握了大坂城的军政大权的大野治长。

　　以真田信繁与后藤基次为首的浪人、武士们，对无能却还窃据高位、指手画脚的大野治长很是失望。所以，信繁集合大家向大野治长提出了自己的要求："我等都是深受太阁大恩才前来保护、辅助秀赖公的。如今秀赖大人却身居后庭，足不出户，实非一军的表率。无论如何请秀赖大人出席军议，让我等一睹大人的风采。"在几乎所有的浪人、武士的压力和催促下，大野治长终于同意让大坂名义上的主人丰臣秀赖同这些武士见上一面。

　　在大坂城的本丸，以包括真田信繁、后藤基次、长宗我部盛亲、毛利胜永

名将后藤基次。

丰臣秀赖。

等众多将领为首，跪坐在大厅及大厅外的院子内，等待着众人心目中的最高统帅——丰臣秀赖的出场。在象征着太阁征战标志的金葫芦马标的前导下，秀赖在众多护卫的保护下，从里间走了出来。一时间，下面等待的众将仿佛看到了当年丰臣秀吉在这面军旗下一步步夺取天下的壮举，纷纷低头行礼。

正当信繁激动万分地抬起头来，准备向丰臣秀赖陈述早已埋藏在自己心中的诸多军略方案时，听到声音很轻的一句："诸位，辛苦了。"然后，丰臣秀赖这位大坂城的主人，站起身来，径直走回了里间。不用说自己满腹的韬略了，真田信繁甚至连话都没来得及说出口，那个象征着丰臣家的年轻的高大背影便消失在自己的视野里。

张着嘴却说不出什么话来的信繁，在呆滞了一会儿之后，发现距离自己两个身位的后藤基次也用一副愕然的表情看着自己。信繁唯有低下头颅，因为他知道自己此时的面色一定非常地难看。身后那些从各地前来投效的武士们则不满地骚动了起来。

他们中有些人要么是没有听到秀赖在说什么，有些则是没有来得及看清秀赖的样子。更多的人是既没有听到声音也没有看到秀赖的样子。

于是，众将向负责此次会见的大野治长提出了再一次会见的要求，这次的请求则被拒绝了。"因为担心会被刺杀，秀赖公的母亲禁止秀赖大人私自会见各位。"大野治长回答众将道。得到了这样的回复，众将都不安了起来。其中曾经为丰臣家参与过"关原之战"而遭到处罚，被剥夺了领地的浪人纷纷窃窃私语地议论起来。

如果说"关原之战"中的秀赖还是无知少年的话，如今他已经长成了堂堂男子汉，更是名满天下的丰臣家的家主，却还对自己的母亲唯命是从，实在不是一军之帅的材料。慢慢地，这种论调变成了某种不安，令参与这次会面的众多将领都感到非常的失望，也给即将到来的战争蒙上了一丝阴霾。此次会面的结果令信繁本人都在私下里忍不住说了句："这叫什么事啊！"于是乎，"大坂城的最高统帅到底是谁"的轮调反而成了大坂城内平日争论最多的话题。

大坂城内的各个派系虽然都忠于丰臣家，但大都不想屈居人下。这样一来，淀姬作为实际指挥官发出的命令就更加缺乏权威了，何况这个女人之前就因为不懂军事而下达过很多莫名其妙的命令。武士们大都不太想服从一个女人下达的指令，尽管这个女贵人是丰臣秀赖的生母。因此，很多人对上方下达的军令采取敷衍和选择性执行的态度，这样一来，就让原本的防御体系出现了很大的间隙。

在大坂内部各个派系还在忙着互相攻讦的时候，德川家康已不顾自己73岁的老弱之躯，率领着大军从骏府城出发，开始西征大坂了。沿途那些原先忠于丰臣的大名纷纷前来投效，军队的长度连绵不绝，据说最后阵列长达120多里。

早在庆长十九年（1614年）的十月十四日，担任京都所司代的板仓胜重紧张地向德川家康报告：大坂方已经召集了以真田信繁、长宗我部盛亲、后藤基次、明石全登等为首的千余名有名头的浪人，同时开始收购火药和枪支并抢夺了堺町的大量粮食，大坂方面正在全面备战。在板仓胜重问及是否要封锁关卡禁止浪人进入大坂时，家康却否决了这个建议。家康认为自己时日无多，与其让反对德川家的势力潜伏起来，不如让自己在有生之年内为德川家将这些障碍一口气扫平。庆长十九年十月二十三日，德川家康的本队抵达了京都二条城。稍作休整后，德川家康在二十五日接见了前来参阵的各地大名，并表达了自己坚定的态度：如果丰臣家不马上对诅咒和诋毁的行为改过认错的话，自己就要彻底地消灭丰臣家。

在整合了联军之后，德川家康的联合军从京都经由奈良向大坂方向前进。而远在江户德川大本营的二代将军秀忠也指挥着关东的大军，马不停蹄地朝大坂而来。得到消息的大坂方面，在面对即将到来的强敌时，终于作出了战略布置。

按照信繁原本的战略构想，自己同后藤两军将在近江濑田、京都宇治一带阻击德川军；大野治长和木村重成两军可趁真田、后藤军与德川军拉锯时，攻入京都所司代，控制天皇和公家；长宗我部盛亲及明石全登两军则攻击大和口，切断西国诸大名与德川军的联系，再在近江的要冲大津附近筑砦，以便能够更好地防御和阻止德川军的进攻。信繁在军议中一再强调，如果德川军突破了濑田和宇治，孤立的大坂城将会陷入更加艰难的境地。

信繁激动地向大坂高层进言："此次会战实乃以天下为敌。以少数之兵力，用寻常之策则必然胜利无望。我等不应以笼城为计，应从大坂出阵攻其不备方为上策。"在信繁提议之后，同为军师的后藤基次也非常赞成信繁的方案，但这个作战方案最终还是被大野治长否定了，因为大坂城中有一名自称精通德川兵阵布置的名叫"小幡景宪"的武士。

按照小幡景宪的说法，敌方德川家康是久经战阵的老将，兵力上又有优势，实在是非常棘手的对手。唯一可行的是，家康本人擅长野战而不擅长攻城战，我方拥有着天下最坚固的名城，却要舍弃自己的优势，实在是不可取的行为。小幡景宪的说辞暗合了淀姬和大野治长不想出城作战的心思，所以他们最终决定采取小幡景宪所提出的传统的笼城作战。

这位小幡景宪是过往武田家的大将小幡昌盛之子。武田家灭亡后，小幡景宪便归从于德川家康，曾在德川四天王之一的"赤鬼"井伊直政麾下参加"关原合战"。小幡家史上并未臣服过丰臣，他在这时莫名其妙地成了大坂方面的武将，一般的历史学观点认为，此人带有不可告人的目的，很可能就是秉承家康的意志来破坏大坂方面的作战部署的。果然，在丰臣家灭亡后，景宪又归于德川家，领1500石，潜心研究军事理论，成为"甲州流兵法"的创始者。江户时代创作的军法书《甲阳军鉴》（现在几乎可号称是"日本第一古代兵书"了），虽然名义上是武田家重臣高坂昌信口述留下的著作，但实际分析而来，小幡景宪的创作成分应该是居多的。

虽然信繁因为自己的作战方案没有得到采纳而感到失望，但是他怎么也没有想到，这个曾是武田家臣的小幡景宪，竟然是德川家伏下的内应，为的就是让大坂方面老实地龟缩在大坂城内，等待着家康前来瓮中捉鳖。

在军议上，真田信繁唯一得到通过的建议，就是在大坂城平野口外堀的外面构筑一个出丸（即小型要塞）。

大坂冬之阵真田丸

大坂城的西面是濑户内海，北面是天满川、淀川，东面是大和川的支流，地形复杂，提供了一定的防御力。相比之下，大坂城南则多数是宽阔的平地，防御力较弱。因此，信繁希望能够建造一座小型要塞来增强大坂城南面的防御，但即便是这个任务，信繁也费了九牛二虎之力。当信繁提出构筑这个出丸时，一旁的后藤基次也同样注意到了这个主意的好处。于是，二人便为了谁来修建这个出丸而起了争执。由于他们两不相让，此事就暂时搁置了起来。

让人意外的是，军议后的第二天，大坂城内就流传出了谣言。谣言说信繁修筑出丸的目的并不是为了加强大坂的防御，而是想要里通外敌，在阵前倒戈。当谣言流传到大野治长耳中时，他私下把后藤基次叫来，神秘兮兮地询问道："您对此有何高见？"

后藤基次既气又怒地回答道："自古以来，城堡非外敌所克，而为内患所破的不乏其例。真田大人系出名门世家子弟，非见利忘义之徒。年逾四十，人品愈益高雅，乃心地豪爽之故。城内谣传，早有所闻。但真田大人的主张，在下深表赞同。也许真田大人因有此谣传，故不固守于城内，而置身城外筑垒设防，拟舍身冲入敌阵厮杀。为此，鄙人已决定将该地让予真田大人，不再与其争夺职守。"既然后藤欣然相让，谣言就不攻自破矣。

后藤基次的全力支持，让信繁当即在平野口外根据自己的兵力紧急加修了一座半月形小型堡垒，这就是后来俗称的"真田丸"，专供真田信繁及其部下驻扎。整座要塞东西间距180米，南北220米，背靠大坂城南的护城河，里外高筑三层栅栏，栏后面设铁炮射击平台及瞭望塔，配置大量铁炮手、弓射手，组成了一道密集的火网。在堡垒外围，更深挖了一圈深5米、宽18米，内插鹿角、尖木桩用来阻敌的壕沟。堡垒正前方是一口大水塘，宽43米，两侧则各设一狭窄的出入口，也有栅栏严密守护。建成之后，可谓是固若金汤的要塞。

就在信繁加紧建设这座要塞的同时，德川军的先锋部队本多忠政、藤堂高虎两军已经攻入了和泉。意识到德川军正在有条不紊地对整个大坂城实施包围作战时，真田信繁立刻向大野治长为首的高层建议：大坂的地势南高北低，如果让德川军在大坂南部完成集结，对方地处高处，由上而下，大坂城内的一举

明治年间所绘的明石全登像。

一动，对方一览无余。应该趁着德川军的包围圈尚不坚固之时，由自己率军主动出击，派军占领天王寺，以此为基地，先发制人地攻击德川军。

不过，已下定决心固守城池的大野治长以已经确立战术为由，拒绝了真田信繁出击的建议。信繁也只能眼巴巴地看着家康的本队无惊无险地在茶臼山上构筑了坚固的本阵。而信繁自己原先设计的主动出击，以骚扰德川军的诸多战术，也随着大坂高层的固执己见而付诸东流。

等到真田信繁完成整个要塞的建造工程时，家康率领的德川军已经同自己的儿子二代将军秀忠的大军合流。加上此时各地前来汇合的大名，德川军的总兵力膨胀到了近20万人。

完成了前期准备的德川军充分利用了大坂方面无所作为的迟钝反应，对大坂城组建了紧密的包围网。在这期间，大坂方面的大野治长倒是提出了挖开大坂城北淀川河堤的方案，希望能依靠泛滥的河水来加强大坂城北面的防御。不过，这个计划需要耗费的工程量巨大，加上时间紧迫，丰臣军刚刚开始实施土木工程就被德川方的本多忠政、稻叶正成军发现。在德川军的威胁和骚扰下，丰臣军不得不放弃了这个打算。既然丰臣军方面不准备主动出击，那么就只能被动地等待德川军发起攻击了。

十一月十八日，在茶臼山上仔细观察了大坂方面防御的德川家康开始召开军议。面对大坂城坚固的城防，德川家康做出了准备长期包围的决定。即便如此，为了防止暗中效忠丰臣家的大名突然举兵，老练的家康还是决定先切断大坂与外围的联系和可能获取的援助。

在军议评定结束之后，家康马上派遣蜂须贺至镇对丰臣军的重要水港木津川口的防守状况进行了侦察。受命的蜂须贺至镇在率军抵达木津川口时，惊讶地发现丰臣方面仅派遣了800人在此驻扎、防御。得到情报的蜂须贺至镇立刻向德川家康汇报了这一情况，并自告奋勇地请求作为先锋军，去夺下丰臣军驻守的木津川要塞。老成持重的德川家康虽然同意了蜂须贺至镇的请战，但考虑到这是德川军的首战，为了保险起见，他还命令附近的浅野长晟和池田忠雄两军与蜂须贺至镇一同发起进攻。

年纪轻轻又血气方刚的蜂须贺至镇虽然在家康面前不敢表示出什么不满，但一回过头来，他就暗自下定决心，要独自攻下木津川的要塞，抢下开战以来的首功。

因此，在十一月十九日的黎明，蜂须贺至镇趁着夜色的掩护，将自己3000人的部队分成两部。由部将山田宗登在木津川的要塞外放火，引起守军的注意。蜂须贺至镇再率领主力夺取木津川的船厂，并对木津川的要塞发起总攻击。负责木津川要塞守备的大将是明石全登。在德川军发起攻击时，明石全登正在大坂城的本丸讨论德川军的战术，无法直接指挥守兵。木津川的守军在缺乏指挥和兵力悬殊的双重打击下，被蜂须贺至镇顺利地攻取了要塞。这样一来，丰臣家对外联系的重要水港——木津川，便轻易地落到了德川军的手里。而奉命一同攻击木津川的浅野长晟，在得知蜂须贺军独自采取行动之后，急急忙忙地赶赴战场，结果因为天色黑暗和对当地水文环境的不熟悉，不少士兵在渡河时落水溺亡。

虽然家康对蜂须贺至镇的擅自行动有所不满，但看在这是开战的首胜，大大鼓舞了德川军的士气，依旧褒奖了立下了首功的蜂须贺至镇。各地大名在看到蜂须贺家立下大功受到奖励之后，纷纷不甘落后。为了拔除位于大坂城东北大和川两岸的鴫（tiān）野和今福两村的丰臣据点，德川家康派出了来自东北的上杉景胜和佐竹义宣两员大将。

十一月二十六日清晨，战意旺盛的5000名上杉军在家主上杉景胜的率领下，连同堀尾忠晴、丹羽长重、榊原康胜的援军，向丰臣军驻守的鴫野村发起了突然的攻击。为了防备德川联军从大和川上游发起的进攻，丰臣军在鴫野和今福两村修筑了防御的军寨，并辅以三重木栅及护河河加以守护，但安排在鴫野村驻守的大将却是井上赖次。井上赖次是个关系户，他是凭借着丰臣家谱代家臣的身份和对丰臣家的忠诚才当上主将的。面对威震北陆的上杉军猛将安田能元和须田长义的猛攻，他在顷刻间便被讨死，余下的溃军也在上杉军的攻击下退出了鴫野村。

在上杉军攻击鴫野村的同时，1500名佐竹军也在关东大名佐竹义宣的率领下，攻打大和川北岸的今福村。同鴫野村一样，丰臣军也在今福村构筑了一座相似的营寨，但却只派了300人驻守。面对敌方5倍以上的兵力，大野治长的部下、负责防御今福村的矢野正伦和饭田家贞很快就战死沙场。

大和川上游的鴫野、今福二村遭到德川军攻击陷落的消息，立刻让大坂方面行动了起来。大坂方面也知道，这两个敌方一旦失守，大坂城以北外围的防线将失去意义。于是，大坂方面立刻派遣年轻的骁将木村重成率领部队

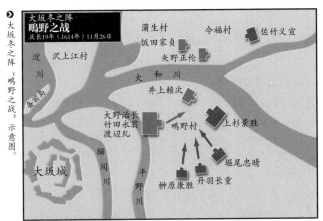

大坂冬之阵"鸣野之战"示意图。

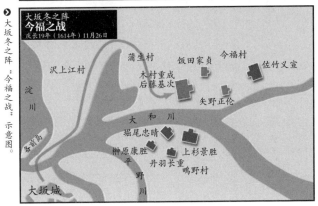

大坂冬之阵"今福之战"示意图。

发动反击，希望能重新夺回今福村。木村重成是丰臣秀赖乳母之子，两人一起长大，是秀赖身边难得的男性友人。由于担心木村的安危，在得知好友出阵的消息后，平日里难得一见的秀赖亲自下令大坂城中的浪人老将后藤基次率兵增援。

大野治长更亲自领军12000人从大坂城出击，试图夺回鸣野村。上杉军厮杀了一个上午，正人困马乏，没有想到丰臣军的大部队神速杀到，一时间阵势大乱，很快就被丰臣军夺回了鸣野村最外围的第一层栅栏。战局危急间，上杉军的第二梯队大将水原亲宪率部杀到。水原亲宪是上杉军中善使铁炮（火绳枪）的能手，其率领的部队中，有大量的铁炮部队。倚借着鸣野村丰臣军构筑的防御工事，水原亲宪指挥数百挺上杉军的铁炮数次向丰臣军齐射，令大野治长军损失惨重，丰臣军的攻势顿时迟缓了下来。上杉军的猛将安田能原见机不可失，立刻率部下500余人突入丰臣军中乱砍乱杀，原本就被火枪打得狼狈不堪的丰臣军陷入了混乱之中。此时，上杉军附近的友军也纷纷加入了战场。在混乱之下，大野治长全军不得不狼狈撤离鸭野村。

而率军反击今福村的木村重成则是个年纪轻轻、样貌俊美，却性格沉稳、处事果决的少年武士。初上战阵的木村重成利用佐竹军立足不稳之刻，率军潜伏至与佐竹军极近的距离，然后突然对刚刚大胜的佐竹军发起了猛攻，大意之下的佐竹军被杀得连连败退。为了稳定军心，佐竹军大将涉江政光亲自带领部下对木村军发起了反冲锋。木村重成命令部下用铁炮集中狙击，佐竹军大将当场战死，佐竹军陷入了失去指挥的混乱境地。在后方看到此景的佐竹军总大将佐竹义宣在盛怒之下，数次带领手下的精锐旗本武士想要打退木村的猛攻，都被木村击溃。无奈之下，佐竹义宣向河对岸刚刚获胜的上杉军派出了使者，请求支援。

家康得知后，打算让堀尾忠晴军代替奋战已久的上杉军前往支援，但立刻被高傲的上杉景胜拒绝了："鄙人出身于弓马之家，争作先阵，粉身碎骨才取得的部署，即便是上意也不能托付于他人。"于是，刚刚停歇下来的上杉军开始越过大和川北上，准备向木村军侧面发起攻击。

从大坂赶到支援的后藤基次军正好看到了这一情况。为了掩护木村军战斗，后藤基次冒着上杉军的火枪射击，下令全军对上杉军发起突袭。身先士卒的后藤基次在冲锋时被火枪击中负伤，暂时无法指挥战斗。在众多部下的围护下，后藤基次笑着抬起被火枪击伤的手臂，大声对周围的部下说道："这样我都只是轻伤！看来秀赖公的运道确实很强！"结果后藤军的士气大振，冒着火枪的射击，同上杉军展开了激烈的肉搏战。

上杉军虽然攻势极猛，但始终无法突破后藤军防守的侧翼。木村重成敏锐地注意到战局正在发生微妙的变化，并且意识到今福村这个据点已经无法被夺回，在又一次击溃了佐竹军后，开始指挥本队并然有序地后撤。达成占领鸭野、今福二村目的的德川联军也因为恶战了大半日，而放弃了追击，目送着丰臣军退入了大坂城。受到连续胜利的鼓舞，德川家康决定一口气拔掉大坂城所剩不多的外围据点。

此时德川家已经通过夺取木津川，控制了大坂城的出海口，而木津川的上游仍在丰臣军的控制下。为了防止丰臣军重新夺回木津川的控制权，德川军根据家康的命令，于十一月二十九日对木津川中游的博劳渊①发起攻击。

博劳渊四面环水且水流湍急、水草丰茂，又有丰臣军中有名的猛将薄田兼相驻守，可以说是易守难攻。

当日凌晨，由石川忠总指挥的大军趁涨潮之际从苇岛出发，渡河向博劳渊砦进攻，遭到了守军的铁炮射击而损失惨重。但仍然有数名德川军士兵躲在被烧毁的破船中，顺水漂流到博劳渊岸边登陆，与守军展开战斗，造成了很大的混乱。紧接着，从狗子岛出发的九鬼守隆队有三艘船在北面靠岸，从木津川口出发的蜂须贺军也从南面登陆，博劳渊的守军面临三面夹击。在此危急时刻，担任总大将之职的薄田兼相竟然不在战场上——他前一夜私自离开了阵地，在神崎的一个妓女家中宿醉过夜。没有总大将指挥的丰臣军很快全面溃败，大多数守军在撤退中战死。听到博劳渊失守的消息，薄田兼相也只能跟随着少数败军一起逃回了大坂城。真正让人大开眼界的是，逃回城内的薄田兼相不但没有受到处罚，大坂高层反而依旧委于他领兵的身份。大坂城内很多浪人武士送了个"橙武士"②的外号，用来耻笑薄田兼相。

大获全胜的德川联军丝毫不给丰臣军以喘息的机会，立刻转头北上，攻击丰臣军的水军基地——野田、福岛两村。此二处，一直是丰臣水军主力的停泊点，早在十九日至二十六日，德川方面的水军与丰臣方面的水军就在此展开了一系列激烈的战斗。

德川同丰臣水军的交锋一直互有胜负，直到十一月二十八日深夜，德川水军利用大雨的掩护向丰臣军发起了突袭，很多丰臣军的士兵趁着雨夜和混乱逃离了阵地。加上二十九日清晨，传来了博劳渊守军失败的消息，野田和福岛两村的丰臣守军终于决定放弃防守，向大坂城撤退。

大坂城外围主要据点的防御失败，令大坂方面在稳固了原先固守城池想法的同时，失去了派兵和对手在野外战斗的欲望。因此到了三十日，丰臣军干脆放弃了大坂城外的所有据点，以坚固的大坂城本身进行负隅顽抗。

注①

"博劳渊"是指木津川中游离出海口不远处的一片露出河面的陆地。

注②

日本冬天里的橙子，空有外壳漂亮，里面却是酸涩无比，不能食用，只能供奉在精致的盘子里，作正月里的装饰品。此处暗示薄田兼相是个中看不中用的家伙。

但此时，丰臣军在大坂城外围还有最后一个据点没有放弃，那就是真田信繁自己辛苦建造并据守的要塞真田丸。

开战以来，丰臣军被动防守、处处失利的情形让真田信繁心急如焚。而此时，大坂城内部又开始流传着真田信繁准备作为内应，等到德川军一开始攻城就要反戈一击的流言。也正是因为这种种流言，信繁向大坂高层提出的各种出城作战的提议才没有被采纳，大坂方面还在信繁驻守的真田丸后方派遣了由长宗我部盛亲指挥的一万兵力作为防备信繁作乱的监视部队。

即便如此，不甘心受制于敌手的信繁还是作了一个大胆的谋划。

十一月二十七日，真田信繁通过忍者的情报得知，丰臣的大敌德川家康将在次日亲自乘船到福岛方面视察。信繁认为这是一举毙家康的绝好机会，当即便召集了善于使用铁炮的50名士兵及武艺高强的18名武士，于当晚亥时左右偷偷乘船从天满川出发，隐藏在博劳渊南面的芦苇丛中。十一月底，正值严冬，天气很冷。真田的士兵们不得不抱在一起取暖，信繁便和士兵们一起喝酒、跳舞，并把油脂涂抹在裸露的皮肤上以防止冻伤，坚持等待家康的到来。但家康一行并没有如时出现，现身的是代为巡查的德川家重臣本多正纯。信繁的部下建议，既然家康本人不至，不如杀死本多正纯，也是大功一件。但信繁断然回绝，明确表示此次的主要目标就是杀死家康本人，赢得这次战争的胜利，而不是偷偷地暗杀德川家臣，用有违武士荣誉的手段来获取功劳。于是，在夜色的掩护下，信繁带领部下退回了真田丸。

对此毫不知情、无意中逃过一劫的家康，在顺利拔除了大坂外围的据点后，发现大坂城本身的防御依旧坚固异常。为此，他迅速地调整了全军的部署，二十万德川大军将大坂城包围得水泄不通。在十二月初，家康命令位于大坂城外围的各支部队从原先的10町距离向前推进至5~6町，并命令位于大坂城南方包围网的前田利常军，开始修筑攻城的据点和工事。

通过真田丸哨塔观察到德川军开始缩小包围网的真田信繁，注意到了前田利常的举动。于是，真田信繁为前田军正对面的篠山派驻了配备火枪和弓矢的数百名士兵，并命令他们不停地对正在挖掘工事和土垒的前田军进行骚扰射击。在对手的枪林弹雨下，前田军伤亡惨重，却不得不艰难而又缓慢地进行着土木作业。

十二月三日，从前线了解到这一情况的德川秀忠感到无法再忍耐下去，于是派遣近侧谋臣本多正信作为使者来到前田军阵中，向前田利常下达了主动出

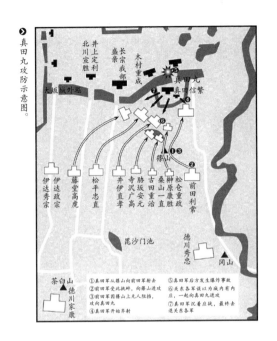

真田丸攻防示意图。

① 真田军从筱山向前田军射击
② 前田军受此挑衅，向筱山进攻
③ 前田军围攻山上无人阵地，攻向真田丸
④ 真田军开始齐射
⑤ 真田军后方发生爆炸事故
⑥ 关东各军误以为城内有内应，一同向真田军进攻
⑦ 真田军沉着应战，最终击退关东各军

击"将阵地推进至冈山，夺取筱山"的命令。

　　早就被真田军骚扰得无法忍受的前田利常立刻命部下山崎长德为先锋军，决定在四日凌晨对真田军据守的筱山阵地发动夜袭，夺取这个让自己感到如鲠在喉的要冲。

　　通过十二月三日忍者侦察到的前田军正在调动的情报，信繁意识到前田军终于按捺不住要发动攻击了。早有预谋的真田信繁撤下了安排在筱山阵地的部队。以为真田军会在此地与自己发生激战的前田军，借着夜幕冲上了筱山的山头，并惊愕地发现这里早已是"人去山空"。得知这一情况的前田利常，不甘心就此被真田军戏弄，又派出了横山长知配合山崎长德对真田军展开追击。

　　横山长知和山崎长德两人带领军队，在黑夜中冲下筱山。两军对地形都不熟，走的又是山道，追到真田丸附近也没追到一个真田士兵，反而士气低落，队形散乱。正在两人讨论就此撤退还是继续进攻时，将军德川秀忠派来支援的本多政重的军队也赶到了。双方在黑夜中合流时，由于指挥效能低下，两军出现了短暂的混乱状态。

　　见此情形，在真田丸内严阵以待的信繁部下建议信繁一鼓作气地冲杀出去，与德川军展开战斗。信繁却对部下说道："敌军远道而来，虽已疲惫但战意尚在。尔等静待时机即可。"于是，真田信繁命令大部分士兵加紧休息，自己则在哨塔上密切观察着德川军的动静。

快要天亮时，信繁观察到德川军开始慢慢恢复了秩序，就命令部下做好准备，并让几个士兵在真田丸的高墙上大声地挑衅德川军。忙了一夜却没有碰到一名敌军又被真田军以各种言辞侮辱的前田军勃然大怒，前田军的名武士奥村荣赖率先发起了攻击，随后整个前田军也开始对真田军驻守的真田丸发起了进攻。

前田军大吼大叫地冲上了真田丸外围的高墙，却遭到了信繁埋伏在两翼的火枪的密集射击。转眼之间，奥村荣赖已身负重伤，攻上高墙的前田军也伤亡殆尽。后续没有任何屏障遮挡的前田军也完全暴露在真田军的火力下，一时间伤亡惨重。一旁的本多政重看不到前方的战况，但是友军发动攻击，德川军自然也不会作壁上观。于是，后面的德川军也一拥而上，准备配合前田军的进攻。

这样一来，在真田丸外围高墙前支撑不下去的前田军想要后退，却被后面涌上来的德川军武士挤作一团，顿时混乱不堪。前田军大将富田重政的后备部队听到枪声也赶到了真田丸的战场，看到在真田丸正面伤亡惨重的己方军队，便想指挥军队翻越真田丸挖掘的壕沟，从两侧突破真田丸的防御。

但真田丸的壕沟深约5米，前田军之前既没有做好攻城的准备，也没有翻越壕沟的工具。凭借着一腔的血气，前田军就冒冒失失地开始试图越过壕沟。结果在居高临下的真田军的猛烈射击下，攻击部队连真田丸的栅栏都没有摸到，就大量地丧生在真田丸的壕沟里。看到敌军已经士气全无又混乱无比，信繁下令打开大门，以信繁之子真田大助、伊木七郎右卫门指挥的总计500人，一口气杀出要塞，给了重创中的德川军致命的一击。

原本在后方等待军情的前田利常在得知前方部队贸然发起攻击而大败的消息后，当场折断了手中的军配（指挥用的器物）。由于前田军损失巨大，愤怒的利常下令全军撤退，甚至连原先占据的篠山阵地也不得不放弃。

在真田丸开始战斗的同时，德川军布置在大坂城南方正面的井伊直孝与松平忠直两军注意到了真田丸附近发生了战斗的情况。在短暂的讨论后，两人也不甘落后地开始向真田丸西侧的八丁目口方向进军，攻击大坂城。

负责守备的丰臣军虽然在真田丸爆发战斗后提高了警惕，但井伊直孝与松平忠直两军勇猛异常，特别是"德川四天王"井伊直政之子井伊直孝，他手下的部队是德川军中有着"赤备"称号的最精锐部队——"井伊赤备"。最终在两军合力之下,一口气突破了大坂城外的第一重栅栏。

负责守备八丁日口的木村重成发现第一重栅栏失守后,身先士卒,亲自率队与冲至第二重栅栏之前的井伊、松平两军先锋交战。作为攻击主力的井伊军也毫不退让,两军就在大坂城护城沟壕中展开了激烈的厮杀。

正当木村重成因一时无法击退德川军而感到烦躁不安时,传来了真田信繁的通报:"请务必按这个提议来做。"按照信繁的提议,木村重成开始命令全军向真田丸方向且战且退。感受到对手正在后撤的井伊军以为大坂军已经开始不支,便立刻加强了攻势。就在步步进逼的井伊军以为胜利在望的时候,侧翼突然遭到了来自真田丸火枪的狙击。猝不及防之下,井伊军许多勇猛的武士都当场负伤或

❯ 真田丸攻防战。

❯ 真田丸示意图。

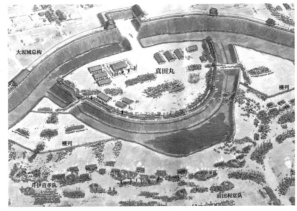

被击毙，木村重成也立刻趁机反攻。腹背受敌之下，损失惨重的德川联军不得不狼狈地撤出了栅栏，战场上仅德川武士的尸体就留下了500具之多。

与此同时，丰臣军也发生了一起重大的意外事故：一个名叫"石川康胜"的武士，在运输火药时不小心碰倒了火药箱，引发了剧烈的爆炸。这个意外让驻扎在古町口外的藤堂高虎误以为是大坂城内与自己达成内应的南条元忠伺机而动的信号。于是，藤堂高虎也率军开始对大坂城发起了攻击。

事实上，作为德川军内应的南条元忠在三日时就被守备大坂的丰臣军发现并逮捕，于数日后被斩首示众。

虽然意外的爆炸，让大坂的守军混乱一时，但是很快就在大将后藤基次的指挥下恢复了秩序。后藤基次镇定自若地指挥各军，将大坂城正面防御得如铜

◆ 大坂冬之阵布阵图。

墙铁壁一般，进攻的德川军根本无法攻破！

随着藤堂、井伊、松平三路人马展开进攻，大坂城南驻扎的德川联军各路人马也纷纷展开了总攻！战斗一直持续到正午时分，进攻的德川联合大军已经完全丧失了理智，一味地采取正面强攻的方式。而他们如同蚁附一般的进攻，在大坂城坚固无比的城墙面前被撞得粉碎。

由于德川方的各路人马都被愤怒冲昏了头脑，再加上碍于颜面，他们谁也不愿先于其他人撤退，整个战局已经变得难以收拾。最终还是德川家康本人看到了混乱的战局，亲自派来使者下令各军撤兵，而德川家的谱代重臣井伊直孝也率先领兵撤退，其他各路人马才纷纷撤出战场。

到了四日傍晚，弥漫着硝烟的战场才彻底平静下来。信繁故意挑起的真田丸攻防战以德川军的撤退而暂告结束，此战让真田信繁的武名在德川方士兵心中留下了恐惧的烙印。

丰臣军在这次保卫战中一扫之前的颓势，赢得了众人期盼已久的胜利。此战战斗仅德川方面直属部队就战死2000余人，其余参战的各路大名也是损失惨重。原本以为可以轻易取胜的想法，在丰臣诸将顽强的防守面前，显得无比可笑。一时间，德川军对大坂城竟然束手无策。

家康也意识到强攻大坂城很难奏效，遂将战术方针改变为围困。双方都不愿主动出击，而是静静地等待，战事自此陷入了短暂的胶着状态。

无奈的和谈

既然正面强攻大坂失败，那么家康便决定采用自己擅长的谋略来攻下大坂城。家康派出使者，要求同大坂方面议和。不过，刚刚获胜的大坂方面此时正斗志高昂，一口就回绝了家康议和的要求。

在攻击真田丸失利后，家康下令包围大坂城的各支部队，在每天的早、中、晚都对大坂城发起火枪射击，希望以此来削弱丰臣军的战斗意志。另一方面，德川军也开始在前线构筑大型火炮阵地，准备向大坂城发起炮击。

德川军每日的枪击对丰臣军确实造成了相当大的影响。在大坂勇将塙（què）直之的建议下，丰臣军决定发动一次夜袭，以鼓舞日渐低迷的士气。

大坂高层虽然同意了这一方案，但却藏藏捏捏，不舍得给予夜袭部队足够的兵力。当得知给予自己出击的兵力只有150人时，墙直之大大咧咧地答道："足够了！对夜袭而言，兵力少反而有好处。"

墙直之是大坂军中一位擅长铁炮的猛将，同时也是和丰臣家有着渊源的豪杰，他的身世有些不明不白。一种说法认为，直之是尾张国羽栗郡竜（lóng）泉寺村一个农夫的儿子。由于他生得体格雄壮，相貌威猛，引起了织田信长的注意，而被招入军中，并依靠战功获得了武士的身份。但他有酗酒的恶习，而且常常在酒后胡闹，遭到了同僚们的厌恶，不得不从信长的直臣转而做了当时的羽柴筑前守秀吉（后来的丰臣秀吉）的家臣。来到羽柴家后，直之并没有改掉自己的恶习，最后不得不因同样的理由而再次改变主公，作了秀吉的部将加藤嘉明的家臣。

从侵朝之役到"关原之战"，墙直之一直作为加藤嘉明的家臣奋战在前。"关原之战"时，他不顾自己应该指挥铁炮队射击的使命，手持长枪杀入敌阵。结果他个人杀敌勇猛，多有斩获，他所率领的铁炮部队却因为指挥不当而没能发挥应有的作用，被自家主君加藤嘉明痛斥为"只知蛮勇，实无大将之器"。结果当天晚上墙直之就"蛮性"发作，居然放弃官职出奔而走。出奔之后的墙直之先后侍奉过多名主公，但都因为他脾性不改而没能长久。到了庆长十九年大坂丰臣与江户德川之间的战事一触即发之际，这位性格恶劣的猛将突然出现在大坂城下，加入了丰臣军，终于投身于自己期待已久的战乱之世了。

十六日的深夜，墙直之领兵出城，夜袭的目标是驻扎在本町桥南的蜂须贺军的一支数百人的部队。夜袭之前，墙直之命令除了自己挑选的20人外，其余的130人全部带上火枪。等到十七日凌晨两点，墙直之一声令下，潜伏到蜂须贺军营外的丰臣军用火枪对着军营内一阵猛射，他自己则带领着20名勇士冲入敌营大砍大杀。

那支部队的大将是蜂须贺至镇的家臣中村重胜。中村重胜此时尚在梦中，大多数士兵也都在熟睡。站岗的哨兵也三三两两地在闲谈解闷，或者拿出随身携带的干粮当作消夜充饥。谁也没有想到，一直处于被动防守的大坂军会出城偷袭。虽然事前也有一位叫作"樋口内藏助"的侍大将曾经提出："在这里扎营应该先把桥烧掉，否则这里夜间雾气很重，丰臣军也许会趁夜色过桥偷袭。"但他的意见并没有受到重视。

面对这样的突击，毫无防备的中村队立刻陷入了混乱和恐慌之中！许多将士连铠甲都来不及穿，就纷纷逃命。转眼间，中村队就被凶神恶煞似的丰臣军杀死了数十人。这时，直之指挥的后续部队也赶到，并加入战团，中村军在这样的打击下完全溃散，就连中村重胜本人也在乱军中被杀。

等到附近的德川部队听到喊杀声赶来支援时，塙直之早已带着得胜的丰臣军撤回了大坂城内，只留下了遍地的德川方的尸体。有意思的是，塙直之还在战场上留下了许多刻下了"夜斩尔等之大将，乃是塙团右卫门直之！"的木条，可谓张扬到了极点。于是乎，塙直之就有了响亮的称号："夜袭的大将"。

夜袭战取得了成功，很大地提升了丰臣军的士气。不过，对于整个大局来说，就显得有些微不足道了。

在丰臣军发动夜袭前的当天早上，德川军用完成了布置的火炮对大坂城的各个要点进行了猛烈的炮击。不过由于大坂城坚固的防御，炮击并没有对大坂城本身的防御造成多少伤害。但是意外的是，在炮击的过程中，有两发炮弹击中了大坂城中枢的天守阁。淀姬本人有着每日饮宴早茶的习惯，哪怕是战局之时也没有中断过。当天早上，淀姬正好在此处喝茶。这两枚击中天守阁的炮弹击断了天守阁上的梁柱，断裂的木柱在下落的过程中砸死了几名正在陪同的侍女。在后宫里养尊处优的淀姬在大惊之下，立刻同意了家康和谈的要求。

当丰臣的领导层将淀姬同意和家康进行议和谈判的想法告知所有的主要将领后，后藤基次和真田信繁这两位主要军师针对大坂高层内部想要议和的想法，代表所有浪人武将表达了完全相反的意见。

后藤基次坚定地说："如今守城作战的武士们都曾深受已故太阁的大恩，对于家康这等忘恩背主之臣无不同仇敌忾。如今敌军的弹药、粮草有限，而且补给困难，正当一鼓作气将其击败之时，和谈之议实不可取！"

真田信繁也赞同道："方今之时，三军用命，将士戮力，即使没有外援，大坂城也绝不会陷落！何况日前之战（真田丸攻防战），我军士气已令敌军胆寒，只需坚守，敌军内部必自生变乱。而此时德川方所提出的和谈，根本就如同渡口往来之舟，反复无常，毫无诚信可言，断不足取！"

他们的论述被整理后，交给丰臣家的家老们以及淀姬、秀赖母子讨论。对于这些守城将士的建议，丰臣家的家老重臣织田长益和大野治长却向淀姬陈述了自己相左的意见。

大野治长且不用说，完全是依附着淀姬的意思行事。而同样支持和谈的织田长益，暗地里则已同德川家康有着通敌的密谋。但他们二人却异口同声地认为，这些浪人武士们之所以不愿意和谈，是希望能够从大坂得到更多的赏赐，没有考虑丰臣秀赖的安全。完全以秀赖为中心的淀姬自然听信了两人的意见。

于是，一心求战的丰臣众将们得到了最后的回答："此时和谈，确为不智。但怜惜太阁遗子之安危，还望各位万分忍耐。"真田信繁和大坂的诸将看着自己的主君带着几分乞求味道地命令，唯有默默地接受了。

在炮击后的第二日，德川与丰臣开始会谈。交涉地点在德川方京极忠高的营地，德川家派出家康亲信本多正纯与侧室阿茶局，丰臣方的使者则是淀殿的妹妹常高院。谈判第一天，双方因德川方要求让淀姬前往江户作为人质、处罚浪人武士等意见而决裂。但目睹了丰臣家强大号召力的家康，此时已经下定决心要彻底铲除这个对手。

因此在第二日，德川方面做出了很大让步。他们同意不会让淀殿成为人质，也保证绝对不会伤害丰臣秀赖，但规定大坂城只能留下本丸，二之丸、三之丸必须拆除，而且也要填平城外的壕沟，并解散一定数量的浪人。合约里也有"在条件成熟之际，丰臣秀赖必须搬出大坂城，在日本各地任选一国居住"的条款。在处罚方面，德川方只要求追究大野治长与织田有乐斋挑起战争的责任，入城助战

德川军炮击示意图。

的武士将得到赦免。在反复的商讨后，德川与丰臣双方最终达成了协议。

大坂方将士血战的成果就在两个女人的谈话中，变成了一纸协议。其誓书如下：第一，对于此次入城卫城之浪人，将不施于任何处罚。第二，秀赖一切所为，亦将照旧。第三，其母淀殿不必前往江户。第四，秀赖如让出大坂城，可随意自选一国。第五，以上诸承诺，家康绝不食言。丰臣方面则也以誓书承诺"从今以后决不反抗德川家"。

有意思的是，在双方交换誓言书的时候，家康递交的议和誓书上虽然条款都书列清晰，但加盖的印章却模糊不清，也不知是有意还是无意。看到这一情况，作为使者之一的木村重成就以"誓书所盖之印太浅，可见贵方豪无诚意"为由，拒绝接受誓书。这一突发状况不但让在场的各个大名无不大惊失色，就连大坂方面的其他使者一时都不敢说出话来。

面对这个青年武士咄咄逼人的态度，家康面不改色地拿回了誓书，在重新加盖自己的印章后，交给了木村重成，交战双方才最终达成了和平的协议。

事后，德川联军中的两大诸侯——伊达政宗与藤堂高虎，找到了德川家康近侧的谋臣本多正纯，提出："如今虽与丰臣家和睦，但最后的决战仍然不可避免。不如趁现在大坂城外围防御工事都被拆除之际，一举攻入城中，必将大获全胜……此乃天赐良机呀！"

然而当德川家康听到这一提案之后，不禁长叹：

诸殿此言差矣……违背誓约，此等不义之行必受天谴，这样的例子自古以来也不在少数。最近的一次便是庆长五年关原一战，秀吉公尸骨未寒，石田治部少辅（石田三成）便背主忘恩，纠集四国、九州以及近畿诸大名意图谋反。丰臣秀赖公年少无知，也参与其中，想要讨伐像我家康这样的忠臣。然而邪不胜正，三成等逆贼一战而溃，终于伏诛。当时便有将士提议杀害秀赖公，但我考虑到已故的太阁秀吉公，心怀慈悲，并没有对秀赖治罪。如今的讨伐，我等也是替天行道，秀赖若是在议和之后能够弃恶从善，我想还是与他世代和睦下去。倘若他仍然护恶不悛，多行不义必自毙，乃是天罚他丰臣家。

此正所谓"自业自得"之故。当年织田信长公以下克上，放逐大将军足利义昭，可谓不义。最终，信长公之子被明智光秀所杀，织田家也日渐衰落。

当年甲州之武田信玄公，乃是威震天下之名将，却在少年时放逐其父信虎，可谓不义。结果在三河野田之战身中流矢，不得善终。家业传于不肖子胜赖，一代而终。

秀吉公深受信长公之恩，却篡其家业逐其子孙，可谓不义。如今其子秀赖行事颠倒，正应前世之报。

这样的例子，古今中外可谓多矣。我当年与信长公共同作战，当秀吉公吞并信长公家业之后，我也曾为支持织田信雄殿下而不惜与天下大名为敌，一战而胜。与秀吉公和睦之后，我作为丰臣盟军的一员作战，消灭国中强敌屡立战功，从无二心——以至于有人认为我家康是丰臣家的家臣，这其实是错误的。但是，即便没有君臣之义，我仍然一再地原谅秀赖所犯的罪行，此次和睦之后，如果他再起谋反之心，乃是自取灭亡。我家康行事，不敢有违天理人伦，愿上天佑我子孙百代天下永保，血脉存续不绝。

虽然家康口中说着这样、那样的例子，又标榜自己的仁厚，但实际上，他的儿子秀忠在他死后，曾对自己的近臣偷偷摸摸地发牢骚道："我要是随便说句话，马上就有家中的老重臣指出这里不妥、那儿不当，而先父的每句话、每件事哪怕众人明知是骗人的，也信服万分！"俗语说"知子莫若父"，反过来亦然，秀忠的评价多少也能说明家康同意和谈的真正目的。

木村重成这样的一个小人物因为不甘而做出的小举动，自然不能影响家康的决心。双方达成议和的当天，德川家康立刻动员全天下的大名紧急出动了民夫，开始对大坂城外围的防御工事进行拆除。

信繁站在大坂已经裸露的外城上，看着外面工地上无数如同蚂蚁般热火朝天地进行着拆除工作的德川民夫，痛苦地闭上了双眼。

在短暂的和平期间，德川、丰臣双方军中许多旧日相识的武士们开始来往。根据后世的《难波战记》中记载，其中有一名叫作"原贞胤"的武士前来拜访真田信繁。

这位原贞胤乃武田信玄的旧臣之一，武田家灭亡后，作为浪人流落乡野。但他当年的武勇刚强之名远播于外，被越前大名松平忠直招募至帐下，成为其近侍"黑幌众"中的一员。此次德川与丰臣之战前，原贞胤听说真田信繁作为敌手在大坂军中效力，便一直想拜访这位昔日的旧友。但两军交战之际，并没有合适的机会。直到双方和谈期间，原贞胤才得到了松平忠直的许可，兴高采烈地前往大坂城与信繁会面。

两位旧友相见后，寒暄问暖，把酒言欢，谈论逝去的光阴，心驰神往，不由得都有了几分醉意。席间，信繁道："今日和议之举不过是一时的权宜之计，再度开战是不可避免的。我信繁身为一方的大将，不得不考虑生前身后之名声，再度开战之日必将战死沙场，恐怕与您是难以再会了。我身为武士，战死沙场不过是本分而已，可惜的是我的长子幸昌，在度过了14年的浪人时光之后，却要遭此命运，实在是不应该啊。"

这位令德川数万大军胆寒的勇将，在言语之中却流露出护犊的伤感之意，原贞胤也不禁默然无语了。

接着，信繁用手指向桌头放着的一只头盔道："那边的装饰有鹿角的头盔乃是我家世代相传的家宝，当年由先父交到我手中。将来上战场，我就戴着它去战死吧。如果你要是在战后见到了这件兜，就请把它当作我信繁的首级供奉吧。"

原贞胤闻言慨然道："战场之上有谁能确保生还呢？如果我也战死，那咱们便在黄泉再见吧！"

随后，信繁又牵出一匹名为"白河原毛"（有白色条状斑纹）的骏马，马身上装备着白色的鞍鞯，其上装饰着金色的真田家家纹"六连钱"。信繁翻身上马，昂然对原贞胤说道："我这匹宝马，可以与古代中国周穆王见西王母时所称之八骏匹敌！"紧接着，信繁抬手向南一指，"如今大坂城外的防御已经被破坏，决战必然是在南面的平野地方展开，我就乘坐此马与德川的大军交战吧！可惜的是它还没有留下后代，这匹马可是我的秘藏之宝呀。"说罢，信繁翻身下马，神色黯然。

这些记载形象而生动地表明：即便是刚猛、睿智的信繁也对大坂和丰臣的未来表现出悲观的展望。

比较起武士们私下的会见，家康对率领丰臣军队同自己战斗的真田信繁同后藤基次两人也表现出了招揽的意思。

对后藤基次的劝诱信中，家康以播州一国的高额俸禄招募后藤基次。基次首先向家康的邀请表示感谢，然后对着使者说道："大将军如此器重鄙人武艺，实为武士之荣光，请代为谢忱。但我担任秀赖公的先锋之职，便决定以初战之日阵亡来报答家康公邀请之恩！"这是已经准备将自己的性命交给丰臣的果断言语。

而从属于德川方的信繁叔父真田信尹也奉家康之命，以"叔侄相见"为名约见信繁。会见时，信尹对信繁道："如今大势已去，江户大人不计前嫌，愿授信浓十万石。"面对自己亲族和家康的许以厚禄，信繁严词回绝了家康的劝诱："我信繁在纪州之时只是苟活于世，然蒙获秀赖大人之恩赏，还以吾武士之身。此等大恩，绝非财物、土地可比。"

等到信尹第二次带着家康"给予信浓一国"等更加丰厚的条件再次拜访时，信繁则直截了当地回绝了双方见面的请求。

充满了思乡之情的信繁只是在写给故乡姐姐的信中吐露了自己的心意，为自己支持大坂方而给上田真田家带来的麻烦深表歉意。即便这样，信繁还是安慰自己的姐姐："未来究竟如何发展还不得而知，我等处于不定之尘世，谁人能知来日之凶吉。我辈之事造化弄，犹如万物逝匆匆，莫要记怀泪满瞳。"

家康利用议和达成后短暂的一个月时间，拆除了大坂城外围所有的防御工事，并填平了大坂城宽阔的护城河。信繁倾注了许多心血建造的真田丸要塞也被夷为了平地。如果这样真的能带来和平，这也许也不是不能接受的代价。

家康在和议达成后从京都返回了骏府，但是私下里却下令国友町（制造火枪的匠人村落）开始大量冶炼大炮，并下令京都所司代板仓胜重严密监视大坂方面的举动。

到了庆长二十年（1615年）三月十五日，大坂城内部发生了由一部分浪人引起的暴动。暴动的主要原因是大坂方面为了招揽浪人武士，在战争开始时，许下了钱财、高官等诸多丰厚的条件，在战争结束后，很多条件根本无法实现。感到受骗的浪人武士们终于在十五日发起了骚乱，虽然骚乱最终被镇压了下来，但还是有很多浪人因为此事而感到失望，离开了大坂城。这样一来，大坂城内的兵力迅速地减少了。从秘密捕获的出走狼人武士口中得知这一情况的德川家康喜出望外。自古以来，坚固的城堡大都是从内部被攻破的。

于是家康以自己幼子德川义直的婚礼为由，于四月四日从骏府出发前往名古屋。两天之后，他又秘密向各地大名发出了讨伐大坂的密令。

感到气氛不对的大坂方面，向家康派出了使者，希望能够让秀赖继续待在大坂城，给出的理由也非常符合淀姬平时的语气："我觉得在礼仪上不怎么合适。"也许淀姬真是这么想的，但在德川家康看来，这简直是撕毁盟约的绝好借口。于是，召集好了军队的家康再一次展开了对大坂的战争。

庆长二十年（1615年）四月二十日，德川家康向大坂发出了最后通牒，要求丰臣秀赖从大坂城移封到他国，并解散全部的浪人武士部队。对于这个要求，大坂方面并没有作出回应。

　　家康以此为借口，再一次发布了进攻大坂的军令。以德川家的部队作为主力，加上东国的诸多大名构成了十五万大军再一次踏上了讨伐丰臣家的征途。

　　德川家排定进军的第一部队由水野胜成为大将，率领堀直寄、桑山直晴、本多利长、桑山一直、松仓重政、丹羽氏信、神保相茂、秋山右近、藤堂嘉以、山冈景以、多贺常长等部队的6000人，右先锋为藤堂高虎、左先锋为井伊直孝，配置于右翼的守备第一部队由榊原康胜指挥小笠原秀政、丹羽长重、谘访忠澄、仙石忠政等部队，左翼守备由酒井家次指挥松平忠良、松平信吉、松平成重、牧野忠成等部队；第二部队大将本多忠政，右翼守备由本多忠朝指挥，左翼由松平康长指挥；第三部队大将松平忠明，右翼为率领越前军的松平忠直，左翼为前田利常；第四部队为伊达政宗。本营由酒井忠世、土井利胜、本多正纯三重臣指挥；殿后部队由成濑正成和竹腰正信护卫的德川义直与由安藤直次和水野重仲护卫的德川赖宣担任。

　　此时，丰臣家内部也出现巨大的震荡。四月九日，据说大野治长的弟弟大野治房因不满兄长的软弱，而谋划了一次暗杀事件。虽然暗杀最后失败，令大野治长逃过了一劫，但他在仓促间手足无措的样子，也大大地影响了他原已不多的威信。这样一来，大坂城内主张"决战到底"的声音占了上风。等到家康再次出兵的消息传来时，以大野治房为首的主战派不甘心坐以待毙，决心先发制人，消灭大坂城近侧追随家康的和歌山城大名浅野长晟。

　　大野治房一边做好出兵准备，一边联络了纪伊国内的土豪发动一揆（即暴动），期望能够里应外和，一起夹击浅野军。但事有不谐，由于叛徒的告密，准备一揆的当地土豪军在浅野军和德川方的板仓重胜军的围剿之下被消灭，大野治长派去指挥起义的部将也遭到了逮捕。土豪暴动被剿灭后，浅野军出兵5000人，由浅野长晟亲自担任总大将，开始向大坂城进发。

　　毫不知情的大坂方面以大野治房为主将，带着部将塙直之、冈部则纲、淡轮重政、新宫行朝等人率领的3000名士兵，从大坂出阵准备进攻浅野家的主城和歌山城。在进军过程中，丰臣军对途经的岸和田城展开了攻击，城主小出吉英一边指挥守城，一边派人向主城求援。

这时候，大野治房才得到了纪伊国一揆失败、浅野军正在全军北上的消息。他害怕继续耽搁下去，会遭到夹击，于是下令放弃攻城，全军南下，在贝冢地方扎营，并准备派出先锋部队正面迎敌。与此同时，向大坂出击的浅野军已经到达了佐野地方的市场村，却听到了"丰臣军有两万大军攻打过来了！"的消息，一时间人心浮动。

好不容易稳定了军心的浅野长晟召开了紧急军议，此时其部下的大将分成了两派——大将浅野良重主张正面迎敌，而另一员将领龟田高纲则认为："在开阔地带迎战大军，于我方不利，不如撤退到樫井地方，在松林里防守。"最后，浅野长晟决定采取龟田高纲的策略，在樫井设伏。

大野治房的部下塙直之和冈部则纲都争着要当先锋，各不相让，以至于互相谩骂。先锋的任务最后被冈部则纲获得，性格粗暴的塙直之自然不满这个结果。于是，塙直之偷偷摸摸地带领一部分部下，追赶先行出发的冈部则纲队，不料在樫井遭遇了浅野军的伏击。塙直之虽武勇过人，在敌军中奋力杀敌，但终究寡不敌众，战死在乱军之中。取得胜利的浅野军也惊叹于大坂方面的战斗力，又害怕纪伊国内政局不稳，在取得了小胜之后，马上撤离了战场。等到大野治房的主力赶到时，先锋军败北已经成了定局。考虑到纪州一揆起义已失败，继续进攻已无必要，大野治房只得收敛部队，灰心丧气地退回大坂城去了。

返回大坂城的大野治房，召开了开战以来大坂军高层最重要的一次军事会议。作为丰臣方面主要大将的后藤基次认为，德川方主力很有可能由大和路进攻，小松山会是其必经之路。小松山口地势险要、易守难攻，如果在那里设伏，也许会有机会一举击毙家康本人，从而扭转整个战局。

真田信繁则表达了不同的看法。他认为全军在小松山口布阵离城太远，如果敌人从河内路的八尾和若江进攻，会难以防备，而且小松山阵地一旦被突破，大坂城也难以防守。不如等德川军全部集中在大坂城下，丰臣军再全部出击，与敌军在大坂城南天王寺到冈山一带的宽阔平原地带展开正面决战。先由真田、毛利的先锋部队击溃德川联军的先头部队，再由丰臣秀赖亲自率旗本军出城作战，一举击溃家康本阵。同时，派遣明石全登带领奇袭队从后路包抄，趁乱砍下家康的首级。

大坂军中两位最出色的军略家，第一次也是最后一次因为战场选择的问题而争吵不休。结果，大野治房本人也在随后的军议中指出，德川军必定在大和地区进军，决定全军在大和口方向迎击。不知是因为被后藤基次说服，还是因为真田丸构筑一事对后藤基次相让之举的感激，信繁最后同意了后藤基次的意见。

在兵力布置上，大坂方面此次作出了让所有人都大为吃惊的配备。首先，由木村重成、长宗我部盛亲等将领率领城中近一半的军队（20000余人），从河内路出击，防备德川军从八尾地方进攻。这样的军力分配，完全是大野治长为了安抚信繁而习惯性做出的如同朝堂上相互制衡的平衡之策。同时，大坂方面还把前往大和路的部队分为了两部分——后藤基次、薄田兼相作为第一队，在小松山埋伏；真田信繁、毛利胜永作为第二队，在天王寺布阵作为后援。如果第一队作战不利，可以及时撤退以保留兵力，还特意言明各军要相议行事。这样一来，原本就兵力不足的丰臣军又被人为地划分成了4份。到这种紧要关头，都不能果断地破釜沉舟，本来就兵力不足，还要分兵数路，指挥上又各行其是，只能等待被德川军各个击破。

以至于老将明石全登都愤愤地评论道："真是愚蠢之极！后藤和真田两位俱是百年难遇的军师，无论大军由谁统帅，采用哪个方案，当不难击溃东军。然，今一城之主是太夫人和太夫人的乳母之子治长。后藤和真田两位相争所得方案竟如此愚不可及，全然不合兵法，这种方案是连聚众举事的农夫亦不屑采用的。"但军令如山，各路将领也只能按照计划分头行。

五月五日，大坂城出发的丰臣军分成了两队。小松山方向的前锋部队是后藤基次、薄田兼相、山川贤信、北川宣胜各部，兵力是6400人。而后方部队包括真田信繁、毛利胜永、明石全登、福岛正守、渡边紏（jiū）各队，兵力大约是12000人。按照后藤基次的构想，今夜第一军先行出发，第二军殿后。全军于道明寺会集，并在黎明时分越过国分岭，占据小松山，击溃敌前锋部队，伺机全军直捣家康和秀忠的大寨。

五月五日下午，后藤基次再次向真田信繁及毛利胜永提议率先上小松山，然后与真田队对德川军进行挟击。后藤基次表示会在晚时控制小松山，并建造防御工事，抵抗德川军的迎击。一切计划完成之后，后藤基次带领自己直属的本队2800人汇合薄田兼相部队（就是那个"橙武士"）义无反顾地向小松山方向前进了。

德川军进军大和的是德川第一阵部队由水野胜成担任大将的大和路方面军先发部队4000人，他们已经于五月五日下午4时左右到达国分扎营。到了傍晚，包括伊达政宗、松平忠辉在内的部队都已陆续到达。此时，小松山附近的德川联合军已经增加到34000人。

傍晚时分，德川方面的主要将领水野胜成同战国名将伊达政宗都意识到了小松山的重要性。不约而同地派出了先锋军，希望能够抢先占据这个战略要点。五月六日午夜凌晨左右，后藤基次到达了小松山口的藤井寺村，而理应同时到达的薄田兼相部队则拖拖拉拉地不见踪迹。

时间在等待中一点一滴地慢慢流逝。十二月寒冷的气候，让黑夜中里慢慢地浮起了浓浓的夜雾。焦急的后藤基次深深地感到，如果再不出击，战机将完全失去，自己计划的战术便毫无意义。于是，他决定孤注一掷，带领本部人马开始渡过石川，向小松山进发，待占据小松山后再等待后面的援军。后藤全军在大雾的掩护下，顺利地通过了石川，有惊无险地登上了小松山，并开始构筑阵地。

德川方面奉命占领小松山的奥田忠次在发现这一情况后，立马向大将水野胜成报告，并向后藤军发起了攻击，期望能够夺取小松山阵地。严阵以待的后藤军连一点机会都没有给奥田忠次，居高临下地对奥田忠次队发起了冲击。一直关注着小松山动静的德川军，在凌晨两点左右得到了发现丰臣军占据小松山的军报，随之而来的是奥田忠次战死的消息。

轻易获胜的后藤基次心中没有一丝喜悦，既然德川军的侦察部队已经开始同自己交手了，那么意味着自己的部署也就已经被德川军发现了。后藤基次心中第一次焦急起来："真田军还没有到吗？"此时此刻，大将水野胜成在和伊达政宗短暂地聊了几句之后，决定全力进攻。

德川联军搞不清楚占据小松山的后藤军数量，但附近德川联军的总兵力是34000人以上，德川军上下都觉得攻下眼前的小松山是轻而易举的事情，所以并没有制定什么详细的策略，就开始按照自己扎营的位置对小松山发起了攻击。

可事实上，驻守在小松山的后藤基次是经历过无数次战役的老将。这次出阵前，他早已将生死置之度外，做好了拼死一战的心理准备。凌晨四时左右，天色渐渐开始转明，雾气也开始慢慢地散去，后藤基次决心要先发制人。

正当德川联军闹哄哄地开始包围整座小松山，准备开始攻山时，驻守在小松山的后藤军开始向小松山以北的片山村方向展开进攻。负责北面攻山任务的是松仓重政，此人乃大和国与岛左近齐名的名将松仓右近重信之子。可惜的是，松仓重政本人根本不是用兵老道的后藤基次的对手，后藤军的一个冲锋就令正在攀山的松仓重政及其军队淹没在雪亮的刀光中。幸好位于松仓重政后方的水野胜成主力及时发现不妙赶去支援，才让松仓重政幸免于难。

天色未明，再加上对手战力如此高强，让水野胜成产生了"有大军在小松山固守"的错误判断。于是，德川联军果然如后藤基次的判断中一样，停止了攻击。水野胜成与伊达政宗以及本多、松平两军重新商议攻山的作战方案，这样一来，大规模的攻山计划暂时被叫停，只是不停地派出部队进行试探性的攻击，这正是后藤基次所期盼的情形。就这样，双方的战斗陷入了胶着状态，激烈的枪声一直持续到天色大亮。

"真田队怎么还没有赶到！"后藤基次已经不记得是第几次询问负责联络的部下。时间正在慢慢地流逝，而战局也正朝着对己方不利的局面发展。后藤军虽然善战，但是兵力过于悬殊，加上固守一地，根本没有发挥战术的空间。后藤军的士兵一次次地击退德川联军的攻击，但是伤亡也开始逐渐变大。

到了上午9时，大雾已经完全散尽，整座小松山已经被德川联军从三面包围。此时德川方面也已经察觉到小松山守军兵力不足的情况，德川各部队开始拼命地发动猛攻。伊达政宗军开始从南面登山，本多忠政军开始从东面展开攻势，松平忠明军也很快加入了进攻的战斗，后藤军逐渐开始不支后退。

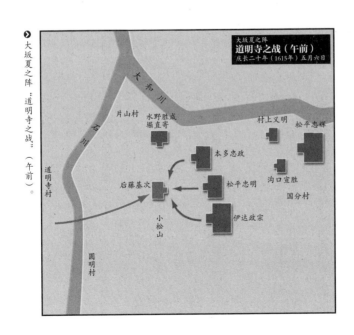

大坂夏之阵："道明寺之战"（午前）。

大坂夏之阵
道明寺之战（午前）
庆长二十年（1615年）五月六日

此时，后藤基次终于意识到逐渐期待的援军已不可能到来了。

后藤基次站起身来，一脚踢翻了战马，对着周围的部下说道："不想死的人现在就逃走吧。"在这之后，后藤基次召集了自己周围的残兵，开始尝试着朝西面突围。冲下小松山的后藤军一鼓作气，连续突破了两队德川军的拦截，同时也被德川方面的丹羽氏信军从侧面攻击，队形陷入了混乱，被分割为数段。与此同时，伊达政宗的大将片仓重纲指挥的骑马铁炮部队也从正面向后藤军连续射击，身先士卒的后藤基次胸口中弹，跌下了战马。

"将我的首级砍下来，勿要让敌军得到。"说罢，后藤基次便闭上了眼睛，停止了呼吸。部下吉村武右卫门按照后藤基次的指示，砍下了他的首级，并用他的阵羽织包裹，就地掩埋，逃离了战场。至此，大坂军阵中最善战的后藤基次全军覆没了。

击败了后藤基次的德川联军乘胜追击，一举越过了石川，在道明寺北面遭遇了本应同后藤军一起行动的薄田兼相。这位迟到的丰臣军大将，本人确实很勇猛，手持着一把三尺三寸的太刀，如同猛牛一般冲入了潮水般涌上的德川军中。但不出所料，转眼间薄田兼相就被水野军的武士河村重长取下了首级。失去指挥的丰臣军，开始向藤井村方向溃败。

此时，毛利胜永刚刚赶到藤井村西面，在得知后藤与薄田两军已经全灭，前军的其余各部正在溃败的消息之后，毛利胜永下令毛利军停止了前进，立刻开始原地布阵防御，并等待后续的真田军汇入部队。

又过了一个小时，真田信繁的主力部队才赶到战场。原来五日当晚浮现的大雾，虽然掩护了后藤军的行动，却也让准备支援的真田信繁的部队迷失了方向。直到浓雾散去，真田信繁才整顿好部队，急匆匆地赶到约定的战场，但是此时离约定好的时间已经过去了整整10个小时。

听闻后藤基次战死的消息后，信繁痛苦地自责说："都是在下的过错，不如像后藤队那样突击，就这样战死算了。"一旁的毛利胜永劝慰他说："迟到并不是贵殿的错，而鲁莽的战死也于事无补。不如明日就在秀赖公面前奋战至死，方显忠臣本色！"在毛利胜永的安慰之下，信繁总算恢复了精神，将本队向誉田村方面推进，尽可能地收纳战败的丰臣士兵。

在石川附近，信繁遭遇了正在扫荡丰臣败军的伊达军大将片仓重纲指挥的骑马铁炮部队。刚刚讨取后藤基次这样名将的他，乘着大胜之势对真田军发起了攻击。片仓重纲将火枪布置在自己的左右两翼，不断地向真田军开火，他本人则带着少年特有的盛气，亲自带领骑兵向真田军的中央发起了正面突击。

信繁一面命自己的火枪部队同伊达军展开对射，一面指挥本队坚守阵地，同时还命手持长枪的步兵埋伏在两边的草丛中。等片仓重纲的骑兵和骑铁部队快要冲到真田本阵前时，早就因为后藤的战死而愤恼的信繁大喝一声，真田本阵中待机的真田骑兵便呼啸着冲出了阵地，与对面杀来的伊达军骑兵展开了残酷的对冲。交错之间，两军便厮杀在了一起。

伊达军的骑马部队中有一支特别的骑马铁炮部队。这些士兵骑着奥州优良的战马，身上除了骑兵所装备的刀剑武器外，还装配着短小的马上铁炮。在冲锋时，骑马铁炮部队的士兵会先用马上筒（火枪的一种）射击，然后再用刀剑武器冲锋砍杀，威力极大。为首的片仓重纲更是一连斩杀4人，真田军中的大将渡边糺和信繁的长子真田幸昌都身负枪伤，真田军隐隐有不支之象。本阵的信繁面对这个强敌则不为所动，命全军不许后退一步。同时下令埋伏在两边的长枪兵杀出，如林般的长枪部队攻入了正在突击的伊达骑兵之中，侧翼遭到攻击的伊达军立刻陷入了混乱之中。

面对真田军的猛攻，已经连续作战的伊达军渐渐地显露出疲态，终于在信繁亲自领兵的攻击下，开始向后撤退。出了口恶气的真田信繁在藤井寺村与前线败退的其他各路人马会合，布下阵势与德川军对峙。

到了下午四时左右，新的噩耗传来。丰臣派往河内路的木村重成、长宗我部盛亲两军在八尾、若江同德川军交战，大将木村重成战死，长宗我部盛亲败退，德川军已经逼近大坂。

"八尾、若江之战"与"道明寺之战"几乎同时爆发，指挥大坂军的是年轻的武将木村重成与土佐的名将长宗我部盛亲。按照大坂高层的设想，由年长的长宗我部盛亲压阵，辅以木村重成的年少锐气，组成一支战力高强的部队。但事与愿违，木村重成本人确实是个性格沉稳的少年武士，与各地前来投奔丰臣家的浪人武士间的关系也极为融洽，唯独与长宗我部盛亲极不融洽。

这要就从大坂冬之战说起了。当时木村重成担负着防御大坂南部防线的重任，在战斗中，他与负责真田丸防御的真田信繁联手，成功地击退了德川军的进攻。当时长宗我部盛亲的一万大军就布置在真田军的后方，但长宗我部军在整个战役全程中，只是纹丝不动地默默监视着真田军的动向。尽管事后木村重成也了解到这是大坂方面的严令，但心底还是对长宗我部军抱有一丝蔑视。加上平日里，从四国前来投奔的浪人们常常招摇过市，无事生非，作为大坂本地人的木村重成，自然不会对土佐的武士有什么好感了。

其次就是性格的问题。长宗我部盛亲是曾经统一过整个四国的名将长宗我

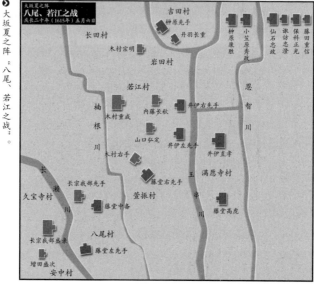

大坂夏之阵"道明寺之战"（午后）。

大坂夏之阵"八尾、若江之战"。

部元亲的四子，又是历战的大将，言行之中难免带有倨傲之气。木村重成虽然性格温和，但毕竟也是年少气盛之人，自然不会同盛亲保持什么良好的关系。

如此一来，原本计划好的河内的进军，从一开始就出现了偏差。木村军与长宗我部军各自为战，分成两路，虽然还是沿着计划行军，但是两军之间渐渐地拉开了距离。而德川联军确实和信繁的判断一样，他们派出的是以井伊直孝、藤堂高虎为先锋，松平忠直、前田利常、本多忠朝为大将的55000人的大军，最后才是率领着整支大军的德川家康与德川秀忠的本队。

五月六日凌晨，木村军在艰难地涉过了楠根川后，终于发现了德川联军的踪迹。于是，木村重成下令准备布阵作战。而德川方面的先锋藤堂高虎也发现了丰臣军的动向，急忙向后方的家康与秀忠报告："丰臣军有意图攻击我军本阵的企图，应立即发起攻击。"于是，德川军也做好了应战的准备。

到了清晨五点左右，天色开始微亮，趁着迷雾尚未散尽，藤堂军主动发起了攻击。藤堂军武士藤堂良重率队先从木村军的右翼发起突击，同族的藤堂良胜紧随其后，木村与藤堂两军立刻展开了激烈的混战。木村重成指挥若定，命令火枪队对突入自己军中的藤堂军进行了猛烈射击。很快，藤堂良重便中枪落马，藤堂良胜则当场战死，藤堂军开始全面败退。还没有等木村重成细细品尝胜利的果实，德川军中最精锐的井伊直孝军便利用木村军集中全力对战藤堂军的间隙，开始从正面强攻木村军的军阵。井伊军先锋中的猛将川手良列与庵原朝昌两人一左一右，带领着千余名全身赤甲的"井伊赤备"，冒着木村军的射击，突入木村军的军阵中大砍大杀。位于木村军左侧的榊原康胜也同时发起了猛烈的攻击，守备左翼的木村宗明无力抵抗，放弃了阵地，开始向大坂方向溃败。

看到大势已去的木村重成并没有随同败兵一起撤退，反而手持长枪一人一骑冲入乱军之中，战死沙场。而目睹了木村军毁败的长宗我部军也同藤堂高虎的主力部队展开了激战，一度将藤堂军打到几乎败退的局面。不过，长宗我部盛亲从一开始就没有为丰臣家尽忠的打算，在看到了木村军被全灭的惨状后，就下达了撤军的命令。

盛亲对战役如此不上心的原因，很大程度上取决于盛亲本人加入大坂阵营的原因有比一般人拥有更多的功利心。盛亲与丰臣的恶缘是从决定天下的战事"关原之战"开始的，有意思的是，长宗我部盛亲一开始就明确地表示自己愿意投靠的一方是德川而非丰臣。盛亲本人曾亲口说道："德川大人与石田的胜负一望可知。"于是，盛亲便派出了向德川效忠的使者。也许是命运的捉弄，由于石田三成封闭了各个关卡，盛亲的使者并没能见到家康。后来在周围众多亲丰臣与石田三成势力的裹挟下，长宗我部盛亲才心不甘情不愿地加入了石田三成阵营，随后来到了决定天下命运的战场关原。

然而命运的玩笑到此并没有结束。在关原战场上，长宗我部军的周围是吉川广家与毛利秀元的部队，这两人因为德川家康的笼络已经成为东军的内应。因此毛利家的两万大军在战斗过程中一直按兵不动，直到西军完全溃败。毫无作为的长宗我部军也不得不随之狼狈地撤离战场。

郁闷的盛亲回到领地，一方面担心家康的处罚，另一方面家中也开始流传着要放逐自己的流言。惊恐之下的他，作出了过激的行为，杀死了一直被幽禁却安分守己的兄长。

这样一来，正好给了德川家康处置他的口实。于是，长宗我部家的领土被没收，盛亲也被软禁在京都，过起了清贫的生活。在等待了十几年后，不甘心的盛亲终于因为这次丰臣与德川交战的机会得到了复兴自己家名的机会。

不过，随着丰臣家的不断战败，盛亲本人已经完全失去了斗志。就连回师大坂，守备军在城门口向其询问前方战事时，身为前方大将的盛亲居然答出了"一无所知"四个字。随后，盛亲便辞去了第二日决战先锋之职，还对部下道："你等还是尽早逃生去吧。如今大坂城旦暮且破，继续留在此地实无道理，不如留得有用之身，以期来日再作复兴之图。"而在决战当日，盛亲更是带着一众部下，逃离了大坂城。被俘获后，他在京都被斩首示众。

"八尾、若江之战"的战败，意味着河内方面已经失守，继续奋战已经毫无意义。既然如此，信繁只得决定退兵了。面对紧密对峙的两军，真田信繁准备亲自断后。在命令全军后撤后，真田信繁身披深红色的战甲，头戴鹿角盔，骑着白马，手持十字文枪，独自一人跃马横枪，挡在德川联军面前，来回骑行高声喝问道："关东百万兵，有无一男儿！"连问数声，数万德川联军竟然无一人敢回应，信繁才策马大笑而去。丰臣军则趁机顺利地退回到了大坂城。

随后，慢慢逼近的德川联军各部也在大坂城外完成了布阵。

最后的决战：真田赤备突击

五月六日夜晚，大坂城中开始召开了最后一次军议，会上蔓延着绝望与失败的气氛。

开战以来大坂方已经连续损兵折将，大量名将的战死和士兵的伤亡让与会将领们一声不吭，但是信繁依旧没有放弃胜利的期望。面对着士气低落的同僚，信繁顽强地大声说道："此战目标就乃家康一人矣！"

信繁讲述了自己最后的作战方案，即全军出击，在天王寺到冈山口一带与德川军正面作战。在击破德川军先阵之后，再由丰臣秀赖亲自出马，直入德川家大本营，一举击杀德川家康。

信繁之所以一再要求秀赖亲自出战，主要是考虑到秀赖是丰臣家的当主、朝廷的重臣，又是"天下之主"秀吉的亲子。一旦他高举着太阁昔日的金葫芦战旗马印，亲自出现在阵前，一定能鼓舞本方的斗志，也许还能令敌方阵营中部分受过太阁大恩的诸侯回心转意，瓦解德川联军的士气。

面对信繁的再三要求，已经无计可施的大野治长，只能答应了信繁的计划，希望其他各路将领能够安心作战，但对于淀姬是否真能同意让秀赖出战，或者说秀赖是否真的能亲自来到战场，大野治长心里也完全没有把握。看到大野治长已经同意了秀赖出阵的要求，信繁便开始对整场战役作具体描画。

按照信繁的想法，这已经是最后一次战争，己方应该拼尽全力、孤注一掷，集合大坂全军之力，同德川军一决生死，这样方才有败中求胜的机会。

信繁还建议放弃大坂城的船厂和天满口的防御，明石全登驻守在那里的300名精锐在丰臣秀赖本队出阵后，可暗中迂回到德川大军的背后。信繁自己则在茶臼山阵地竖起军旗，引诱德川军各队来攻。而在四天王寺布阵的毛利胜永，趁自己吸引德川各军之时，发动攻击直击家康的本阵。一旦护卫家康的各军被击破，再由丰臣秀赖从大坂城出阵，杀入德川家大本营，击杀德川家康。参加军议的将领大都被信繁的热忱所感动，纷纷表示明日愿意同德川军决一死战。

布置完决战计划后，真田信繁在焦虑、不安、兴奋等各种错综复杂情绪的包裹中，迎来了最终的决战。

庆长二十年（1615年）五月七日，天色还未发亮，丰臣军全军（不包含丰臣秀赖）便从大坂城出击，按照预定计划沿着茶臼山至四天王寺一带布阵。时刻注意丰臣军动向的德川联军也意识到了这是最后的决战，开始沿这两个方向向大坂城进军。

丰臣军配置如下：

天王寺口与茶臼山方向有真田信繁与其子真田幸昌本队的3500人、茶臼山前有配属给真田信繁的寄骑①。渡边纠、大谷吉治、伊木远的2000人、茶臼山西侧有福岛正守、福岛正镇、石川康胜、篠原忠照、浅井长房等人的2500人、茶臼山东边驻守着江原高次、真岛重利、细川兴秋（兵数不明）。四天王寺南门布置着毛利胜永军与木村重成同后藤基次的败兵，总计6500人。

冈山口方向由大野治房作为主将，带领新宫行朝、冈部则纲、御宿政友、山川贤信、北川宣胜等人在此布阵，总兵力约5000人。

茶臼山西北方向沿着木津川堤一带，埋伏着明石全登的300名精锐武士。在四天王寺东北方，集中了丰臣军的所有后备兵力，大约15000人，由大野治长指挥。再加上位于大坂城内本阵的丰臣秀赖军3000人，丰臣方面的总兵力大约有40000余人。

德川军配置如下：

天王寺方面有先锋部队5500人，其中先锋总大将本多忠朝队1000人，秋田实季队1000人，浅野长重队1000人，松下重纲队200人，真田信吉队2300人。

天王寺先锋部队之后，偏西南方向，另有第二队人马19840人，包括：总大将松平忠直15000人，诹访忠恒540人，榊原康胜2100人，保科正光600人，小笠原秀政1600人。

第二阵之后的第三阵人马共31200人，包括：伊达政宗10000人，松平忠辉9000人，本多忠政2000人，村上义明1800人，一柳直盛1000人。

另有松平康长、酒井家次、松平忠良、堀直寄、德永昌重、沟口宣胜等各路人马。

注①

"寄骑"是指一般大名将自己的直属武士暂时委派给自己的其他部下，这些人听从受委派的武将的命令，但是又不算是该名武将的部下，有点暂时借用的意思。

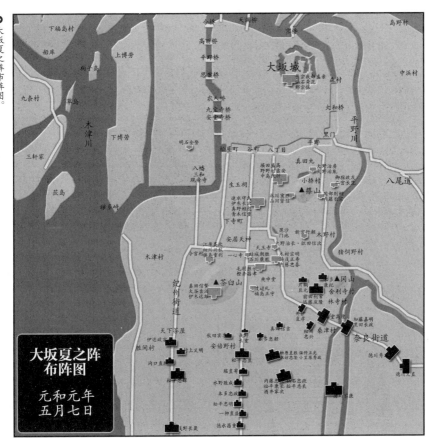

大坂夏之阵
布阵图
元和元年
五月七日

天王寺的后卫队为浅野长晟5000人，其后便是德川家康的本阵15000人。

在天王寺东面的冈山口阵地，由德川秀忠指挥，共配置兵力51100人，包括：前田利常、本多康俊、片桐且元等队组成的第一阵20000人；第二阵的藤堂高虎4500人，井伊直孝3000人，细川忠兴600人；第三阵的德川秀忠本阵，包括了青山忠俊、酒井忠世、土井利胜、本多正信、本多正纯等江户辅弼重臣，以及立花宗茂、高力忠房、安藤重信等外样大将，共23000人。

而除了天王寺、冈山口两大阵地，尚有德川义直军作为后方的总接应，德川方联军兵力总计120000余人。

当日万里晴空，丰臣与德川两军的兵马彼此依阵对列，两军之间士卒们静寂无声。只有不时嘶鸣的战马与无数在风中飞扬的军旗，预示着大战即将到来。

到了正午时分，在信繁与毛利胜永密切注意德川军的动向并实时商讨最后的战略时，意外发生了。毛利胜永麾下的原后藤军的残兵中，有人因为对信繁姗姗来迟导致后藤基次战死一事怀恨在心，不顾信繁下达的不许随意同德川军交火的命令，率先对德川军开炮射击。

此事犹如滴入油锅的清水，令整个战场瞬时间沸腾起来。

大惊之下，信繁赶紧派出使者，试图阻止己方上述冲动的行为，但前线的丰臣军对命令充耳不闻，反而发起了更为猛烈的射击。德川方松平忠直的越前军也按捺不住，开始向前突进。

真田信繁原本计划等明石全登的300名精锐迂回到德川本阵后，再发起总攻。如此一来，信繁在开战前所做的战略部署就被全部打乱了。己方的无谋之举，已将信繁逼到了绝境。"既然如此，那就开战吧。"信繁下达了同德川军全面开战的军令，并派遣使者前往大坂城内请秀赖大人出阵来鼓舞全军的士气，但一切终究没有动静。

随后，信繁通过忍者的报告得知，由于淀姬的阻止，秀赖已经放弃了亲自出马的念头，据说还向德川方秘密派出了请降的使者。

得知这个消息的信繁不动声色对着自己的部下说道："吾策已穷，观眼前之景象，我丰臣当被德川大军所灭。自关原以来先父昌幸与我信繁之名亦将消失于世，不过就算此身消亡，我信繁亦会让真田的勇名哄传于天下。今以至此，乃最后之战，诸位当尽兴而为！"

此时的信繁已经不再为丰臣家而战，现在他心中唯一剩下的念头便是取下家康的首级，将真田家的武名流传于天下。

正在这时，毛利胜永军击破了本多忠朝的军势，冲破了德川军的第一道防线，正在同第二道、第三道防线的各路诸侯激烈混战。真田信繁敏锐地抓住了这一机会，决定趁两军战斗之际，从正在混战的德川阵地上绕过，直接攻击第二阵的主将松平忠直本队。

真田信繁的队伍采用武田流兵法编制，以骑兵为主，士兵都身穿红色铠甲，背红底白边的"六文钱"旗帜，在战场的阳光下如同烈火一般。"真田军！出击！"随着真田信繁出阵的怒吼，红色的奔流以无可阻挡之势，冲向德川军第二阵的松平忠直军。

配置在家康本阵前方的松平忠直是家康次子结城秀康的长子。他指挥的15000人的松平军是经过父亲结城秀康精心训练的部队，有着越后军队勇猛的精神和精良的装备。

　　越前松平家的家纹是绿地黑矢羽根，故而越前骑兵都身着黑色铠甲，身背黑色旗帜。与真田家红色的赤备骑兵混战时，烟尘之中尽是黑、红两色的旗帜来来往往，如同当年武田骑兵与越后骑兵一样各不相让，战斗进行得异常惨烈。

　　虽然松平军在人数上占有绝对优势，在士气和战斗力上也并不处于下风，但松平忠直本人的战术指挥能力却远逊于真田信繁。

　　为了尽快突破松平忠直的纠缠，进攻德川军本阵，信繁派出了忍者，潜入松平军后方，并散布谣言："浅野军已经投降丰臣方了！"而此时，作为后备军的浅野军见到前方吃紧，正在向今宫方向移动。这使得真田军的流言取得了意料之外的大成功，松平忠直的部队陷入了巨大的混乱中。

　　后面的德川家康见状，不得不派出旗本军帮助忠直收拾局面。真田信繁也趁势突破了松平军的阵地，直突入家康本阵之中！

　　冲入家康阵中的信繁一身红盔红甲，高喊着冲向端坐本阵的家康。护卫家康的侍卫急忙对着冲上来的信繁乱枪齐发，信繁在枪林弹雨中，中弹翻身落马。消灭了敌军大将，德川军自然齐声欢呼。

　　可这时另一边又有一个红盔、红甲的信繁高喊着"讨取家康"冲了上来。德川的护卫急忙转过火枪，将他射倒在地。

　　没等德川军搞清楚到底是怎么回事，第三个信繁又出现在德川本阵面前。

　　原来，信繁在出击前将真田军的部队分成先锋、次锋、本阵三个部分。前面两名"信繁"都是世代忠于真田家的忍者所扮，为的就是要迷惑德川军，动摇德川的军心。

　　而真正的信繁趁着德川军被自己派出的"影武者"接连迷惑之际，亲自带领本阵部队直突德川家康的大旗。

　　德川家康身边的旗本武士大都是凭借着父辈的恩泽才成为了家康的贴身护卫。见到一个怎么也打不死的敌军大将，他们顿时乱作一团，竟然不顾德川家康的安危，四散奔逃开来。

　　据说在混乱中，家康本人因惧怕被真田军捕获，准备剖腹自尽。辛亏身旁几名武士劝阻，才放弃了这个想法。但是实际上，就算有这样的想法，也应该只是在家康脑海中一闪而过。经历过无数风雨的德川家康，根本不会因为个人的生死，来决定战斗的胜负。在他眼中，自身的安危都要让位于德川家的续存、天下的权柄，当年的"信康事件"、"小牧·长久手之战"都是如此。不过这确实是家康本人自"三方原合战"以来，最接近死亡的一次体验。

在短暂的混乱之后，德川家康立刻命人放倒自己的帅旗。当时的场面一片混乱，真田军与毛利军的武士果真都失去了目标。而德川家康四周的德川部队，在看到本阵被攻击后，立刻放下眼前的战斗，全力救援德川家康所在的本队。

真田军的压力顿时变得巨大了起来。随着德川军的增多，真田军的伤亡越来越大，士兵也由于长时间的作战而疲惫不堪，士气低落。与此同时，松平忠直已经重新整顿了兵马，并攻取了真田信繁后方的茶臼山阵地，切断了真田军与后方的联系。腹背受敌的真田军，再也无力支撑，渐渐陷入混乱，逐渐被逐出德川家康的本阵。

到了下午四时，浑身是伤、精疲力尽的信繁与家臣大塚清安、高梨瘫倒在田边，被越前军的西尾仁左卫门这一无名下将发现并讨取，享年49岁。

明石全登在始终没有等到信繁信号的情况下，率领部下攻入德川大军，全军覆没。位于战场西面对秀忠军同时发起攻击的大野治房军，虽然也一度攻入了德川秀忠的本阵，但也因兵力不足而败退了下来。

随着真田信繁的战死，真田军全灭的消息传遍了战场，丰臣军彻底失去了抵抗的意志。暗伏在大坂城内的内应也趁机放火作乱，德川联军一鼓作气，攻入了大坂城，有着"难攻不落"称号的天下名城终于陷落。

在信繁战死的次日，即庆长二十年（1615年）五月八日，丰臣秀赖和其母淀殿在大坂城的一个粮仓内自杀，信繁之子真田大助也为之殉死。得知丰臣秀赖已死的消息后，丰臣方面的大将包括毛利胜永、大野治房等人都纷纷自刃。昔日显赫一时的"天下第一名门"丰臣家就此彻底灭亡。

真田信繁的传说与现在

真田信繁作为战国最后的名将，在自己最后的一段生命里发出了耀眼的光芒。他凭借着不屈的意志与出色的韬略，给世人留下了难以磨灭的印象。也许他没有做到自己期望中的讨取德川家康的首级，但他的勇名确确实实流传到了天下。投身德川家的兄长真田信幸曾亲笔在信中这样描述自己的弟弟："信繁才是拥有一国气量的男子汉。"

由于德川军在与丰臣军的战斗中伤亡过大，在攻克大坂城之后，德川军对城内居住的平民进行了残酷的迫害，仅因抢夺财产就杀死了一万多人。昔日繁华无比的天下中心，就此衰落下去。出于对德川家暴行的对抗，民众自发地传递着种种丰臣家并没有灭亡的传说。这其中有"真田信繁护卫着丰臣秀赖逃往鹿儿岛隐居"的传言，更有"家康其实在大坂战场上已被真田信繁讨取，活着的只是家康影武者"的传说。

在大坂决战前夜，两顶小轿从大坂城的侧门偷偷地送进了伊达军的阵地。轿中的两个握着短刃的女孩被托付给片仓重纲，这两个叫"阿梅"和"阿菖蒲"的女孩，便是信繁的三女与六女，她们还带着一个少年。大坂夏之阵后，在政宗的出面下，幕府准许真田一族保存，并正式交由仙台藩。但在幕府的命令之下，真田一族不得使用原姓，故"大八"改名为"片仓久米助"。元和六年（1620年），重长之正室病死，重长于同年正式娶17岁的阿梅为妻。大八也以"片仓守信"之名，列为仙台藩的二等藩士，领360石俸给。真田信繁的血脉并没有断绝。

随着江户时代大坂立川书库所编著的"真田十勇士"小册子的流传，真田信繁在日本成为了一个热门话题。为了打击幕府，真田信繁的各种故事更是在幕府末年的维新志士们之间口口相传。

时代不停地变迁，日本人对真田信繁的喜爱却愈演愈烈。以真田信繁故事为蓝本而进行改编的各种电视剧集、小说、电影、漫画，门类繁多、五花八门。在日本人心中，真田信繁代表着武士的完美形象：在面对几乎无法战胜的强敌时，他依然顽强战斗；明知必死，他依旧尽情展示自己的才华和意志。直至如今，真田信繁已经成为日本人不屈不挠的一种精神符号。真田精神能够得到后人的推崇和传承，如果真田信繁泉下有知的话，也会感到一丝慰藉吧。

△ 大阪城中的真田幸村雕像。

◀ 信繁死后被葬在京都龙安寺大珠院镜容池内的小岛上，此为位于九州萨摩的真田墓。

真田信之

那一抹沼田之花，永不复开于上田

作者 萧西之水

《真田丸》的热播使真田家的内部恩怨又一次被放到聚光灯下。在此之前，大家似乎已经忘记：真田信繁还有一个叫作"真田信幸（信之）"的哥哥。

真田信之画像。

庆长二十年（1615年）5月6日，就在去世前一天，真田信繁率领弱势军队杀退数倍于己的伊达政宗军队，而其得意之余喊出这句名言："関東勢百万も候え、男は一人もなく候！（关东虽有百万军，却无一人真男儿！）"这一幕被记录在《北川觉书》之中，流传后世。终于在1672年《难波战记》里，他的名字从"真田信繁"一跃而成"真田幸村"，成为不畏强权、反抗至死的代表人物，流芳后世。然而大家似乎都忘了，他还有一个哥哥，叫作真田信幸（信之）。

得益于2016年大河剧《真田丸》的热播，真田家内部的恩恩怨怨逐步为人熟知：老戏骨草刈正雄凭借多年表演经验，将真田昌幸一副老谋深算表现得淋漓尽致；大泉洋则以谐星之态无数次地展现出真田信幸是多么迂直，乃至于数度被骂"住嘴，小童！"；至于主角光环大开的真田信繁，更是在堺雅人的演绎下愈加地惟妙惟肖。真田父子三人分别以狡诈、刚毅、机智的形象出现在世人面前。

然而历史剧终究不是历史，无论三人在《真田丸》里被挂上何种脸谱，也都或多或少地与史实有所出入。真田昌幸固然老谋深算，但从头到尾他都只是一个小人物，从未阻止大势推进；真田信繁固然在大坂之战里绽放出耀眼光芒，乃至有了"日本第一兵"之称，却也无法阻挡江户幕府一统江湖。比起他们，真田信幸虽然看似迂直甚至有些无聊，却备受德川家康器重，不仅为真田家在江户时代奠定大名根基，更赢得不次于谱代大名的地位。只是，当"真田丸"这艘战国漂流船缓缓驶入江户时代，当一艘小船变为松代、沼田两藩之地，真田家却面临起前所未有的家族内乱，这也为真田家留下了不可磨灭的伤痕。

祸始沼田：真田两家分裂之始

上野沼田领究竟有多重要？

自《真田丸》播出以来，得益于"光荣"公司用游戏引擎提供的战国地图，观众能够直观地了解到真田家的领地被分为了两部分：信浓国的岩柜城（后为上田城）和上野国的沼田城。岩柜（上田）还好，沼田城先后受到了北条、德川等势力的觊觎，乃至于成为了真田家历次危机的动荡之源。

日本甲信越地区（山梨县、长野县、新潟县西部）山地庞大、地形复杂，如果不想沿东海道行走，那么东西大通道也就只有一条东山道（中山道）穿越甲信越地区的正中心了。但相比东海道地势平缓，便于大规模人员移动的情况，东山道则一路坑坑洼洼，难以通行。时至今日，日本东海道JR新干线已经通车50余年，中山道的一条磁悬浮"中央新干线"却才刚进入封闭测试阶段。

沼田城、岩柜城地理位置："S"为沼田城，"G"为岩柜城。

可以想见在当年的技术条件下，旧东山道是何种惨状。但惨也有惨的好处，比如，便于真田家占山为王。

《真田丸》的第1集就借真田昌幸之口提出："靠着道路封锁，岩柜城到沼田城这一片山地本身就可以形成巨大要塞"——不错，如果从现在的东京向西北而去，会先穿越埼玉县，然后进入群马县前桥市（上野国厩桥城），战国前期名将长野业正的箕轮城（群马县高崎市）就在西南方向十数公里。

前桥城是关东平原西北部最后一块沃地，再向西北行走，便可以看见山脉连绵不绝，只有三条路可以通过：第一是正西，翻越碓冰岭便可进入信浓国佐久郡，真田家赖以生存的小县郡与真田本城（松尾城）就在西南方向的深山之中，日后的上田城则还需要往西北方向走上几十公里；第二是西北小路，磕磕绊绊一段以后便可以到达岩柜城；第三是东北大路，很快便可以到达沼田城，进而向着东北重镇长冈城进发，进可以切断越后上杉家的首尾联系，退可以保住厩桥地区不失。有趣的是，这一带地名几乎没有变化，所以很容易通过现代地图认出古代格局。

从直线距离来看，从岩柜城到沼田城不过30公里，如今日本也修筑了145号国道从山路连接两地，所以即便是在古代，两者联系也颇为紧密。

天正六年（1578年），"越后之龙"上杉谦信去世，引发了上杉家爆发的"御馆之乱"。期间，北条家为了援助上杉景虎（北条三郎）而攻克了沼田城，但上杉景胜取胜以后，默认"甲越同盟"的盟友武田胜赖进攻沼田城。天正八年（1580年），真田昌幸叔叔矢泽赖纲才攻克沼田城，并成为城主。虽然沼田城一度因真田归降织田而成为泷川益重的领地，但在织田信长受难于"本能寺之变"（1582年）以后，便回到了真田家的麾下。

横贯天正十年（1582年）后半叶的"天正壬午之乱"精彩纷呈。虽然真田家在一年内先后归顺武田、织田、北条、德川、上杉这五大战国时期赫赫有名的势力，但探究每一次归顺的原因，无非是为求自保，远没有到收放自如的地步。直到天正十一年（1583年），真田家借助德川、上杉之争，假托为德川家康驻守北境，骗得德川家出资在信浓国要道上修筑堡垒，才获得少许喘息。由于面对千曲川支流尼之渊，这座城池最初名为"尼之渊城"，尔后改名"上田城"，成为日后真田家的核心要地。

较之岩柜城地处深山，上田城却位于要冲：向西北方向走去，很快就能到达千曲川，进而临近当年武田信玄与上杉谦信鏖战之川中岛；东南方向可以直插佐久郡，更可以越过碓冰岭，杀入上野国。移居上田城前后，真田家将真田信繁送入上杉家为人质，巩固北境，进一步以为根基，南拒德川。

不过有一得也必有一失。上田城固然重要，却导致真田家核心城池与沼田城超过100公里路程，这段路途哪怕是在现代，乘坐铁路列车也需要1小时40分钟，在古代交通条件下便更显遥远非常。与此同时，由于沼田领反复为德川、北条所觊觎，乃至成为丰臣秀吉发动"小田原征伐"的导火索，也使得该地区城主拥有更为独立的控制权——事实上，即便是家督真田昌幸一度愿意让渡沼田城，城主矢泽赖纲也坚决不让。

看起来，"沼田之重"并不仅是对外重要，对真田家内部的分裂也同样重要。真田家这艘历经了战国风浪的小船，也正因上田、沼田分离而开始出现分立迹象。

战役怎么总也打不完

关于天正十三年（1585年）的"第一次上田之战"，战国迷自然是耳熟能详。《真田丸》更是将战役塑造为真田信繁的初阵而大写特写，而前来包抄的真田信幸则颇有捡漏之嫌。

真实历史上，上田战役的过程与《真田丸》表现的差不太多。真田昌幸将有限的两千兵马分为上田城的守备军和别动队，并将上田城下町布置得井井有条，用一个又一个栅栏，让德川军的7000人疲于奔跑。等到德川军杀至上田城本丸，真田昌幸又忽然大开城门，亲率五百精兵杀入敌阵，杂以周围三千弓箭队、铁炮队齐射。德川军阵型大乱，被迫撤离，但途中真田军在城下燃起大火，阻碍退路。德川军好不容易沿着原路跑出去，这时候真田信幸率领的别动队又恰好赶到，一通乱杀让德川军猝不及防，接连向着东边的神川方向撤离。真田军又在这时掘开大坝，大水瞬间涌向德川军营地。

经此一战，大久保忠世的三个儿子（忠生、忠赖、忠广）全都战死，总计战死1300余人（近20%），而真田方仅仅损失了40人。大久保忠世的弟弟大久保忠教在《三河物语》（1622年成书）中对此战记忆犹新，视真田一族为恐怖之人。

虽然双方在"第一次上田之战"中总共动用了不足一万兵马，但在从上田城到户石城不足5公里的范围内能聚集如此人数，依然密度很大，如果是以硬碰硬，以德川军的严整阵型不会轻易被真田家撕开。面对战国后期兵员增加、战役规模增大、阵型设置更为完备的情况，防御方逐步放弃坚守孤城的方式，而是广泛地在城下町设立防御体系，通过设置狭窄的木桥或土屯，让敌军被迫散开阵型，失去集团冲锋的兵力优势——这一战术虽然并非肇始于"第一次上田之战"，但通过此战让无疑让更多人看到了新战术的可能性，日后的"小田原之战"乃至于大坂冬之战，守城一方都大面积扩展防御面积。

具体到上田城之战，真田昌幸破坏敌军阵型固然很重要，但德川军毕竟数倍于己，如果没有真田信幸的勇猛突击，恐怕德川军也不会迅速溃败，很可能会重整阵型，再行攻城。所以，真田信幸不但不算捡漏，反而应记一个大功。

另外，与大河剧《真田丸》的剧情不同，在"第一次上田之战"里，19岁的真田信繁其实仍在上杉家担任人质工作，未能出现在战场上。也正因如此，上杉家才会派遣援军前来助战，虽然最终没有赶上上田之战的正面战场，却也帮助真田家修复了因战乱而受损的上田城。

据《上田军记》记载，在上田之战进行的过程中，德川家又煽动信浓国小

沼田城与上田城、小县郡的地理关系。其中，"S"为沼田城、"G"为小县郡，蓝色对勾为上田城。

日本·军鉴

120

县郡盐田边（长野县上田市盐田地区）发生过一次国人暴动。闹事者是杉原四郎兵卫，他将已经废弃的乌帽子形城（青木村）重新修葺一番，可谓在真田家腹部扎了一刀。

很快，真田信幸率军来到乌帽子形城。他的马夫水出大藏出生于附近，提出这座城寨虽然修在山上，易守难攻，但城池背面的斜坡却非常迟缓。真田信幸听从建议，率领铁炮队从城寨背后袭击，闹事部队闻风而逃。

其实按战国价值观来说，作为一名马夫，水出大藏并没有资格提出建议，但真田信幸事后却总结道："作为马夫确实是有些过分，不过在战场上，比起考虑人（的立场与地位），还是应该考虑道理本身。即便是低位者之言，只要有道理就要听取，也正因此乌帽子形城才能够这么快攻克。"

上田城之战结束后，德川家在西面同羽柴家又打起了"小牧·长久手之战"（1586年），短时间内不会再骚扰信浓国，真田信幸的主要精力就放在了沼田领的守备之上。据江户时代成书的《真武内记》记载，这一时期真田信幸曾与北条氏邦的军队有所谓的"仙人窟之战"。

所谓"仙人窟"，记载中说是在上野国吾妻郡，可以大体定位在目前群马县东吾妻町的一片山谷，狭窄难当，易守难攻。每当北条军从附近派遣1000名左右人马攻来，真田信幸都会带领区区200人布防此处。如上田城之战一样，甫一交战，真田信幸就带兵退入山谷，且战且退，引诱北条军步步深入，自乱阵型。待到北条军越过仙人窟最窄的地方以后，再命令伏兵一鼓作气地围攻对手，这样北条军进无可进、退无可退，接连惨败。

"仙人窟之战"虽然规模不大，频率却很高，也是真田信幸作为独立武将的第一战。没错，作为智将真田昌幸之子，真田信幸也绝非莽夫，能够活学活用，把上田城之战的经历放入到后面的战役之中。

不过从历史记载来看，"仙人窟之战"的史料未免过少，以至于很多人怀疑其真假。据《大锋院殿御事迹稿》记载，北条家灭亡以后，有一名北条旧臣富永主膳来到德川家出仕，当他见到真田信幸，便表示自己正是从"仙人窟之战"中死里逃生。据他形容，当时北条军都视真田信幸为"无法想象的恐怖之将"。

其实从后来发生的事情来看，无论是"第二次上田城之战"还是大坂冬之战，真田信繁（幸村）都使用了同样的战术。联想到"第一次上田城之战"的真田昌幸与"仙人窟之战"的真田信幸，这种诱敌深入、步步为营的战术或许也算是真田家的家传战法了。不过无论战术层面多么优秀，从战略角度来说，真田家是否能够延续下去，基本不取决于自身，而是取决于丰臣家能否彻底收服德川、北条两家。如果丰臣家真要以牺牲真田家为代价，换取另外两家服从，那么真田家毫无生路。然而丰臣秀吉也明白，即便灭掉真田家，德川、北条两家也不一定会服从于自己，所以他并不急于下决定，而是一次又一次地变换对真田家的态度，借以纵横捭阖，掌控局势。

从天正十三年（1585年）八月上田之战结束到天正十四年（1586年）十月德川家康上洛为止，在不过一年多的时间里，丰臣秀吉在"惩罚真田"与"维护真田"之间数度摇摆，每一次摇摆都好似让真田家坐了一次过山车。但无论上方政策如何变化，年方二十的真田信幸都应对自如，数度杀退德川、北条等强敌的进攻，也让他在后来颇受青睐。

从了德川家康吧

说到真田家分裂的缘起，很多人都会联想到《真田丸》里一些有趣的情节，那就是本多忠胜之女小松姬与真田信幸的结合。

其实关于两人成亲，还别有一段佳话：据说当时，德川家康召集了很多青年武士于滨松城中。席间，小松殿突然跑出来将年轻武士的头发绑起、梳成

"虎父无犬女"的真田信幸之妻本多小松画像。

各种诡异的发型，看他们有什么反应。由于对方是本多忠胜之女，大部分武士十分无奈，只能听之任之。然而就在轮到真田信幸挨整之时，他却轻轻拨开小松姬的手，默默发语："不觉得这样很无礼吗？"周围的武士都惊出了一身冷汗。可小松姬不但没有生气，反而心觉"这个人会成为大人物"，而主动请求嫁给真田信幸。

真实历史中，真田信幸与德川家结缘，正式开始于"骏府出仕"。天正十七年（1589年）二月，24岁的真田信幸以人质身份前往德川家，松平家忠也在日记中也写下"雨降，信州真田之子出仕"一句。虽然"雨降"二字让人不觉有些伤感，也让人对真田信幸的人质生活颇感同情，但在实际状况中，"骏府出仕"似乎并没有想象中那么严苛。一旦有情况，真田信幸还可以随时回到上田城或沼田城，可见德川家康对于真田信幸极尽宽容。

宽容的一方面是出于对上田战役的恐惧，另一方面也是在表示态度：希望收真田家为臣。虽然真田信幸的通称叫作"源三郎"，好像是家中的老三，但实际上却是毫无疑问的嫡长子。而且他身体健康、表现出色，也已育有男孩（真田信吉）作继承人，只要未来没有天灾人祸，基本上内定为真田家下一任家督了。把握住真田信幸，只要真田昌幸一死，沼田、上田就都会顺势归德川家所有。这样一来，即便丰臣秀吉倾向于将整个上野国许给北条家，在沼田领的问题上，也不得不照顾一下德川家的面子。

所以小松姬的出嫁也就能说通了。战国迷都比较了解，这位女子虽然容貌美丽，却也武勇异常，丝毫不让须眉，颇受其父本多忠胜与主君德川家康青睐。能够将这位女子收为女儿，进而嫁予真田信幸，也侧面体现出德川家康多么想把真田信幸乃至整个真田家把握在手。真田信幸为了实现真田、德川两家的和睦亲善，也只好休掉之前的正室妻子，迎娶小松姬。

果不其然，当北条家希望借丰臣家之手夺回沼田领之时，丰臣秀吉并没有全盘偏向真田家，而是将沼田领拆分。既照顾到了北条家的愿望，也照顾到了德川家的面子，更保全了真田家所谓的"祖先墓地"。事后，真田昌幸也不亏，他不仅继续领有上田城，还获得了信浓国小县郡附近的佐久郡、伊那郡作为补偿。

但事有变数，拿到领地不过4个月，也就是天正十七年（1589年）十一月三日，沼田城主猪俣邦宪出兵夺取真田家的那三分之一的领土，"名胡桃城夺取事件"让丰臣秀吉倍感羞辱。十二月，丰臣秀吉以违反"总无事令"为由，宣布征讨北条家，发布动员令《来春关东军役之事》，要求各路大名每拥有1000石领地就要出兵7人，最终集结了22万人的大军，并在天正十八年（1590年）二月十日出征小田原城。

其中，真田昌幸父子三人与前田利家、上杉景胜军队一同集结于信浓国轻井泽。随后，由真田信幸率领先锋部队翻越碓冰岭，击败北条家悍将大道寺政繁派遣的800人伏兵，一路杀向北条家重镇松井田城（群马县安中市松井田町）。之后，真田军又在磐根石再次遭遇大道寺军。乱战中，真田信繁率少数轻兵突入大道寺军，给敌方造成了混乱，大军趁势突破碓冰岭防线，直接攻至松井田城下。

由于受到北条军的顽强抵抗，三月二十日的攻城战遇到了极大困难。当时，丰臣秀吉主力只用了一天时间便攻陷了箱根山中城，便很不满意松井田城攻势的延误，直接指示联军建造付城（攻击城池的临时城砦）强化攻击以瓦解北条军防卫。受督促的真田军随即占领了根古屋，并于周边放火以削弱守军士气，大道寺政繁不得已于四月二十二日开城投降。

松井田城之战是真田信繁的初阵，因而长期以来被吹嘘成"战国第一兵"的华丽演出。但从现有史料来看，真田信繁出阵是事实，但表现却谈不上出色，反倒是真田信幸在战斗中展现出成熟的军略与统御能力。

攻克小田原以后，丰臣秀吉对真田昌幸、信幸父子给予了完全不同的对待方式：对于真田昌幸，丰臣家亲自发布了安堵状，以保障真田家上田城、小县郡两处地盘；对于真田信幸，丰臣秀吉却没有直接指示，而是将德川家康从三河等5国转封至武藏等7国，再由德川家康宣布将沼田领给予真田信幸，丰臣秀吉事后加以追认。西欧封建时代有言"我的附庸的附庸不是我的附庸"，虽然日本与西欧封建领主制并不完全相同，但从此举可以看出，丰臣秀吉已经默认真田信幸作为家臣从属于德川家，而真田昌幸作为大名直接从属于丰臣家。

顺便一提，虽然现代人会把战国时期的封建领主称为"城主"，而将江户时代的封建领主称为"藩主"，但这类称呼在当时并不常见，尤其是江户时代。"藩"字有"天子（天皇）藩属"之意，为了避免幕府架空天皇这一违反儒教秩序的政治形态，幕府方面并不常用"藩主"、"藩士"等词汇，只会在"配藩"里用到"藩"字。日常活动中，如果在会话或信件中要提起"沼田城主"、"沼田藩主"之时，会以地名而称为"沼田殿"，或引用官位而称为"真田伊豆守殿"。当然到了幕府末年，也可以按照汉文典例写为"沼田侯"，幕末萨摩藩岛津久光、越前藩松平春岳、宇和岛藩伊达宗城、土佐藩山内容堂便并称"四贤侯"，"四侯会议"还成为对抗幕府的重要力量。

由于称呼不存在变化，对于时人而言，时过境迁的感觉就会更不明显，所以江户时代真田家两藩分立的状态，事实上就开始于小田原征伐之后的这段时期。真田家已不再是一家大名，只不过由于真田昌幸父子三人仍然亲情甚笃，看不出来而已。日后真田信幸与真田信繁分裂，再到江户时代真田幸道与真田信利之争，再到后来沼田藩自立，都可以追溯回这个时点。

获得沼田城2.7万石领地之后，真田信幸也着手搞起检地工作。《下河田村检地账》记载了八月二十五日真田信幸对沼田地区下河田村的检地结果。此外，还记载了他于十二月十九日给"和利宫"（中之条町）、"大宫岩鼓神社"（吾妻郡町）寄进社领，并于十二月二十日给予田村雅乐尉所领安堵状。文禄二年（1593年），真田信幸对利根郡下川田村进行了检地。庆长元年（1596年）二月，真田信幸开始修筑沼田城天守阁，第二年十一月竣工。除此以外，他还大力开发新田，削减赋税，短时间内就让多年战乱的沼田地区重获生机。

从这段时间开始，由于真田信幸与小松殿成婚日久，相继生下两男两女，与德川家也羁绊日深。从地理上来看，前往上田城较之前往江户城更为艰难，也客观上让真田信幸与井伊直政（上野箕轮城，12万石）、榊原康政（上野馆林城，10万石）、平岩亲吉（上野厩桥城，3.3万石）等德川家众臣的联系更为紧密。

与此同时，弟弟真田信繁因为担任丰臣秀吉的马回众，在父亲真田昌幸之外，另有1.9万石知行领，也成为半独立大名。由于长期活跃在京都、大坂等"上方"舞台，真田信繁也顺势迎娶了大谷吉继之女为正室、丰臣秀次之女为侧室，与丰臣家文治派石田三成关系甚笃，却长期疏于与哥哥往来。

随着庆长三年（1598年）丰臣秀吉与庆长四年（1599年）前田利家相继去世，真田兄弟的矛盾终于走向激化。

犬伏相别：真田兄弟阋墙与真田信幸改名

抉择

自从前田利家去世以后，战国迷基本上都能说出后面的主线剧情：首先是七名丰臣武将派首领追杀石田三成，在德川家康干预下，成为自己独揽大权的借口；上杉景胜移居会津之后整兵备战，德川家康发难，却遭到上杉家重臣直江兼续发出《直江状》痛骂一顿。

庆长五年（1600年）六月十六日，德川家康率领福岛正则、黑田长政等五万八千兵马，一起从大坂城出发踏上征途；七月二日，大军抵达江户城，并重新编为前军（3.8万人，德川秀忠率领）、后军（3万人，德川家康率领），前军迅速出发，后军则拖到七月二十一日才继续前进。

紧接着，石田三成从佐和山城（滋贺县彦根市）跑到大坂城，在七月十七日集结五奉行与毛利辉元、宇喜多秀家两位大老，联名签署"内府公（德川家康）御违之条条"，痛陈德川家康各种违规事宜，要求丰臣家大名为丰臣秀赖尽忠。从七月十七日开始，一封封书信如雪片一样，飞向会津远征军各路大名手中。七月二十一日，这封"家康弹劾状"也由石田三成的密使千里迢迢地送到真田昌幸手中。此时，父子三人的军队正相会于下野国的犬伏（栃木县佐野市）。密信到来，使得真田父子三人立刻决定要单独会谈。

虽然酝酿了这么长时间，作了这么多铺垫，但历史上，对于"犬伏之别"的具体过程其实并没有太多的记载，与会三人都是三缄其口，从不提起这次会谈的内容。不过有一个细节却可以聊作旁证，三人会谈之前要求外人不得进入，但由于会谈时间实在太长，真田家重臣河原纲家便从旁偷看，真田昌幸看到以后大为震怒，捡起木屐就扔过去，直砸面门，河原纲家的门牙一下子被砸断。

真田昌幸的脾气虽然不怎么好，但河原纲家好歹也是多年的股肱之臣，真田昌幸如此震怒，想必三人之间应该是引发了激烈争论，而且事情并未朝着真田昌幸预想的方向去走。

对于会议的大致过程，江户时代很多杂记有所记载：比如儒学者汤浅常山所写《常山纪谈》（于1739—1770年逐步成书）中提到，真田昌幸对德川家康素来抱有二心，真田信幸却认为德川家康武勇非常，反抗肯定难以取胜；《松

「真田父子 犬伏(いぬぶし)の別れ」の地

「真田父子 犬伏密談図」
所蔵：上田市立博物館

左から長男信幸、次男信繁、父昌幸

慶長五年(一六〇〇)、天下分け目の関ヶ原の合戦を目前に控えた七月二十一日、徳川家康について会津の上杉家討伐に向かった真田昌幸、信幸(信之)、信繁(幸村)父子は下野国犬伏(現在の佐野市)に到着しました。そこで陣を張っていた父子三成から密書が届き、豊臣方に味方するよう書かれていました。この書状を受けて父子三人で話し合い、どちらが勝っても真田の家が残るよう、信幸が徳川方、昌幸と信繁が豊臣方に分かれて戦うことを決断したとされています。

その話し合いの場がこの薬師堂であったといわれており、すぐそばを流れていた川に架かっていた橋は、真田父子の別れ橋としてこの地に語り継がれています。

平成二十三年九月 犬伏新町町会

その他のお栄め歴史スポット

薬師堂から西へ進み、二つ目の信号を北に曲がって2キロほど進むと唐沢山に突き当たります。山頂の唐沢山神社にはムカデ退治や平将門を討ったことで名が知られる藤原秀郷公が祀られています。

また神社の周辺には、戦国時代に上杉謙信、北条氏康らの攻坂に度々耐え、関東の七名城のひとつに数えられる唐沢山城の高石垣なども多く残っています。

城通记》与《滋野世纪》则认为，真田信幸坚持要为德川家尽忠，真田昌幸却认为武士绝非尽忠之物，要根据时局加以选择。但无论哪种选择，都凸显出真田昌幸是多么地老谋深算，也体现出真田信幸多么地忠义无双。

每逢遇上这种事，战国迷也无疑会将真田信幸、真田信繁两兄弟的婚娶对象纳入讨论范畴：真田信幸迎娶的是德川家康的养女、本多忠胜之女小松姬，那么必须加入德川家；而真田信繁的正室夫人是西军大谷吉继之女，侧室也是丰臣秀次之女，当然要为了丰臣家而战。当然，还有一种流传最广的解读方式：真田昌幸为了延续真田家香火，便对关原双方各自下注，自己带着真田信繁加入西军，而允许真田信幸加入东军，无论东、西军谁家获胜，真田家都能得以保全——这种思路并不是现代人的新想法，早在各种真田家作品中，"父子分别"就已经是众人津津乐道的保留曲目了。

但事实上，这里隐藏着对战国日本人价值观的一个重大误解。

现代人，尤其是中国人，多以血缘为纽带，然而日本却一直是以家名乃至地区为基础。只要能够振兴家名，别说是外孙子，即便没有血缘关系也不是什么问题，养子、犹子等等制度比比皆是。相反，如果涉及家名或地区发展成败，纵然是亲生兄弟也会血肉相残。

经过天正十八年（1590年）小田原战后处理，真田家已然一分为二，真田昌幸与真田信幸不仅是父子，更是两块土地、两个不同"真田"苗字的代言人，所以真田昌幸即便是父亲，也无权决定真田信幸是去是留。

更何况，"关原之战"并不是"丰臣 VS 德川"之战，而是"丰臣文治派 VS 丰臣武功派"之战，换言之是一场丰臣家内乱。其中，石田三成、大谷吉继乃至于毛利辉元都作为文治派成员而出现，德川家康则以战功率领武功派反扑，与福岛正则、黑田长政等人都是联盟而非上下级关系。真田昌幸是丰臣家大名，他的忠诚对象是丰臣秀吉（秀赖），无论选东择西，都没有背叛主君，不会有人说三道四；但真田信幸已经是德川家臣，如果他选择石田三成，那就意味着背叛了德川家康。

捋顺这个理，后面很多事情就好说了。

两条路，愈走愈远

真田昌幸没能说服认定家康一方会胜出的真田信之，与真田信繁一起撤兵向自己的居城上田城进发。对于石田三成的招揽信，真田昌幸立刻单独回信，询问为什么石田三成不在德川家康大军离开近畿之前就说，非要等到现在。

其实石田三成第一封信只是试探，只要对方回信，无论信中说什么，都是有可能加入自己。于是七月三十日，石田三成亲笔写下11条长文，解释自己为什么没有在事前与真田家交流（因为德川家康在大坂、无法确知众将心思），告诉真田家所有在大坂的人质都由大谷吉继照顾，希望真田昌幸率军堵住德川家可能进兵的东山道，并将信件带到已被德川军重重围困的会津上杉家，形成近畿、会津双方夹击德川家康的局面。

也就在七月三十日，大谷吉继也得知真田昌幸回信，便写信给真田昌幸、信繁父子，保证真田家亲属在大坂安然无恙；然后八月一日、二日，长束正家、增田长盛、毛利辉元、宇喜多秀家等人也纷纷给真田昌幸写信，邀请真田家加入。

然后八月五日，石田三成给了真田家一个具体的许诺：只要能够帮助自己，就给予"小诸、深志（松本）、川中岛、诹访"领地；八月六日，似乎觉得不够，石田三成又在信中追加了整个信浓国东南部地区给真田家——需要注意，这几封信件，石田三成都同时写给了真田信幸、真田信繁两人，换句话说，石田三成并没有想到真田家已经分裂了。

但随后八月十日的信件里，石田三成便将收信人写为真田昌幸、真田信繁两人，有可能是已经听到了风声。信中将甲斐国送给真田家，要求真田家出兵进攻北信浓的川中岛领地，从越后国打开通往会津城之路。

这一系列信件可以看出，这段时间石田三成收到的信息十分混乱，也十分焦急，乃至于在不到5天时间里3次增加许诺领地的范围。

不仅石田三成着急，德川家康也着急。

"石治少（石田三成），大刑少（大谷吉继），别心。"德川家康也收到上方探子密报，内心混乱不已。身处几百年以后，我们自然可以大开上帝视角，清楚看出谁追随了东军、谁追随了西军，但在当时，大家都在苦恼。就在当时而言，相比于石田三成掌握着一手人质、随时可能扰乱德川联军军心，德川家康这边却很可能受到近畿、会津两方面攻击，德川家康无疑是更为苦恼的那一个。

七月二十二日，真田信幸离开犬伏，与德川秀忠军队相会于下野国古河城（茨城县古河市）。德川家康得知这一消息，在七月二十四日的书信之中写

据传为真田信之所用铠甲。

下"奇特千万"一语，又在七月二十七日写下这封书信。这封信件在后世称为《真田信之收德川家康安堵状》，收录于《真田家史料集》之中，已经成为历史一级档案："此次安房守（真田昌幸）有所别心，您（真田信幸）却能够致尽忠节，实为神妙。既如此，小县乃您父亲之地，以后尽可自行做主。"

从主观角度看，真田信幸无非是恪守武士本分，却能立刻让德川家康写下"奇特千万"、"神妙"之语，还表示将来即便没收掉真田昌幸的领地，也会原封不动交给真田信幸。这一许诺虽然不像石田三成那么露骨，却也超出德川家康这种老狐狸的一贯常识。很明显，如今知人知面不知心，真田信幸却能抛掉老爹与弟弟，独自率军来支持自己，无论是不是恪守本分，都已经是难能可贵了。

或许正是在真田信幸此举支持下，七月二十四日，德川家康在下野国小山（栃木县小山市）开展军事会议，成功将福岛正则、池田辉政、黑田长政、细川忠兴等重要丰臣武将派大名尽数留下，山内一丰甚至把自己的领地——远江国挂川城（6万石）献给德川家。

据说这段时间，真田昌幸、信繁父子为了援助上杉家而率军急行中，但途中为了确认，专程带领两名随从先来到真田信幸的沼田城。真田信幸虽没在，但父子分道扬镳的事先已传到沼田，夫人小松姬却表示："家康大人到了下野国，而安房守大人（真田昌幸）却回来了，可疑。"此一言发出，没人敢打开城门。

据《大莲院御事迹稿》记载，真田昌幸当时恳求说："只是想看看孙子的模样罢了。"但是小松姬却穿着一身战斗装束对真田昌幸说："现在我们已经是敌人，即使您是我公公都不能入城。"但就在当晚，当真田昌幸前往邻近的正觉寺休息时，小松姬竟然带着孩子出现，达成了真田昌幸想见孙子的心愿。

真田昌幸最后表示："不愧是日本第一之本多中务（忠胜）之女，武将侄女必须要如此，有这种妇人，我真田家无忧矣！"

当然，从真实历史分析，无论是真田昌幸父子两人单独行动，还是小松姬事先得知父子分别，事实上都不太可能。毕竟大军急行过程中，应该也不会有哪名武将专程跑来看孙子，上述故事肯定是之后创作。虽说是架空创作，但这篇故事却抓住了战国时代日本的一个重要价值观，那就是沼田事实上已经是一个独立王国了。

接下来，真田昌幸父子在七月底回到上田城，而德川秀忠所率军队也再度逼近上田城，时隔18年，"第二次上田之战"即将打响。

德川秀忠的真正目的

"小山评定"之后，德川家康在八月二日就率领众将离开前线，并于八月五日返回江户城，然后福岛正则、池田辉政等前锋部队就迅速开往近畿，并于八月十四日到达清洲城，八月二十一日进攻美浓国岐阜城（岐阜县岐阜市），随后德川家康在九月一日跟上——这些都是"关原之战"正面战场的事情，然而随着战国迷了解逐渐深入，黑田如水的"九州之战"、东北地区的"庆长出羽合战"、"第二次上田之战"也都备受关注。

提起"第二次上田之战"，大家都会想到德川秀忠作为东军德川家最为重要的一支力量，却被真田昌幸戏耍，恋战不退，遭到戏耍，以至于延误了赶赴关原前线的时间，险些让东军败于西军之手，这让德川家康大怒不已，一度想要取消德川秀忠的继承人身份。

大久保忠教《三河日记》也写道："将军大人（指德川秀忠）从宇都宫出发，本应通过中山道进军，却在路过真田之城时大加攻势。将军大人当时不过是22岁的年轻人，进言者乃是本多正信。"

需要注意，大久保家与本多（正信）家的矛盾后来一直延续，因而大久保忠教这一段记录也更像是把责任推给本多正信。然而事实上，传统说法存在重

❥ 德川秀忠行军路线，可以看出德川秀忠在轻井泽并没有向西南方向行动。

要误区，最重要的一点就是上田城并不在东山道，而是在通往越后的北国街道上。如果德川秀忠单纯想前往关原前线，那就应该从轻井泽往西南方向行进，但上田城却在轻井泽的西北方向，很明显，德川秀忠的真正目的并不是前往关原，而是要攻克上田城本身。

似乎没有人想过，德川秀忠率领3.8万人出击，究竟是为了什么。

德川家康在出征会津之前，曾在江户分兵一次，其中德川秀忠率领前军3.8万人先行到达宇都宫。事实上，这一部分编制在之后就没有变过，而八月底这个时点，德川家康率领的后军虽然回到江户，但他本人一直在给各路大名写信（总数超过150封），顺便观望情况，乃至于到九月一日之前，德川家康本人并没有要发起总攻，而留给德川秀忠的命令也是"防备上杉家"。

对于德川秀忠而言，他身处宇都宫前线，直面上杉家威胁，相比之下石田三成虽然也闹了起来，但仍旧是远火烧不到跟前，因而前军的所有战略都是围绕"围困上杉家"而展开。

当时越后春日山城主堀秀治（30万石）正忙于平定上杉家旧国人内乱（发动者是上杉家重臣直江兼续），一旦真田家、上杉家借势进攻越后，那么东军成员堀秀治自然会腹背受敌，真田、上杉更有可能在越后南部会师，形成一股强大的势力。所以从德川秀忠来看，进军北信浓并不在于将顺东山道，而是在于打通北国街道，为堀秀治减轻压力。

从德川秀忠出兵决策过程可以看出，他之所以攻击真田家，是因为甲府城主（21.5万石）浅野长政看到堀秀治在北部鏖战辛苦，才特意邀请德川秀忠前来。九月一日，德川秀忠率军越过碓冰岭，到达轻井泽；二日，德川军在仙石秀久带领下北上进入小诸城，距离上田城只有不到20公里距离。

最开始，德川秀忠确实想过不战而屈人之兵，真田信幸便与小舅子本多忠政一起前往上田城，真田昌幸一开始也愿意归降，真田信幸便答应帮父亲说情。根据德川秀忠一封九月四日的书信可以发现，当时真田昌幸表示希望通过出家来换取活命，但这也只是缓兵之计，最终真田昌幸还是没有投降。

就在九月四日当天，德川秀忠决心要攻击上田城，自己率军在上田城附近的染谷台布阵，同时特命真田信之为先锋攻打真田信繁把守的户石城。真田信繁不愿意手足相残，未做激烈抵抗就退入上田城中，将首功让给了哥哥。六日开始，德川军对上田城发起总攻击，城中只有不足3000人兵马。

德川秀忠为了断绝城中粮草，特地派人前去割麦，上田城则派出200人前来骚扰。德川军见状追去，凭借兵力优势追击真田军至城际，却堕在真田昌幸术中，一瞬间城门大开，真田军杀将出来；同时虚空藏山的树林里也忽然闹成一团，真田信繁又一次掘开神川大坝，夹击德川军。看敌人已然陷在混乱中，真田昌幸乘势杀出，杀散德川人马。

这一仗虽然人数有了更大悬殊，但德川军依旧遭到戏耍，好似15年前故事重演。

九月九日，德川军撤退到小诸城，这时德川家康使者到达，要求德川秀忠全速沿东山道进军美浓国，德川秀忠不敢怠慢，第二天就率军离开小诸城。实际上，这位使者早在八月二十九日就已经从江户出发，但由于多摩川大雨导致洪水，使者花了10天时间才找到德川秀忠。这在那个技术条件落后的时代也实属无奈，不过也客观上让德川秀忠未能及时赶到关原战场。

"关原之战"后，虽然德川家康一度没有搭理德川秀忠，好像是有些生气，但事后也并没有做出惩罚。当然，我们可以从传统说法出发，解释为德川秀忠内政水平出色，德川家康不愿意因为更换继承人问题引发家中动乱；也可以从新说法出发，解释为德川家康故意不让德川秀忠按时到达关原，以求保留实力。但从史实来看，由于使者晚了太多，德川秀忠知悉"进军美浓国"这个命令的时间也太晚，九月十日才出发，要求他在九月十五日之前率领三万八千人马沿着泥泞不堪的东山道到达前线，确实也是不太可能。

考虑到德川秀忠最初目的，不仅能明白德川家康为什么不处罚德川秀忠，也能理解他为什么会不杀死真田昌幸。

关原战后处理

庆长五年（1600年）九月十五日，"关原之战"爆发，靠着"关原战神"（讽刺语）小早川秀秋一次决定性叛变，靠着南宫山毛利系三家军队按兵不动，东军大获全胜。

关原战后，大部分西军家族都严重削封，东军大名则大量增加封地，以德川家康为核心的东军体系正在形成。不过在这一过程中，真田家似乎成了特例，虽然真田昌幸、真田信繁父子在上田城大举阻击德川军，也与西军核心人物石田三成关系甚笃，但战后两人却只是流放处理，上田旧领也全部交给真田信幸。

《上田军记》记载，德川家康战后曾一度要求真田信幸杀死父亲与弟弟，然后给予他整个信浓国作为封地，真田信幸为了保住父亲与弟弟的性命，放弃了这个机会——这种说法一度盛行于世，但实际上，真田信幸不仅获得上田城领地，还在信浓、上野总共加封了3万石领地。

听起来3万石似乎很少，但考虑到德川家康一直没有给谱代大名过多领地，考虑到真田家这一外样大名事实上有着谱代大名待遇（如真田家在幕府席位处于"帝鉴间"，与其他谱代大名相同），但与此同时真田信幸又没有在关原主战场立功，能加封这么多领地已然是难能可贵了。

换句话说，德川家康不杀真田昌幸与信繁，其实另有原因。

上一节早就分析过，德川秀忠之所以进攻真田家，主要目的是防止真田·上杉联合一处，而不是要扫清东山道、进军关原。换句话说在德川家康看来，真田家并不从属于"关原之战"战场，而是从属于"会津上杉家"战场。虽然德川秀忠迟到关原，但前因后果在后来一定为德川家康所知。

从实际情况看，德川家对于"关原之战"主战场的敌人都比较心狠手辣，比如主谋者石田三成、小西行长、安国寺惠琼全部判处死刑，再比如宇喜多秀家这

藏有真田家多件宝物的"真田宝物馆"。

种战场前锋直接灭封，本人甚至被流放到遥远的八丈岛，直到明治维新其后代才得以回到日本本土，可谓置之死地而后快。但只要是没在关原主战场出现，哪怕是名义总大将毛利辉元已经坐镇大坂城，哪怕是毛利系三家已经出现在南宫山，但由于没有真正与东军交战，也只是在交出石见银山以后受到减封处理。

上杉家在庆长出羽合战表现出色，接连击败最上家与伊达家，几乎成了东北霸主——但德川家康也没有灭藩处理，也如同对待毛利家一样减封处理，针对私自参战的岛津义弘，德川家也在耗了几年以后宣布免除处罚。从这一系列举动可以看出，德川家康对待真田昌幸、真田信繁本来就不会太过严厉。

当然，真田信幸在关原战后还是拜托井伊直政、榊原康政两名重臣求情，德川家康先说了一句"原谅"；但之后德川秀忠却不认可，一定要杀掉真田昌幸两人，最终真田信幸跪地威胁"如果要杀父亲，就先命令我切腹"。

从当时情况考虑，既然德川家康已经表示不过多追究，德川秀忠也不可能真的违抗父命，但既然让真田昌幸在上田城羞辱一番，也需要发泄一下情绪，对于这一点德川家康倒也是乐见其成；这个时候，真田信幸再出来跪地求饶，德川秀忠才好收回成命——这么一出有趣的折子戏演完，各方都保全面子，两相折中，结果就是将真田昌幸、真田信繁两人流放到高野山。

庆长五年（1600年）十二月十二日，真田昌幸将上田城交给了真田信幸，带着真田信繁与另外16名随从前往高野山，真田昌幸正室妻子、真田信幸之母山之手殿则得以留在上田城。一举拿下上田城3.8万石领地，加上德川家康加封的3万石领地，再加上沼田领2.7万石领地，真田信幸就成了9.5万石领地大名。

当然，为了削弱真田家势力，庆长六年（1601年），上田城也遭到拆除，直到真田家转封松代藩以后，才在宽永三年（1626年）由新的上田藩主仙石忠政重建起来。

大坂轶事

较之前半生波澜壮阔，真田信幸的后半生其实颇为乏味，除去改名为"真田信之"以外，似乎便不再与什么大事牵扯在一起。

其实从日语本身来讲，真田信幸与真田信之发音完全相同，只是更换了汉字而已。想想室町幕府开府将军足利尊氏（1301—1358年），他最早借主君北条高时之"高"而称"足利高氏"，尔后帮助后醍醐天皇平定镰仓幕府，又借天皇名号"尊治"改称"足利尊氏"，两个名字发音也一样，但换字就相当于换了主君。所以真田信之将真田家通字"幸"换掉，也是表明与真田昌幸断绝关系，乃至于三个儿子也分别叫作"信吉"、"信政"、"信重"，好像通字已经换成"信"。

不过在后来的真田家谱系之中，"幸"字并未消失，日后松代藩真田家系统下，"幸"、"信"两个通字都有人在用，而且除去第4代真田信弘、第5代真田信安以外，其余的第3代真田幸道、第6代真田幸弘、第7代真田幸专、第8代真田幸贯、第9代真田幸教、第10代真田幸民这先后6位藩主都采用"幸"通字，乃至于如今第14代真田家督仍然叫作"真田幸俊"。

在父亲与弟弟流放纪伊国九度山之时，真田信之其实曾暗中给予经济支援，也曾反复上书希望减免罪责，但后来迫于德川家压力而不得不终止。庆长十六年（1611年）六月四日，真田昌幸死去，虽然真田信幸百般恳求，但依然未能给真田昌幸办下葬礼。

这段时间里，真田信之专心于领内治理，比如在沼田领设置关所、整顿城下町、修建利根郡追贝村横跨片品川的刎桥、营建须川宿之町、更换小县郡秋和村

真田家第14代家督真田幸俊（右），现为庆应义塾大学理工学部电子工学系教授。

不称职的代官、减免小县郡·吾妻郡百姓的课役、取消农民所欠债务、制定上田领村村贯高账——通过一系列行之有效的措施，真田信之赢得了领内百姓拥戴。

庆长十九年（1614年）十月四日，幕府命令真田家参加大坂城攻伐，真田信之本想以生病为由推脱不去，谁承想幕府已经规定：如果真田信之因故不能参加，须让两个儿子信吉、信政代为出阵。不得已，真田家只得派兵前往大坂。

整个大坂战场上，真田信之方面出兵2300人，在庞大的幕府军中可谓兵微将寡。或许意识到这一点，真田信吉、信政兄弟始终跟随着本多忠政、本多忠朝两位舅舅行动，这样无论是胜是败，真田家都可参照德川谱代重臣本多家表现有一番说辞。

果不其然，大坂冬之阵里，本多忠朝因为贪杯误事，被大坂城守军击溃，真田军却因事先发现而得以保全；大坂夏之阵，悍将毛利胜永先是杀死了本多忠朝，随后更击破秋田实季、浅野长重等部，真田信吉兄弟随即表示招架不住，事后也没有受到指责。

真田信之谋反？

但大坂之战却让真田信之在丧弟悲痛之余，又迎来了另一个危机——毕竟德川家康本人被逼得几乎切腹。恰在此时，真田家忍者马场主水因侮辱领地农民之女致其自杀身亡，逃出追捕以后随即密报幕府："伊豆守（真田信之）曾在冬战之时给信繁送去援兵帮助守城，夏战之时也与信繁密谋，为了让河内守信吉与内记信政打头阵，幸村也曾特意举起信号旗。"

既然收到密报，幕府自然要查一下，于是旗本武士中村直守与朝仓宣正两

据传为真田信之所用茶碗。

人来到真田府邸。眼看一场大难即将临头，真田信之却再次展现出高明手段，他没有惊慌失措，也没有喋喋不休，只是说了这些话："我等若有反心，之前关原时期我就和父亲、弟弟一同成幕府敌人了，但我却与父亲、弟弟分袂而去，一直尽忠至今。大坂时期，父亲已死，弟弟也应邀固守于大坂城。我在应该反叛的时候（关原）不反，却要在现在反叛，如果大家都这么想，那我也没什么可说的。不如速速让我自杀吧。"中村直守立刻表示相信真田信之，德川秀忠也赞赏了真田信之的忠义。

然而事情还不算完。幕府老中本多正信、土井利胜两人又特地召集矢泽赖幸、木村纲重等4名大坂两次战役中的真田信吉家臣开会，还把马场主水其人叫来，三方对质——虽然德川秀忠说了话，但还是需要平息一下臣子之疑。

木村纲重回答道："马场主水在家中只是150石之小禄者，无权在主人（真田信吉）面前出现。而且他是不习武道之人（意指不是武士），身份上也不可能参与军事会议。"但老中依然不放过："既然是不习武道之人，为何伊豆守（真田信之）会招至麾下？"

木村纲重依然不紧不慢："虽然不习武道，这人却是忍术名人，因而招至麾下。去年（1614年）冬战之时，曾命他前去敌军阵营调查情况，但他在意图探视敌军墙内之时不慎踩到军用的丘角菱，之后脚痛而无法派上用场，干脆也让他在夏战之时留在信州。"

接着木村纲重又对在场的马场主水极尽揶揄："主水在领内作奸犯科，怕被问罪就出逃，之后没有容身之所，便用此等虚言来陷害。"马场主水听完脸色难看，不发一言，只得屈服。日后马场主水再次逃跑，数年后在真田领落网，为真田家臣小川好安所暗杀，真田信之再一次渡过难关。

御家骚动：真田骚动的前因后果

从上田改易松代

元和二年（1616年），真田信之移居上田城，将沼田领交给嫡子真田信吉继承，转而用心治理上田领地，一方面发布上田城下町法度、实施贯高制检地，同时又召集流浪百姓前来，开发新田并改建领内寺社。

这一时期，真田信之还似乎与德川家康身边的侍女——小野阿通发展出了一段地下恋情。小野阿通出生于美浓国，拜九条植家为师学习和歌。据称曾先后侍奉过织田信长、丰臣秀吉的正室北政所以及德川家康。如果这份履历属实，其年龄经历倒与真田信之不相伯仲。

但小野阿通也不是凡俗之女，她因整理改编净琉璃这种艺术形式，而成为日本木偶净琉璃的重要人物，或许这种才情才是吸引真田信之的重要武器。实际上对于此人是否存在，从江户时代一直到大正时代（1912—1926年）都很不明朗，然而在昭和初年，真田旁系发现了真田信之写给小野阿通的信件，才得以确认。

在信件之中，真田信之大量使用平假名这种"女手"来与小野阿通交流，所写之事也大多是松代城附近的名胜介绍，可见"松代殿"是动了真心。不过真田信之并未将小野阿通迎娶入家门，倒是将第二代小野阿通许配给长子真田信吉。

为什么是松代城？真田家不是在上田城么？

元和六年（1620年）二月二十四日，小松姬因身体原因前往草津养病，却在途中去世，享年48岁。得知妻子去世，55岁的真田信之悲叹："我家灯火已然消失。"（《真武内传》），随后为小松姬取了"皓月"这个法名（全名为"大莲院殿荣誉皓月大禅定尼"），并在其一周年忌日那天建立大英寺以为供养。虽然小松姬死前曾对身边人表示："差不多可以迎接京都的人（指小野阿通）了吧。"但真田信之也并未将阿通迎入。

随着小松姬病故，真田、本多（忠）两家的政治联姻关系也化为乌有。元和八年（1622年），江户幕府2代将军德川秀忠突然将战国时代村上义清所领土地——更科郡、埴科郡、水内郡、高井郡都封给了真田信之，这样真田上田藩就有10万石规模。

加封无缘无故，自然也不会没头没尾，就在当年八月二十七日，德川秀忠突然宣布，要求真田家改易到北边不远处的松代城（当时叫作"松城"，正式改名"松代城"是在1711年），领地同样是10万石。松代城便是战国时代著名的海津城，川中岛就在附近，也是武田信玄·上杉谦信的交战故地，转封给真田信幸也算是有些因缘。

关于真田家为何改易，有人觉得德川秀忠还是对上田之战耿耿于怀，进而不愿意真田信幸还在上田一带。然而从日本整体局势来看，江户幕府正在全盘调整全国270多个大小藩领，以显示自己对大名的控制能力，灭藩、减封都不在话下，能够以加封3万石为代价让真田信之改易，其实已经算是优待了。

不过，上田、沼田两城本就相距甚远，转封到松代城以后，两块封地距离进一步拉长，真田两地各自独立更加明显。

❯ 信浓国松代城遗址翻修。

"参拜幕府之时，却得封川中岛过誉之知行，松代乃北国之名城要害，将军大人能将此地托付于我，实在让我家族蓬荜生辉。"虽然真田信之给幕府回复如上，但私下里给出浦盛清的书信里却大发牢骚："我已经老迈不已，不需要什么更多之物，然而上意已定，我也只能为了子孙而遵命移居松代。"（《真田氏史料集》）

很明显，真田信之并不愿意离开世代居住的家园，似乎出于泄愤或是留

恋，他居然将检地账目、重要文书全部烧掉，还把上田城周围所有树木、石制灯笼全部搬走。在历史记载中，真田信之一直以敦厚形象出现，但据使用过的衣服、胴丸等着装，可以推测出他身高超过了185厘米，这种凶猛武将发起火来，也真是让人感觉可怖。

到达松代城后，真田信之见到了荒废已久的武田信繁之墓。这位武将乃是武田信玄之弟，在第四次川中岛之战中英勇战死，真田昌幸曾经十分赞赏，信繁名中的"繁"字据说就是取自于他。似乎是为了纪念旧主君武田家，也似乎是为了隐秘悼念自己的弟弟，真田信之特命属下为武田信繁修筑典厩寺并将其改葬。

由于信之拥有出色的筑城技术，幕府先后三次要求其参与修缮江户城。另据《滋野世记》记载，宽永九年（1632年）一月德川秀忠病重之际，真田信之还拜领了德川秀忠的遗物——白银千枚，可见德川秀忠与真田家虽然一生颇有恩怨，但在死前最终还是认可了真田信之。

然而上天似乎不准备让信之就此安度晚年，另一场危及真田家的风波再次袭来。

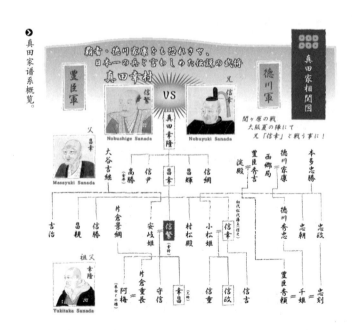

真田家谱系概览。

走向隐居与真田家动荡

宽永十一年（1634年），沼田领主真田信吉病逝，年方42岁，而嫡长孙熊之助只有4岁。不过只要有保护人，年幼之人也可以继承家业，真田信之干脆主动担任孙子熊之助的保护人，帮他治理领地。

然而4年后（1638年），熊之助也夭折了，次子（真田信利）还是幼儿，于是沼田3万石就被分成了三份——孙子真田信利领5000石、次子真田信政领1.5万石、三子真田信重领1万石，由次子真田信政统治沼田。这样一来，松代领由真田信之治理，沼田领归真田信政管辖（真田信重死后，所领划归真田信政所有）。

不过这时候，真田信之已然老迈，老中酒井忠清与松平信纲联名请求停止参勤交代，3代将军德川家光发布文书，表示"允许（真田信之）在国养生，等身体康复再行参勤"。但真田信之体力确实难以支撑每年一次往返于江户、松代，便申请隐居。明历二年（1656年），91岁的真田信之隐居，次子真田信政继承松代藩10万石，孙子真田信利（真田信吉次子）继承沼田藩3万石。

但大名隐居并不是一件简单的事，反而是有着极为繁琐的手续，直到明历三年（1657年）七月二十七日，真田信之才真的移居松代城外的柴山（即如今的大锋寺），出家号称"一当斋"，而八月十日，真田信政进入松代城。有趣的是，真田信之的祖父真田幸隆号一德斋，父亲真田昌幸号一翁——真田家法号的通字可能是"一"。

令真田信之万万没想到的是，在真田信政继任之后仅仅半年，他就于万治元年（1658年）二月五日病死了。真田信之3个登记在册的亲生儿子尽数走在自己前面，围绕新继承人的人选问题，真田家经历了一次"御家骚动"。

"御家骚动"是指日本江户时代的大名家因家督继承、争夺权力等而引起的内部纷争，这一词汇一直延续到现代，目前用来比喻企业、家族内斗。

在江户时代，御家骚动通常由各大名家自行解决，但也有可能通过幕府等外部仲裁。不过一旦幕府介入，那么轻则改易减封，重则灭藩处理，各藩大都会努力避免这种局面。

但是树欲静而风不止，"御家骚动"多源自家臣对立，家臣间为了主导权、藩政方向而造成纷争，比如谱代家臣和新参家臣的对立，比如藩政改革时守旧派和改革派的对立等等——这一次，轮到了真田家。

其实真田信政死了也没什么，毕竟死时已经62岁，在古代也已经年过花甲。然而问题在于，他的6个儿子之中，老大已经出家多年、不问世事，老二杀掉老三以后自杀，老四与老五都没有活到成年，可谓是死的死，出家的出家，只有第6个儿子目前还有点希望，这也就是后来的真田家第3代家督真田幸道，但这个儿子只有2岁。

但这里就有一个问题，虽然真田幸道刚刚出生不久，但沼田领那一边还有一个正值壮年的真田信利（时年25岁），如果真田信利继承家督之位，那么青黄不接问题就解决了。然而如果真的给了真田信利，万一以后真田幸道要是再长大了，双方就有可能出现争执，已经年过耄耋的真田信之自然不希望这种事情发生在真田家。

考虑到真田信之可能会推荐孙子信利继任松代藩第三代藩主，家臣中"上田众（川中岛众）"与"沼田众"之间产生了意见分歧。虽然真田信之想着"松代、沼田一体"，然而家臣之间还是会有隔阂，乃至于形成集团势力，进而互相攻讦。

内乱自然免不了外扰，真田信之的外孙、肥前岛原藩主高力高长提出：应该让壮年的真田信利继承松代藩。而且真田信利还有一个优势，他的母亲乃是老中酒井忠世之女，而步入4代将军德川家纲时代，大老酒井忠清正是大权在握，从任何一个角度看，这起骚动都很有可能闹大。

很快，酒井忠清也表态："川中岛地处北国要道，十分重要，右卫门（幸道）仍然幼小，伊贺守（真田信利）更为合适。"

围绕究竟由谁来继承松代藩，真田幸道与真田信利的支持者自然矛盾激化，由于真田信之支持幸道，结果拥立真田幸道的家臣占了大多数，并最终提出："如果由真田信利继任家督，我们就追随主君而死。"酒井忠清担心引发骚动，只好承认由真田幸道继承松代藩家业，为了稳住真田信利，幕府也同时承认沼田藩独立，持续了四个月的"真田骚动"终于落下帷幕。

年迈的真田信之又成了真田幸道的保护人，但此时的他已成风中之烛，无力再担负此重任了。万治元年（1658年）十月十七日，93岁高龄的真田信之病故，家臣铃木忠重自杀殉君。从"关原之战"算起，他已经度过了漫长的近六十年的岁月，他先后侍奉了德川家4代，也历经武田胜赖、上杉景胜、丰臣秀吉等著名战国武将。

真田信之的后半生可谓是一个成功的藩主和安分的幕臣，但是明治维新之后却又传出轶事，认为真田信之暗藏反德川文件。

据说，真田信之在居馆中放置一个木箱，对外宣称箱中藏有德川家康赏赐的吉光短刀，在周围常时配置四名家老彻夜轮流守卫。到了明治时代，众人将木箱打开，才发现里面放的是真田信之与石田三成通信的文书等各种不利于真田家的证物。真田信之从上田移封到松代时特别将各种文书资料烧毁，但却故意保存这些证物，可说是暗中表达对德川家的不满。轶事虽然有趣，却也无甚营养了。

沼田灭藩

据说真田信之死后，遗产高达27万两黄金，一般认为这是真田信之与小松姬省吃俭用而积蓄，然而另一种说法也认为，松代领内有善光寺，自然可以获得寺前商业街收入。据说这笔钱有15万两留在松代藩，另外12万两让真田信之带到了隐居之所。

无论如何，这笔遗产都是留下了，然而却引得沼田领的真田信利觊觎。《真田家文书》"真田幸道老臣等联署状案"记载，万治元年（1658年）十二月二十二日，就在真田信之刚去世不久，真田信利就向大老酒井忠清询问如何处理这27万两遗产。

针对这件事，重臣协议结果是将松代藩15万两由真田幸道继承，而针对隐居所12万两，真田幸道作为家督也可以全权处理，但会与一门亲族相商议。得知这一消息，真田信利表示可以放弃15万两松代藩遗金，但另外12万两要尽快分配。

不过最终，幕府还是要求27万两遗金都留在松代藩，一点也没有给真田信利。

真田信利之所以如此强求遗产分配，其实是他本人铺张浪费：他不仅在沼田小城修建了5层天守阁，同时还将江户藩邸大加重修，一番折腾当然剩不下什么钱。

在真田信利看来，他其实也很冤。本来他才是真田信之长子真田信吉之子，自觉应该继承家督之位，但最终却让真田信政一系的人抢去（当然，也要考虑真田信政是小松姬之子，真田信吉并不是）；真田信之死后，他也觉得遗产应该分自己一部分，可到最后什么也没剩下，自然心理不平衡。

于是他决定：彻底与松代藩决裂。

宽文二年（1662年）开始，真田信利在沼田领内大举检地，制作新的检地账。一般来说，检地都倾向于往少申报，这样在幕府登记的石高就少，赋税自然也就能少很多下来。哪怕伊达政宗在仙台藩已经开垦出近100万石实际石高（实高），乃至于有"仙台百万石"之称，其登记石高（表高）依然记作65万石，剩下地区的产出就全归自己。

然而真田信利却反其道而行之，沼田领表高为3万石，他却提出自己已经开发出14.4万石。沼田当然不可能有那么多产能，却又需要按14.4万石报出产能，真田信利便只能靠着剥削老百姓来完成，搞得民怨沸腾。

但总体来说，日本农民由于长期受到重税煎熬，其实再加上数倍剥削也并非不能忍受。如果不是因为延宝八年（1680年）一次台风，情况也不会恶化。当时真田信利受幕府命令改修江户城两国桥，便委托木材商大和屋筹集，然而由于台风刮来，利根川、片品川泛滥流出，木材也大量流损，便错过了天和元年（1681年）十月的最终交付期。

恰好同时，台风引发水患也让沼田藩出现大饥荒，经济状况逐步恶化，沼田藩77个村子便联合起来，派遣乡民杉木茂左卫门上访幕府。据说他一开始想直接进入大老酒井忠清宅邸但被赶了出来，后来他把诉状放在轮王寺的纹箱之中，故意忘在了茶店里，希望茶点老板帮忙递交。所谓轮王寺地处日光山（栃木县日光市境内），幕府初年的政治僧侣南光坊天海（1536—1643年）曾担任寺庙住持，与祭祀德川家康的东照宫、二荒山神社等并称"二社一寺"，在德川家政治思想体系中具有重要位置。

茶店老板看到了，便帮忙递给5代将军德川纲吉。一边是未能完成任务，一边又有领民上访，天和元年（1681年）十一月，幕府以治世不良、耽误工期为由把沼田藩彻底灭藩。五年之后（1686年），幕府将杉木茂左卫门处以磔刑，又过了两年（1688年）真田信利去世，享年54岁。就在真田信利去世当年，幕府改元元禄，而著名的元禄文化也随之开始。

恐怕谁也不会想到，围绕沼田城搞出来将近100年的恩恩怨怨，却会以这种形式落下帷幕。

尾声

宝历五年（1757年）八月，6代藩主真田幸弘任命恩田民亲总揽真田松代藩财政职权。当时，松代藩正因大水侵城而陷入困境，被迫向幕府借款1万两。

据说在着手改革之际，恩田民亲召集妻子仆从："既然到了这个地步，以后不要说谎，还要缩减生活开支。吃饭只有米饭和汤，衣服就是棉布衣。我不会强迫你们，你们也可以离开这里。"此言一出，所有人都誓言接受朴素诚实的生活。恩田民亲一方面把地租改为货币形式的月交制，另一方面严禁地租征收官吏敲诈与受贿，取得很大成功，其改革成果也为后人整理为《日暮砚》一书。

也许是因为工作繁忙和粗茶淡饭的作祟，恩田民亲于改革启动五年之后（1762）突然离世。但由他启动的改革却由他的妹夫等人延续了下去，松代藩发展到江户幕府末期，甚至还产生出了佐久间象山等才俊。

由于真田幸弘曾患结核病，他的11个孩子（5个儿子、6个女儿）里，除去2名女孩活下来以外，全因结核病而死，只好迎立彦根藩主井伊直幸之子担任7代松代藩主；但真田幸专也没有子嗣，于是迎立宽政改革主导者松平定信之子为8代松代藩主，是为真田幸贯。由于血脉替换，真田家也从外样大名提升为谱代大名级别（谱代格），但真田家血脉也已然灰飞烟灭，幕末松代藩主真田幸民更是宇和岛藩主伊达宗城之子。

不过除去松代与沼田，真田信繁（幸村）的骨肉也在江户时代存留下来。真田信繁共有11个孩子，大坂夏之战后长子自杀，次子大八与4个姐妹便依托于伊达政宗逃往奥州，成为仙台藩士，所谓"仙台真田家"就此肇始。

真田大八出仕伊达家之时，曾有一段时间冠以真田之姓，但因担心幕府对其家世进行调查，就将姓名改为片仓守信，成为现在宫城县藏王町俸禄360石的仙台藩士。

虽然真田信之、真田信繁兄弟很早就分道扬镳，但史料记载，在1673年，3代松代藩主真田幸道曾与片仓守信之子真田辰信会面。至于见面机缘，则是因为真田幸道要迎娶宇和岛藩主伊达宗利之女，当时真田幸道拜访了该女子监护人伊达本家府邸，据说在宴席上两人终于见面。

仙台真田家也靠着过继养子一路延续到幕末，9代家督真田幸欢（1824—

1887年）曾担任仙台藩主伊达庆邦的小姓，后奉命学习西方炮术，庆应二年（1866年）开始主持幕末藩政改革，庆应四年（1868年）1月成为新政府若年寄，主持军队事务，但在征伐会津藩之时突然抱病而归，未能继续旅行职务。进入明治年间，他一度担任学校教育方面的职务，晚年则以研究和歌为乐。

作者/潘越

赤备VS赤备

武田、真田与井伊之传承

赤备是日本历史上曾经存在的将"军器"全部统一为赤色的部队、军团，但这个定义其实只是大致的原则而已。实际上我们基本可以认为，历史上从来没有一支"赤备军团"。

起源篇：从武田赤备扩展开来

赤备军团之诞生

首先让我们从定义开始说起。"赤备"，是正式进入日本语辞书的特定名词，简单来说便是日本历史上曾经存在的、将"军器"全部统一为赤色（红色）的部队、军团。"备"，是日本古代军制中实施作战行动的一个基本独立的战术单位，如果以近代以来的日本陆军打比方的话，基本相当于一个"联队"，当然在战国时期各阶段、各分国、各家族之间"备"的作战人员数、武器配备情况、主要作战方式等等都是有差异的。而"赤备"的定义，即如下这样一支军团：以甲胄为首、其次是旗帜、骑马用具、刀枪等武器，还有"母衣"（下文将介绍）、"阵羽织"以至作为将领指挥道具的"军配团扇"，理论上在这支军团之中将以上林林总总的"军器"全部都涂染成赤红色，以达到

> 基本可确认曾属于武田家大将山县昌景手下同心众笔头，广濑将房所使用的：最上胴丸：甲胄。此古老甲胄以赤色和青色混合，证明从属赤备军团并无甲胄必须通体赤色的规定。

表现自身强悍精锐、鼓舞军兵之旺盛士气的效果。

　　但是，虽然提出了以上有关"赤备"的定义，却必须马上给读者泼一小盆冷水——这个定义其实只是大致的原则而已。实际上我们基本可以认为历史上从来没有一支"赤备军团"——无论打的是武田、真田还是井伊的旗号——曾经真正做到过把所有的武器装备、从头顶上的"旗指物"到小腿上的"胫当"，通通都统一为朱红色，毫不掺杂色的。相信诸位读者都在日本史诗电影"影武者"、"天与地"以及其他许多文艺作品中，见识过如此形象的赤备军团，以至于现在很多人一想起武田及真田、井伊军队，脑海中就浮现出一片红。事实上，赤备军团中各个武士、足轻的战斗用具或多或少都有所差异，存在着各种各样的色彩——例如黑色、金色等等。也许有人"阵笠"是红色的，但"具足"并非红色，而另外有些人则反过来。作为"赤备军团"整体而言，掺杂一些杂色是无关紧要的，只要敌军在远距离看到这个军团全体的色调呈现出"赤红"，目的就已经达到了。德川幕府麾下，号称"井伊赤鬼"的井伊家军团，其甲胄装备系统性遗存至现代，井伊家臣世世代代为其家主服务并以拥有赤备军装为荣，然而调查这些遗存的甲胄装备即可知混入杂色是完全允许的。由此我们可以想象，在战国时期武田军、真田军直接以赤色装备上战场作战（而非数百年来井伊家系中的摆设物），要想做到彻底统一实在是接近不可能的事情。

　　在一支战国时期的军队中，只有对于大名来说是真正嫡系、精锐的军团，才会给军团中的武士及足轻阶层发放一部分的武具装备，正是有这样的前提条件，才可能做到在发放的武器装备上做到尽量统一颜色。对于一个战国时期的足轻来说，他所需要的除了刀、长枪、弓箭、火绳铳中的某一种或多种武器以外，至少还需要以下装备：上身穿用阵羽织、下身穿用"股引"，小腿上以"脚绊"绑住"胫当"，头上戴"阵笠"，护身用"足轻胴"甲胄（战国时期以"当世具足"类型的居多），还有"打胴袋"（杂物袋）、火打袋（打火工具）、药袋、兵粮袋、麻布、鼻纸、水壶、镰刀、绳索……最后睡觉需草席、走路需草履。如上所述精锐军团的足轻也只能领到这一大堆武具装备中的一部分，当然以最重要的武器和防护用具为主，而非精锐军团的足轻们自然只好"自备"以上一切——"武装自备"发展成为普及政策，例如土佐国长宗我部家的"一领具足"就很有名，相似的还有三河国山岳武士的"一领立"等等，足轻全面自发动员是战国时代普遍现象，也是小国日本涌现出大量军队的根本原因，本文限于篇幅不做深究。

　　总之在这样一支大多自备武装的部队中，当然会发现这个缺、那个少，视觉上更是五花八门。更有甚者，你很可能还会看到许多足轻士卒近乎全裸站在阵列当头的位置——任何难以管束纪律的军队中，赌博都是成风的。很多好赌的士兵很可能在战斗前夜仍在疯狂聚赌，输光了一切装备包括甲胄在内，除了一把镰刀（或锄头）和早上一个饭团。战斗开始后这些看似乞丐的家伙将成为"狂战士"，要么自己死、要么杀死敌方士兵然后剥下死者甲胄，把昨晚失去的赢回来。战国时代遗留下来许多大名武将的战场管理文书，三令五申要禁绝赌博，但这实在是办不到的事情——然而正是在这样的"乌合之众"面前，大体上能够做到令行禁止、整体视觉上赤红为主的精锐军团滚滚而来，才会具有强烈的威压感——当然在赤备军团中也会有老兵油子输了盔甲、近乎赤裸地杀奔敌方，不足为奇。

　　虽然定义上来讲"赤备"意味着将林林总总的"军器"都统一为赤红，但作为士卒身上占面积最大的装备——甲胄，自然是表现军团统一色的重中之重。又因为战国时期武士、足轻身上所穿用的甲胄以"具足"为主，因此赤备甲胄便得到带有特定含义的"朱具足"之名称。当然在具足甲胄出现并普及于日本古代军队之前，赤红色的更早期甲胄已经出现在历史上了，不过早期的记载都比较模糊。比较有力的赤红甲胄记载出现在室町幕府中期或战国早期，作者不详、记录将军足利义政时代的《应仁别记拔书》中有这么一段记载："金吾身着赤系朱实之具足，虽老却甚为身轻，踊跃出至庭前，人皆称勇将无可当者。"

　　"赤系朱实"，也就是说这套具足的各个部件是用红色线绳编缀起来，而且具足当面也涂上朱漆。另有"军战记"中将使用红色线绳编织的甲胄称为"绯威之铠"（"威"这个字在日语中的发音通"系"）。不过在后来赤备军团所装备的具足上，是否使用"绯威"即红色线绳并不重要，因为只要具足当面涂上红漆，使用其他颜色如青色的线绳并不影响视觉效果。因此我们可以说，"朱具足"的标准即在于其当面涂漆以赤红色为主色调。进入战国时代之后各分国各地方狼烟四起，在自己的装备上追求标新立异者层出不穷，朱具足自然就成为一股时尚潮流。例如《关八州古战录》中就有这么一段记载："松田孙太郎康乡……于坂东闻名之刚健者，常好朱具足，戴金色鹿角之兜盔，数度粉身死战，惊他人之眼，异名北条家之赤鬼是也。"

　　一位北条家的武将，因为喜好穿戴朱具足，连后世通常用来称呼井伊军团的"赤鬼"这个外号都已经得到了，并且为了更加突出视觉冲击力，还在头盔上加装了金色的鹿角，大家可以想象一下这样一个穿戴无比华丽又凶猛异常的武将杀到面前，一般人都会被吓得脚软吧。

　　还有来自《三州一向宗乱记》的一段记载："石川新九郎身着朱具足，手持金色团羽（扇）指物，由本道退却之时，众人追而呼喊：即有如此华丽之武者身姿，请返回决一胜负。"

　　也就是说，在战场上穿着朱具足，就是向敌我双方表明自身勇悍无比、有进无退之意，当这样一位华丽武将想要"转进"的时候，就连敌方都会感到非常不满——胆小鬼你穿这么漂亮干什么。

　　在赤色甲胄称为时尚流行之后，它进一步成为勇悍将卒的标志物。当然也不限于甲胄，在战场上涂上了赤色的一切东西都可以作为荣誉标志。例如有记载道，武田信玄的部将板垣信方，经常在战斗之后邀请立下战功的手下共同进餐，给手下使用的餐具就是朱色涂漆的食器，只有在没有朱漆器的情况下才使用黑色涂漆的，由此可见朱赤色代表着更高规格的奖赏。由上杉家保存的一支全部涂成朱红色的长枪，据说是由鼎鼎大名的前田庆次郎所使用，确实也符合他"战国第一倾奇者"的形象。据说前田庆次郎前往投奔上杉家（受到直江

相传为前田庆次郎所使用的紫线朱漆五枚胴具足甲胄，现藏于米泽市（上杉家旧地）博物馆。作为喜欢招摇的人，拥有近似朱具足的甲胄也是很好的自我表现手段。

兼续的推荐）时，便持有全赤色长枪，而上杉家中的猛将水野藤兵卫、宇佐美弥五左卫门、藤田森右卫门等便去找直江兼续抱怨，说非善于武道者不得持有"皆朱之枪"这是规矩，这个刚上门的小子何德何能啊？直江兼续善于走钢丝，干脆来个平等对待，你们和庆次郎都用赤枪得了。庆次郎果然不负期待，在1600年会津出羽合战中上杉军败于最上、伊达联军的危急时刻，率领殿军打退追击的最上军，洋洋自得而称"枪法第一"。

综上所述，关于"赤备军器"可以得出三个论断。第一，赤备军器的精神奋发作用，能够促使武士以及武士集团尽力取得超越其实力的战功。将士以使用朱具足和朱色武器为荣誉标志，使他们不易在战场上被一时逆境所摧垮，坚持勇往直前。第二，赤备军器在视觉上的突出性，使得小股军队容易被错认为大军。在《井伊军记》中便记载曾效力于武田信玄的老将们介绍赤备如何对敌军造成视觉心理冲击，而这种心理冲击在战场上往往直接导致胜利。第三，军器颜色的单一化，用黑色不够引人注目，但使用金色、银色等又过于华丽乃至于给人以轻浮感（并且同样成本高昂）。使用统一的赤红色，有助于培养士卒质朴刚健的风气。

当赤备军器成为立下功勋者的荣誉标志，那么为一支精锐的、富有荣誉历史的军团整体配备赤备军器，从而使其成为赤备军团，也就顺理成章了。这与前述某个武士自备朱具足、"皆朱枪"等等的例子不同，较大规模的统一装备赤备军器是有相当大成本压力的。在日本，红色涂染所用朱漆是从辰砂矿中提取出硫化水银进行制作的，然而其大部分需求量还是要通过从海外进口原材料来满足，其价格当然相当昂贵。战国中期，拥有雄厚实力的战国大名纷纷崛起，赤备军团也就呼之欲出了。

武田家老之赤备军

甲斐国（大致即现代日本山梨县）武田军的军事制度，至其灭亡之时也还停留在未实行兵农分离的中世状态。武田家主是这个"武田共和国"的共主，统治中枢是围绕于共主身旁的御亲类一门众、谱代宿老众，后世所传"武田二十四将"基本囊括了这个中枢阶层的主要将领，如武田信繁、武田信廉、穴山信君、小山田信茂、饭富虎昌、板垣信方、甘利虎泰、土屋昌次、原昌胤、秋山信友、马场信春、山县昌景、三枝守友、高坂昌信、内藤昌秀等等。与之相对的则是随着武田军的征战而不断新投入其帐下的外样众，还有在各地具有方面军性质的先方众，真田信隆、信纲、昌辉率领的真田军团属于北信浓先方众的领头者，而小幡信真军团则是与之接邻的西上野先方众的领头者。这一套可以不断扩大的编成体制，事实上在信玄之父信虎时代已经基本确立，然而作为夺权上位者，面对甲斐国内外风起云涌的形势，信玄必须要实行一定程度的改革。

信玄执政早期并没有表现出特别卓越的军事才能，而才能的缺失又直接导致其威信不足、对于战场控制力的缺乏。1548年，信玄率领武田军主力部队进军信浓小县郡，与村上义清军团在"上田原合战"大败亏输，板垣信方、甘利虎泰、初鹿野传右卫门等老将战死，信玄本人负伤，之前数年攻略信浓所获领地基本丢光。1550年，信玄在打败小笠原长时之后再度进军小县郡对决村上军，强攻户石城不克，撤军时遭受尾追攻击、队伍崩溃，横田高松等战死（称

此朱具足虽然具体使用者不明，但明确是由武田宗系川窪家传来。川窪家在江户时代恢复武田家号，同时将家中所藏甲冑进行了复原，不过是否按照战国时期旧赤备甲冑的样式进行了复原就不得而知了。无论如何，此甲冑充分展现出武田赤备军的风采。

"户石崩")。随后，新投入信玄帐下的真田信隆使用暗中收买等策略手段，使得难以攻克的户石城突然落入武田军手中，从而扭转信浓攻略的局面。以上两个失败战例中，信玄对于麾下部队掌控力不足成为致命弱点，"上田原合战"中各位老将不听号令孤军深入，遭村上军包围击败，户石攻城战后采取撤退行动时则是各军慌乱，最终夺路而逃。

随着信浓攻略总体形势的向好，信玄终于积累起威信加强军队掌控力，同时也不断汲取经验教训、完善自身的战略战术思想。孙子兵法名言"疾如风徐如林侵掠如火不动如山"被写在大旗上，信玄将之树立在作战指挥的旗本中央。武田军必须要做到在战场上绝对听从号令，不得擅自为抢功而孤军突出于整体军阵之外，亦不得在撤退时丢盔弃甲、乱阵而逃。为此信玄需要有精锐军团作为可以依靠的中流砥柱，全军跟随精锐军团之进退而进退。正如中华之虎贲、御林军，西方之所谓"不死军团"、近卫军，近代之"铁军"、"王牌军"，世界军事历史上赫赫威名之精锐军团总能起到鼓舞全军士气、树立优秀榜样的作用，赤备军团亦不例外。不过赤备军团并非信玄原创。在其父信虎时代的武田军编制体制中，已经存在一个军器统一赤色的军团，这也是明确记载最早的赤备军团，即号称"甲山之猛虎"的侍大将饭富（兵部少辅）虎昌所率领的三百骑"饭富之赤备"。在饭富虎昌之后，各种史籍记载武田军中赤备军团将领还有四人：山县（三郎兵卫）昌景、内藤（修理亮）昌秀、浅利（右马助）信种、小幡（上总介）信真。曾有史学家找出信玄写于元龟三年（1573年）所写文件，认可武田信丰（信繁的次子）所率军团赤备化。这件事有可能是真的，因为信丰之妻就来自于掌握西上野赤备军团的小幡家。不过有关信丰赤备的记载除此之外皆无，也找不到实物证据，关键问题是各种资料记载信丰军团至武田胜赖时期便统一为黑色装备了，因此只得将其略过。以下对上文所提四位将领逐一介绍。

传说饭富虎昌的祖上是源满政后裔之养子，至甲斐国立足，因此也是甲斐源氏家系。虎昌本人在信虎时代是武田军进攻信浓佐久郡方面的先锋，不过信虎允许虎昌麾下先锋军团使用赤备具足的具体时间和原因已不可考。驱逐信虎事件中，虎昌是晴信（信玄本名）拥护派的核心，随后在攻略信浓的过程中越发表现杰出，天文十一年（1542年）因濑泽合战之功，虎昌被任命为信浓佐久郡内山城之主。后来虎昌更成为三百骑侍大将，信玄长子义信之守护人，等于宣告虎昌在武田军将领中"笔头"之卓越地位。饭富赤备军团由其率领参加川中岛合战为主的历次武田军对外作战，功勋无数，但是在川中岛合战结束之后，信玄打算转换战略矛头指向南方衰落中的今川家（受织田军桶狭间合战的打击而衰落），却发生前因后果并不明确的信玄长子义信的叛乱事件，而虎昌也被卷入其中，永禄八年（1565年）受牵连自杀而亡。关于饭富赤备军团三百骑在其自杀后的去向，《甲阳军鉴》有如下记载："饭富兵部三百骑同心被官，弟饭富三郎兵卫得（其中）五十骑，改名为山县三郎兵卫，以其兄兵部（虎昌）御成败（告发令其自杀）之永禄八年，如此饭富兵部人数二百五十骑之去向，百骑交由木曾殿，经木曾而至坂垣，百骑交由跡部大炊助，被下五十骑进与逍遥轩（武田信廉）。"

山县（三郎兵卫）昌景原名饭富源四郎，饭富虎昌之弟，作为信玄身边近习与其一同长大，初战于信浓伊那郡攻略作战，因率先攻克神之峰城等战功，很早就被认为勇武不在兄长虎昌之下。永禄六年（1563年）源四郎升任一百五十骑侍大将，并改名三郎兵卫。《甲阳军鉴》中记载了义信秘密走至虎昌宅邸中商谈暗杀信玄阴谋，被昌景暗中听到，随即向信玄告发，导致整个阴谋被事先铲除的故事。故事本身虽然显得过于戏剧性，总之昌景继承了山县家名，又得到了自杀的虎昌遗留下的赤备军团中五十骑，同时也升任三百骑侍大将。至于这三百骑的组成，是否就是原先隶属其本人的150骑加上虎昌的50骑然

❀ 饭富虎昌画像。

❀ 山县三郎兵卫昌景，歌川国芳作画作。

后再加上新兵呢？还是说木曾义昌、坂垣信安、跡部胜资、武田信廉得到的250骑中后来又回到了昌景手下，以组成与最初无异的赤备军团？这个就无从考证了。总之木曾、坂垣、跡部、武田信廉虽然也是武田军中重要将领，但其后史料中没有称其为赤备军团的记载。山县赤备队就是饭富赤备队的正统继承者。

对德川家康经历进行实录的《东照宫御实纪附录》中，明确有"山县是为赤备"的记载。家康对于山县赤备队存有深刻印象是理所当然的，因其一生最大的、几乎丢了性命的败仗众所周知是元龟三年（1572年）的"三方原合战"（另一次家康几乎要丢命的时刻就是大阪夏之阵面对真田信繁队的突击，不过那当然并非败仗），武田军中突击最为勇猛的便是山县赤备军团。身背旗指物上画黑底白桔梗、身着朱具足的山县赤备军团，与侧翼秋山信友军团一同将德川旗本杀得七零八落，家康极为狼狈、仅带数骑逃回滨松城。家康对于山县赤备勇猛身姿的印象之深，还可以通过另一件事证明，在武田家灭亡之后，德川谱代家臣本多信俊（他作为远江国滨名城主曾挡住信玄的进攻）请家康为其刚出生的儿子赐名，而家康竟以敌将之命赐之——本多山县（成年后得名信胜）。"三方原合战"一年后，信玄便去世了（传说临死前遗言"明日将旗立于濑田"于山县），武田家在胜赖继位后开始走下坡路，终于在天正三年（1575年）长篠合战惨败。当时作为武田信丰指挥下右翼主力的山县队，猛攻对面的德川军大久保忠世队，虽初战小胜但随后伤亡大增，据说最后昌景被敌军铁炮队密集射击、全身中弹无数坠马战死。

在此还需要对"相备"的概念进行介绍。前文已述，信虎时代最早的古赤备即饭富赤备队已经存在，饭富虎昌已经是三百骑侍大将，山县昌景继承其位也是三百骑侍大将，但战争推进到永禄、元龟年间，其规模与过往相比已不可同日而语，动辄上万军兵厮杀的战场上三百骑是不能满足昌景这个级别将领之作战兵力所需的。"相备"顾名思义就是辅助部队，围绕作为主力的侍大将、足轻大将的直辖部队执行战场任务。举例来说，真田信隆在投奔武田家、积极参与北信浓攻略的过程中，其正式身份就是尼饰城（海津城修筑完成前武田势力在北信浓的主要塞）主将小山田虎满手下的相备众。信玄非常欣赏信纲的能力，经常对其做出指示，但这些指示文书几乎都是先交于虎满再转交于信纲的，也就是说作为"方面军司令"虎满对于相备众的控制几乎是绝对的。至于"山县队相备组众"，史书上各处的记载总结下来，有以下这些相备队组成：

朝比奈骏河守150骑、大熊备前守30骑、相木市兵卫80骑、奥平美作守150骑、菅沼新三郎40骑、菅沼新久郎30骑、三浦右马助40骑、三浦兵部20骑、孕石水主20骑、小笠原扫部大夫100骑、下条伊豆守150骑、松冈新左卫门50骑。

加上山县直属本队达到了1000余骑。在已经实现足轻大规模动员的战国时代，所谓"一骑"的最小作战单位，大多数场合下已不区分武士和足轻。武士当然拥有五六名随从是正常的，而足轻作为"武装自耕农"上战场时通常也有两三名随从。所以山县赤背军团总计有数千人，但相备众的成分多为先方众等当地武装团，短时间将之全部动员并在某一合战战场上全数投入几乎是不可能的。所以推论山县军团在战场上一般总兵员数两三千人左右，这也符合各方面文献的记载（当然另一方面那些随从基本是打杂助威的谈不上有战斗力）。也正由于相备众的各地方面军之性质，他们也就很难与山县直属本队一样保持统

❷ 这幅画作中是武田家中两位富于智谋的将领：内藤昌丰（秀）与山本勘助。

一赤备军器，何况这样做成本也太高。因此在战场上，杂色的相备众簇拥着赤备本队进行作战，赤备队冲锋一往无前将带领整个军团冲锋陷阵，信玄重视赤备武装建设的本意也就在于此。

同样阵亡于长篠战役的武田家老将中，内藤昌秀麾下也拥有赤备军团（过往一般称"内藤昌丰"，近年研究确认实为"昌秀"）。其人原名工藤源左卫门尉祐长（继承内藤虎贞遗留下之家业、改名为内藤昌秀是在1568年），其父虎丰因向武田信虎直谏而被杀（内藤虎贞同样被杀），源兵卫与其兄长门守一同逃出甲州。信虎被驱逐之后回到甲州，天文十五年（1546年）被信玄任命为五十骑侍大将。《甲阳军鉴》记载信玄曾对担任近侍的昌秀道："修理亮之弓取无人可及，亦需超越常人之功绩。"昌秀不负期待，第四次川中岛之战中信玄本队已被上杉谦信军冲击动摇的危急时刻，夜袭妻女山扑空的武田别动队急行军赶来救援，内藤队一马当先杀入上衫军阵中扭转局势。这次最大规模的川中岛合战之后，信玄开始实施西上野攻略，《甲阳军鉴》记载永禄六年（1563年）二月昌秀成为箕轮城主、总管西上野军政事务，不过由此可看出《甲阳军鉴》总被人指摘各种不严谨处可不冤枉，上野名将长野业盛一族被消灭、箕轮城落入武田手中实际上是永禄九年（1566年）的事情。《上野长年寺古书集录》中有昌秀成为箕轮城主的明确记载，并且信玄还将归顺的长野家旧部二百骑交于昌秀麾下，加上最初配备50骑与后来加赠50骑，昌秀也成为三百骑侍大将。

更重要的是在这份《上野长年寺古书集录》记载内藤昌秀麾下从这个阶段开始，模仿小幡信贞队而建设赤备军团。这着实是很有趣的事情，因为小幡家在配合武田军实施西上野攻略的过程中成为其西上野先方众的领头者，但地位显然低于属武田谱带家老系的内藤家。笔者推测内藤模仿小幡而成为赤备军团，就是为了让武田家本军的水准相对外样先方众更高，就算是外观上也必须如此。由此引发作为信浓北部先方众领头者的真田家也开始模仿建立赤备军团，关于此事后文详述。昌秀也率麾下赤备队参加入侵骏河、远江等一系列作战行动，并同样在三方原合战中取得优异战功。长篠合战中内藤军团与山县、原昌胤军团同属武田军左翼，《甲阳军鉴》记载武田军败退时内藤与马场信春（过往一般称"马场信房"）一同回身再战，掩护武田胜赖本队撤离，两位老将都奋战至死。

前文提到武田家四位赤备军团将领中还有一位属于谱带家老众的浅利信

名为"胸取基石头伊予札二枚胴"的朱具足，目前由个人收藏的古式朱具足。虽然此朱具足曾属于谁的情况一概不明，然而其头盔两边：小吹返；上的：六曜，图案等，表明其确为战国时期作品，是当时朱具足样式的典型。

种。浅利家同样是甲斐名门，《甲阳军鉴》记载信种被任命为一百二十骑侍大将，率领赤备军团转战于信浓、骏河等，西上野攻略过程中担任过箕轮城主代理。至于浅利军团是在何时、出于何种考虑而建设成为赤备军团已经找不到明确的史籍记录。信玄为牵制北条家而在永禄十二年（1569年）实施关东机动作战，攻打小田原城后撤离途中遭北条军于三增峡前后夹击。三增峡合战在信玄指挥的历次合战中最能展现其卓越指挥艺术，同时也证明此时武田军在攻防两方面都达到极高水准，如此不利状况下沉着应战、化不利为有利，最终打败北条军。然而信种却在此战与北条氏照、氏邦所部交战过程中被流弹击中，当场阵亡。作为阵中军监的曾根昌世临时接过浅利军团的指挥权，保持阵型稳定继续奋勇作战直至胜利，由此亦可见赤备军团的作战韧劲。不过家主信种的阵亡到底令浅利家陷入不利境遇，箕轮城交于内藤昌秀之后相备众也被划走一半交于土屋昌续。继任家主的浅利昌种在武田家灭亡后投靠德川家，配属于本多忠胜帐下，地位很低，德川家臣本多重次曾道："过往于武田家中备受尊敬的浅利殿如今成为本多忠胜配下，竟坐于松下一党与向坂一党之下，常见之而思可悲也。"此后的浅利家当然就没资格拥有赤备精锐军团了，并很快消逝于历史长河中。

长篠合战导致武田家主力部队的全面溃败和惨重损失，也导致武田"旧赤备"自此跌入黑暗深渊。作为武田家老众的赤备军团将领山县昌景、内藤昌秀皆于此战阵亡，浅利家此前便已没落，我们对赤备军团足迹的追寻将转向北方的信浓（大致相当现代长野县）、上野（大致相当现代群马县）。

模仿小幡赤备的真田赤备

上文提到内藤军团是转战西上野的过程中，模仿当地业已存在的小幡家赤备队而建立起来的。小幡赤备队在长篠合战中同样遭受惨重损失，其悲惨场景明确记载于《信长公记》中："第三阵，西上野之小幡一党朱武者，接过进攻势头杀奔而来。关东众马上之巧者，又以'马入'之阵，打太鼓猛攻而来（中略）遭铁炮猛击，其中过半倒下，无人挺立，败退而去。"

这实在是对于长篠合战中武田精锐军团在织田、德川铁炮军团面前遭遇悲惨失败的最直观描写，令我们立即联想起黑泽明大师《影武者》片尾，武田赤备骑兵发起决死冲锋，被一阵阵的弹雨打倒在地、战马死前嘶鸣的场景。不过《信长公记》这本书主旨在于宣扬织田信长战无不胜、算无遗策，联军铁炮军团在此战中无疑发挥了很大的作用，但这作用是否达到了单凭铁炮定乾坤的程度，是很难下定论的——毕竟长篠合战从早晨一直打到下午二时武田军才崩溃，如果只是织田、德川方面放几排火绳铳就解决了问题，显然用不着打这么长时间，同时不能解释联军方面的死伤者也达到了6000余人。关于争论激烈的长篠合战本文不做深究，总之《信长公记》中这段文字很容易让人将赤备队与"马上巧者"即精锐骑兵部队联系起来，进而演化成为后世"赤备队就是全副朱赤涂装的重装精锐骑兵"的印象。文中所谓"马入"之阵，一般解释为武田军以骑马冲锋阵型强突入敌军阵中将之冲散的战斗方法，但因为长篠合战之设乐原战场实际凹凸不平、难以发挥骑兵速度优势，以及大量火绳铳射击的巨大声响在山谷中回荡导致马匹受惊（这是21世纪初日本历史研究学者提出的观点），最终使得此战术以彻底失败告终。

西上野小幡氏以甘乐郡小幡乡为领地，信真（也称"信贞"或"信定"）之父名为宪重，拥立上杉宪政成为关东管领之时立功，在上野境内与长野氏并为双雄。天文末年遭遇叛乱、无法回国，父子亡命投奔于武田信玄。得到武田军助力，于永禄四年（1561年）恢复旧领地，其后小幡军团参加箕轮城围攻、骏河攻略、小田原攻略、三方原合战等，均取得卓越功勋。武田家对于小幡军团极为器重，另其以甘乐郡为中心团结周边国人众形成一个大军团，《甲阳军鉴》记载其兵力达"骑马五百骑"，即超越各御亲类、家老众而成为武田军中最大规模之军团。这个数字当然很值得质疑，根据《群马县史》，甘乐郡周边在江户中期的石高总共只有5.5万石左右，根据《日本战史》中小田原合战时每2万石动员千人左右标准，小幡家可动员武士、足轻连同打杂的随从在内不会超过3000人，其中有战斗力者不会超过1000人。尽管"骑马五百骑"多半有吹嘘的成分，但从内藤军团来到西上野之后模仿小幡赤备这一点看，小幡家确实很善于给自己"打广告"，夸大兵力是一种手段，宣扬"关东众马上巧者"又是一种手段，他们建立蔚为壮观的赤备军团以加强宣传效果也是顺理成章的事。而与他们相距不远的北信浓真田军也开始明了赤备军团的宣传效果。

长篠合战中小幡信真麾下赤备军团与御亲类众之武田信丰（上文提到其麾下当时也是有名的军器统一色军团——"黑备队"）、信廉军团一同配属于中军位置，可见其在武田军中的重要地位。此战大败之后，小幡赤备军团的威名也就不再见于文字，武田家灭亡后信真率家族降于织田信长派来的管领泷川一益，本能寺之变后又迅速改换门庭投靠北条家。至此小幡家的轨迹与真田家似乎没什么差别，但小幡家此后便一直仰仗雄踞关东八州的北条家，直至迎来天正十八年（1590年）丰臣秀吉发动的"小田原之役"。直到最后一刻小幡信真才看清楚形势，在小田原城投降之前先跑了出来向德川家康表示降服，而西上野的小幡领地留守部队也基本不做抵抗、开城投降。战后信真回到上野国，暂时接受井伊直政的领导（当时直政入主箕轮城），甘乐郡旧领地被德川家康没收之后，干脆就投奔真田昌幸并隐居，1592年去世。由于小幡家的消亡，遗存至今的小幡家朱具足都数量稀少，也很难完全证明其原先的主人就是小幡家。

至此，我们已可从小幡赤备队向真田赤备队继续追寻的脚步略知一二，但在此之前，需辨析清楚"赤备队就是全副朱赤涂装的重装先锋精锐骑兵"这个观点。如上所述"备"是一个基本战术单位，只有到了战国时代后期才出现了以火绳铳足轻为战斗主体、其他武器辅助的潮流，此前一直是以长枪（及配合的各种长短武器）、弓箭士卒等作为战斗主体，而骑兵的任务往往是战斗前实施侦察或示威、战斗大局已定时对逃散敌军进行追击。无论涂装色是"赤备"或是"黑备"，总之规模庞大至数百骑集合的"骑马众"必定不是常用的战术单位，兵农未分离的体制下在一片领地内只动员骑兵也是办不到的。现在许多资料仍主张饭富虎昌的赤备军团全部由骑兵组成并传承于山县云云，实出于江户时代军法家的纸上谈兵，不可当真。但反过来说，领地上产马数量较多、自古以来精于马术的战国大名，命令军阵中的"马回队"、"骑马众"寻找敌军薄弱点、毅然实施突击从而打开突破口，实施这种战术的机会显然更多一些。将《甲阳军鉴》中御亲类众、谱带家老众、信州先方众等各部将名下所写的马匹数合计，竟然达到了9340匹！简直是要令偌大一个北宋王朝哭泣的数字，完全不可能是真的，但至少从侧面说明武田军的马匹装备数应该很多，对织田、德川造成相当大的心理压力。

在决战三天之前，德川家康写给家臣石川数正、鸟居元忠的信中道："先前所说工事营造之事……（防马）栅等一定要万分加以小心，不得令（武田军）一匹马打入进来。"前文引用《信长公记》中武田攻势"第三阵"小幡赤备队的英勇攻击，应注意的是"又以'马入'之阵"攻来的描写。攻势第一阵是山县昌景军团，第二阵是武田信廉军团，第三阵说"又以'马入'之阵"，也就是说昌景、信廉用的也是"马入"突击战术。武田军面对敌众我寡、后路难保的局面，孤注一掷想要凭借此战术先冲破联军阵型以求打开局面，但遭遇当头一棒、攻势受挫之后，整场战役的胜机实际已经失去。武田军中"马入"战术的存在、其在长蓧合战中开场攻势中使用遭遇失败，以及整场战役中各赤备军团的惨重损失，这些结合在了一起，使得后人终于将武田军临时抽调编组来使用"马入"战术的突击部队与平常存在的赤备军团等同起来。它们不是一回事，但武田赤备军团与武田骑兵的威名，又确实是同时在长蓧设乐原的血泊中荡然无存了。

热播大河剧《真田丸》第四回，已经降服于织田信长的真田昌幸向德川家康询问，向信长献上什么礼物较为合适，家康回答信州自古为良马产地，当然送马最合适，于是昌幸长子信幸（日后改名信之）恭敬献上一匹马。骑马队突击当然不是赤备军团的专利，但武田、真田、井伊赤备军团善于骑兵武装、突击战术的特征都给对手留下过深刻印象，并与其朱赤军器的统一形象结合在一起。因此对于真田赤备，也要从真田与骑兵之间的联系谈起。

　　信浓国小县郡真田乡，位于山地环绕的上田盆地一角，面积不足40平方公里。自大化革新时代起很长时间信浓国府就坐落于小县郡（后移至筑摩郡），平安时代以"马上武者"为战斗主力的军事体制注定在国府附近存在附属的养马牧场——称为国牧，而位于信浓国府背后的真田乡一带就是国牧所在地，至今留下许多相关地名如"牧之平"等。真田家记载其祖先是来到信浓经营国牧的大伴氏（北信浓豪族基本都要和大伴族拉亲戚关系），这个氏族在平安时代初期已经颇有名望，至镰仓时代演化出滋野氏分支海野氏又成为小县郡首领。直至室町幕府末期，海野信浓守栋纲之子（另外还有幸隆乃栋纲之子幸义的女婿后成为养子等等多种说法）幸隆（又名幸纲）于真田乡立业（据说最初只在真田乡西北的洗马城落脚），遂成为真田氏之祖（据说"真田"是献所产稻谷给当地护佑牧场的山家神社的"神之田"之意）。真田一族显然依旧保持着马匹牧民的特性，18世纪初《甲石之乡指出账》虽然是后来江户时代的纪录文献，其列举数字也可清晰表明当地养马之盛：真田村的户数有128家，人数747人，马匹数字达到72匹。天文十年（1541年）来自甲斐的武田信虎联合村上义清、谏访赖重入侵海野平，海野氏败亡的同时当然真田幸隆也扛不住，逃亡于上野国。幸隆对于依靠渐失威望的关东管领上杉家来恢复旧领失去希望，干脆投奔驱逐了信虎的往日敌人武田晴信（有传言幸隆甚至谋杀了不同意这么做的海野栋纲）。如此经历与同样失去领地、投奔信玄的上野小幡氏是很类似的，

❥本伊予札二枚胴朱具足，传说是小幡信真所使用的朱具足甲胄，上绘有小幡家纹。具有桃山时代古式朱具足的特征。目前由个人收藏。要证明其确为信真之物是很难的。

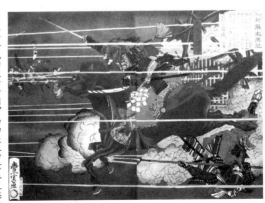

❥长篠合战的最后时刻，马场美浓守信春发起决死突击，最后壮烈战死的场景。歌川丰宣画作。

可见信玄海纳百川的人才政策。

真田幸隆成为信玄麾下将领，首先担任的是外交疏通工作，利用其人脉说服信浓各地方豪族（与真田家多少都有些亲戚关系）归顺于武田。得意之作便是武田军"户石崩"惨败后仅半年，凭借金钱魅力和幸隆的策略工作使户石城一夜之间落入武田手中，进而得到信玄赐还真田旧领1000贯地，并以户石城为居城，光大一族。幸隆为表明门户改换之意，将过往使用的海野氏"月轮九七曜"家纹改为"六连钱"家纹（征战时所用家纹）。"六连钱"也称"六道钱"，"六道"则是佛教中地狱、恶鬼、畜生、修罗、人间、天上，死者棺内放入六道钱即渡过三途川之资，作为武士家纹的含义即"不惜身命"。幸隆率长子信纲、次男昌辉跟随武田军四处征战，三子昌幸（一度过继给武藤家）则成为信玄身边的近侍随从。真田军团在上野攻略中有很大贡献，那么是不是在这一过程中开始采用朱具足等赤备军器？如果能够明确这一点，真田赤备也可归属于"旧赤备"系统，但至今没有发现有关此事的明确史籍记载。我们可以判明的情况：真田信纲旗帜是黑色，并非赤色。而昌幸之子信之（信幸）作为江户时代松代藩的鼻祖，其家族内珍藏至今、据说是其年轻时所用的具足甲胄也并非是朱具足。

永禄四年（1561年），幸隆携子信纲参加惨烈的第四次川中岛合战（作为小山田虎满相备众、夜袭妻女山别动队的成员）。其后武田军攻略转向西上野，幸隆辅佐信玄于永禄六年（1563年）奇袭夺取西上野要害岩柜城，并受信玄委任进驻该城，防备上杉军反扑。永禄八年（1565年）攻克岳山城，幸隆成为吾妻郡代，翌年终于攻克箕轮城、灭亡豪门长野氏，西上野落入武田手中。真田家这一时期的任务除了配合武田军作战，还要以岩柜城为中心，团结西上野地域内的国人众共同聚集于武田帐下。取代渐渐老去的父亲，信纲成为岩柜城代时已经是二百骑侍大将。幸隆、信纲父子与同样归属武田帐下的西上野豪族小幡信真之间自然存在许多交流，《真武内传》对此的记载是："一德（幸隆出家后法号一德斋）自进入箕轮城开始，其后在甲州同样，真田、小幡（两家）如同（车之）两轮，交往深厚而熟知。"

发展背景相似、地理上又接近的真田、小幡两家既然交往很多，那么小幡赤备军团的华丽军装给真田军留下深刻印象，由此真田军开始引入部分赤备军器进行装备是毫不奇怪的。但说到底，这一时期的真田赤备军团建设即使已经开始

据传真田昌幸曾使用过伊予札二枚胴朱具足。头盔简化到接近现代战士钢盔的形态，可见更加侧重实战。护面具的薄铁锻造技艺凸显出相当艺术化的效果，而且与前文中传为小幡信真所用朱具足比较，可见非常相似。真田军模仿小幡军采用赤备装备的可能性是很高的。

了，也必定是不完备、不充分的，所以至今缺乏文字以及实物上的确凿证据。

　　武田信玄开始实施南下骏河攻略时，信纲、昌辉（领五十骑）两兄弟已经与山县、马场、小山田、小幡、内藤并列为开路先锋，至关东三增峡之战时三男昌幸（此时名为武藤喜兵卫）也参战（作为马场军团的旗本检使）并表现英勇，战后获得信玄表彰，很快升任足轻大将，领骑马15骑、足轻30人。真田军团（可能由信纲率领）在三方原合战中也取得卓越战功，随后真田幸隆似乎是追随主公信玄一般，于天正二年（1574年）去世，信纲继任家主，接着便是天正三年（1575年）的长篠合战。信纲、昌辉所部归属武田军最右翼的马场信春指挥，在马场军团的冲锋遭遇挫折之后，真田军团继续勇猛向前、打破第一段防马栅，但在第二段防马栅前的激烈战斗中信纲、昌辉皆负伤，被迫撤退途中为阻挡追兵返身再战，双双战死。昌幸只得恢复真田姓氏、继任家主之位，迎来武田家灭亡后的动荡危机。经过一连串令人眼花缭乱的外交策略、改换门庭，天正十三年（1585年）真田家终于因为土地割让问题与德川家康闹翻，德川大军进攻上田城却被击溃，史称"神川合战"（"第一次上田合战"），真田军威名震天下，仿佛令人胆寒的武田军再临。而就是在这场神川合战的末尾，"新赤备"井伊军登场了。

定军篇：井伊军成为连绵不灭的赤备军团

井伊军团崛起之路

与武田军中各赤备军团在史籍上存有只言片语，真田赤备则当真只能让人雾里看花不同，井伊赤备正史文字俱在，朱具足、朱军器实物藏品丰富，可以说现代史界对赤备进行了解，只能是从井伊赤备开始，然后去推导武田、真田赤备的模样。对于井伊赤备的起源，史实细节不太重视、但是大局上还算值得信任的《甲阳军鉴》是这么说的："井伊兵部之备成为赤备，缘起于家康，闻信玄（军中）内一等家老，尽得弓矢赞誉之山县继承其兄饭富兵部，成侍大将而得赤备队，其后浅利，此倾（近年）上野西方之小幡亦成赤备，少许其余之色无之，具足、指物不用多言，鞍蹬马鞭亦皆为赤色，照此指令（中略）井伊兵部如同武田之家老山县，照其弓矢模样如件。"

这一段内容丰富的记载，总结武田旧赤备从饭富继承至山县，后增加浅利、小幡军团，由家康亲自指示井伊直政按照山县赤备模样建立属于德川军团的赤备队。从武器到马鞭都统统是赤色、不含丝毫杂色，大致只是作者写作的夸张，又或者是当时德川、井伊如此对外宣传。更有可信度的《东照宫御实纪附录》是这么说的："甲斐之一条、土屋、原、山县各组者等，编组付与井伊直政，犹如山县昌景之赤备华丽在世，直政之备皆成为赤备。"

被井伊收编的原武田家旧将士大致分为四组，即原先属于一条、土屋、原、山县军团者，这其中也只有山县是赤备军团（当然也是最老资格的）。山县昌景早已阵亡于长篠合战，其麾下将士四散者想必众多，显然山县的威名对于德川军、井伊来说是很好的宣传道具。最后是井伊家的《家谱》，记载井伊麾下部队是在天正十年（1582年）冬季得到家康直接命令，将兵器、甲胄统一为赤色的。此时距当年三月织田、德川联军发动"甲州攻伐"、迅速灭亡武田家只过去了大半年时间，当年六月即发生本能寺之变信长横死，羽柴秀吉迅速撤回军队并于天王山之战击败明智光秀，召开瓜分织田领土的清洲会议，至年末时秀吉与柴田胜家之间的对立已非常尖锐，双方准备大打出手。天下大乱的局势也波及刚刚经历武田灭亡的武田家旧领地，关东各方势力反复结盟、背叛、互相争夺，史称"天正壬午之乱"。信长死后，长期甘居"小弟"角色的德川家康终于扬起争夺天下人宝座的野心，试图尽快平定旧武田领地，最好的方法就是尽量吸收武田家旧将，同时努力学习其军法、政略，安抚人心，借早已闻名天下的"赤备"树立军威。为什么德川家康要挑选年轻的井伊直政成为德川家赤备队首领呢？

在江户时代，井伊直政被尊为德川四天王、德川十六神将、德川三杰之一，后两个头衔不去说它，世间最为知名的是德川四天王（模仿佛教的四天王），即酒井忠次、本多忠胜、榊原康政、井伊直政，稍微想想便可知直政能够与另外三将并列实在是太了不起了（德川三杰头衔甚至还去掉了酒井忠次）。本多氏、酒井氏是代代效忠于松平家（德川家康改姓前）的谱代家老，榊原氏至少也在康政祖父清长那一代时便移居三河，效忠松平家。从年龄上看，1582年时忠胜、康政已经35岁，酒井更是已经56岁步入老年，而井伊直政

井伊直政公出世之地碑，位于静冈县浜松市北区引佐町龙谭寺内。

只有22岁——直政却比忠胜、康政更早去世。在堪称短暂的人生中，直政留下"开国（建立幕府）武勋第一"之功绩，留下德川幕府代代仰仗、传承至今的"井伊赤鬼"军团，岂不令人赞叹？

井伊家根据地在远江国浜名湖畔井伊谷（现静冈县滨松市引佐町井伊谷），与后来家康建造以对抗武田军的滨松城相距不远。进入战国时代，骏河国今川家很早便崛起为战国大名，一代雄主今川氏亲攻略远江国时作为国人众的井伊家遭受重创，从今川义元成为家督时起井伊家便开始臣服帐下、成为其先方国人众。义元发动尾张攻略时，当时的井伊家主直盛是与松平元康（后改名德川家康）一道从骏府出发的，桶狭间合战义元被织田信长率军突袭杀死，作为义元本队一部的直盛回军救援不及、反遭包围，也被杀死（一族要人、重臣被杀达16人）。直盛的养子直亲继承家主位，眼见今川家江河日下，可能开始与宣告独立的松平元康联系。直亲之子虎松（直政小名）出生后的第二年（1562年）今川氏真发觉直亲不忠迹象，以谋反罪名处死直亲，导致虎松的幼少时期是在到处东躲西藏乃至入寺出家中度过的。今川家在武田和德川夹攻下败亡后，家康将虎松找出来复归井伊旧领地（同时改名"万千代"），并收他为身边小姓，对自幼丧父的万千代来说家康等同于第二个父亲，据说他也曾在护卫家康住所时斩杀前来暗杀的武田忍者而立功。天正三年（1575年）长篠合战时，万千代仍然只是家康旗本中一名少年护从，由于家康旗本此战并未直接上阵，万千代只是望着武田军无数次冲杀而来、败退而去，包括旗甲鲜红的山县队、小幡队、内藤队在内无数将士血染设乐原。在战线对面，同样没有直接上阵、战败后即逃亡的胜赖旗本中，当时名为武藤喜兵卫的护从也只能眼睁睁看着两位兄长真田信纲、昌辉相继战死，两个人的命运都被这场大战彻底改变了。万千代初阵是在翌年（1576年）德川军与武田军在远江国芝原发生冲突时，有立功表现。天正九年（1581年）三月，武田军之要塞、与德川军之间反复争夺的高天神城终于被德川军攻克，此战中万千代曾派遣忍者潜入城中切断其水源，功绩甚高。

天正十年（1582年）是武田灭亡、本能寺之变、天王山之战、甲信各地纷争陆续发生的激动之年，万千代也正是在这一年22岁元服（如此晚的宣告成人年纪成了后人传说直政是家康"童宠"的主要证据），改名直政并与家康养女成亲。家康交于直政的第一项重大任务，是与趁着武田灭亡也来分一杯羹的北条家谈判达成和平协议。北条家自然对于家康派来闻所未闻的小伙子进行谈判万分惊诧，但直政如此年纪便表现出政治、外交高超手腕，圆满达成和平协议的缔结。家康立即又把安抚甲斐、信浓诸多旧武田领地人心安定、吸收旧武田家臣建立赤备军团的任务交于直政，此任务虽带有军事色彩、实质是高度政治性任务。旧武田家臣向家康效忠而提出的《天正壬午甲信诸士起请文》有800人左右联名签署，其中"甲州四手"74人后归于直政赤备军团帐下。德川家对投靠者的回报，自然就是战国时代大名首领向地方上的豪族、武士颁发的"本领安堵状"，统计在天正十年这一年当中，家康发出的宛行状及安堵状总计达177件，而其中以直政作为奉行人署名——也就是说这一部分实际是直政借助家康的名义发行——达41件，在家康帐下当时18位奉行人中是最多的，第二位本多正信只有30件。本多正信也是松平谱带家老，本能寺之变后家康紧急返回三河根据地的"伊贺翻越"正是由正信策划的，他可以说是家康一贯最为信任的老智囊，后来德川家移至关东、初步规划建设江户城都是由正信负责的。直政在此紧要时期活跃程度比正信还高，足可令人惊异。

圆满完成任务的直政当然要获得奖赏，家康将其领地封于骏河国安倍郡鹰峰，石高4万石。我们要注意的是家康对于谱代老臣的封赏是极为吝啬的，"关原之战"后本多忠胜、榊原康政、本多正信都没有得到加封！此时总石高不过百万余的家康能够给直政四万已经很出格了。在直政的新领地上，一批批的旧武田家臣、关东浪人等纷至沓来，还有家康手下数位将领归入其帐下：木俣清三郎守胜、西乡藤左卫门正员（正友）、椋原治右卫门正直等等。这些将领兵卒不断加入的同时，旌旗甲胄一切军器也逐步统一为赤色。笔者以为，井伊赤备队的这一建立过程，同时也是德川势力兵农分离政策渐次推行的过程。本文主旨在于赤备，对于兵农分离政策无法多费笔墨，总而言之，这些原有领地并不在远江国的关东武士大量前来加入，使得德川家组织体系中一贯的身份称呼"组头、小头、组下"变成过去旧武田、北条家通用的"与力、同心"等等。"与力"也可以写作"寄骑"，实际上是室町幕府时期"寄亲、寄子"制度残留下来的称呼。虽然听上去是名称复古了，但"与力、同心"至江户时代成为幕府职务名称，幕藩体制下的"奉公人"（幕府公务员）之起点便是家康在武田家灭亡后大举招人。所以直政堪称是家康手下"公务员秘书长第一人"，这样我们才能充分理解为何井伊家在江户时代数百年间都居于幕府高位、享尽尊荣，绝不仅仅出于"井伊赤鬼"的军事功勋。

前文已述，投入直政帐下的旧武田家臣被称为"甲州四手"，即一条、土屋、原、山县四组，《宽政谱》记载其人数为74人，其余关东处士（浪人）43人。《年谱》将后来北条家被灭亡后也来投奔者加入，总计达到170人。《天正壬午甲信诸士起请文》中的数字则是：山县众57人，原众47人，一条众72人，土屋众72人。各文献人数不同是很正常的，这些人于不同时期、通过不同渠道加入直政帐下，自然造成统计差异。一般认为在天正十年直政开始招人工作之后，率先加入的是土屋众，其他三手之众其后陆续加入。对于建设赤备军团特别重要的"山县三郎兵卫同心众"57人，记录在案的名字排名在前的是：广濑美浓守、三科传三、石黑将监、石原五郎右卫门、藤堂新兵卫、天川宫内助……各文献还有不少归类差别，例如《天正壬午甲信诸士起请文》中属于土屋众、一条众者，在《年鉴》中则归为山县众，如向山久兵卫、初鹿野金兵卫等等。原因大概是旧武田家的军事组织是古老的寄亲—寄子—被官制，但属于中下层的寄子、被官并非固定不变而是经常流动的。在这里还必须要提到一

❥据传是井伊直政16岁远江国芝原初次上阵时所使用的包韦佛二枚胴朱具足。此时距离直政奉家康之命建立赤备军团还有几年时间。此珍贵的甲胄现由个人收藏。

❥由井伊直政身边重臣木俣清三郎守胜所使用的桶侧二枚胴朱具足。这是井伊赤备军团大将朱具足甲胄的典型，各种家纹、装饰图案相当华丽，樱形钉甚至是镀银的。木俣守胜从井伊军团组建起便是直政的左膀右臂，木俣军团一直荣任井伊军先锋部队。

点，上文所说家康一年中发出宛行状及安堵状总计177件，其中以直政作为奉行人署名达41件，但比照之后没有一件是发给投奔直政帐下"甲州四手"众当中的任何一个人的。也就是说，这些宛行状、安堵状是用来安抚仍然停留在兵农未分离状态下的甲、信地方豪族，前来投奔的"甲州四手"众已经在战乱中失去了过去拥有的"知行地"，没有生活来源的他们必须要靠出卖膀子力气以求生存了——即成为获得俸禄的佣兵。

兵农分离制度，其实说白了就是不再让武士停留在自己拥有的土地上，靠金钱赏赐等手段将他们雇佣来长期为自己卖命。过去的"地方武士联合共和国"，转化为更现代的"跨国雇佣制武士公司"。对于公司总裁德川家康来说，年轻有为的井伊直政就是新组建的尖子部门担当经理，由他全权负责招揽最合适的人才充实部门，开拓新事业。笔者使用这一套现代词汇只是为了让读者对当时军政各方面制度变革感受更直观，而绝非为证明数百年前日本就搞出了什么先进制度——300年后推翻德川天下的萨摩岛津军实际仍出于古旧的"外城制"（武士分散居住在乡下领地）、"门割制"（数户农民以"一门"单位持有土地），照样把德川军打的魂飞魄散。但在天正年间，井伊麾下实行新制度的赤备军团才是真正的精锐。

井伊直政年少成名

时局不等人，井伊赤备军团的锻造必须在战争烈火中完成。天正十一年（1583年）三月，羽柴秀吉动员六万大军于贱岳之战击败柴田胜家、织田信孝，在胜家携妻阿市自尽的熊熊烈火中，秀吉已奠定"天下人"之雄厚实力，随后便将攻略矛头对准占据织田老根据地尾张、伊势国的织田信雄。德川家康鉴于唇亡齿寒，决定与信雄结盟抵抗秀吉。此时秀吉所占领土石高已达600万石，动员军队数可达十余万，而家康只占有三河、远江、骏河、甲斐、信浓五国，石高只在130万石左右，且人心未定，例如真田昌幸仍盘踞信浓上田城、背叛了武田家的木曾义昌仍盘踞木曾谷（后来也再次反叛德川并取得妻笼城合战胜利），因此家康动员军队数远不及秀吉。《年谱》记载其兵力为本军25000人，加北条援军共35000人，而《甲阳军鉴拔书后记》则记载其总兵力为43000人，参考其后家康投入与秀吉对抗的兵力，前一个数字更可靠。《年谱》和

《甲阳军鉴拔书后记》关于井伊军团记载完全形同，可互为验证：组建时间相当短的"井伊兵部少辅直政"麾下部队称为"别动队"，其兵力达到10000人。对于德川旗本、其他部将的兵力数字记载虽各不相同，总之都没有达到10000人，也就是说井伊所指挥的赤备"别动队"占德川军中最大份额，比家康亲自指挥的旗本兵员数还要多。领地4万石的井伊为何能领有这么多部队？这个问题放一放，先分析井伊军团在此阶段的组织架构。尽管德川军总兵员数是《年谱》记载更可靠，但关于井伊赤备军团这一时期的组织架构则只在《甲阳军鉴拔书后记》中有记载，简要抄录如下：

山县众90骑 宿老：广濑美浓守、三科肥前守、石黑将监、石原五郎右卫门
原众90骑 宿老：根津乡左卫门、柏原平兵卫
土屋众60骑 宿老：和田新左卫门、深田十左卫门
信州 松冈刑部120骑
骏河众 30余骑
远州井伊谷三人众 管沼次郎右卫门45骑、近藤登助20骑、铃木平兵卫30骑
三河同心众30骑

加上其他零散编组者，如跡部大炊助10骑、曾根下野64骑等等，总共达1254骑。名单中有不少人是过往武田家中相当重量级的人物。如领有10骑的川窪（河窪）新十郎信俊，属于武田支系、旧领地在甲斐国山梨郡川窪乡，其本人是信玄的侄子（其父信实是信玄的弟弟、信虎的第十个儿子，信实在长篠合战中是鸢巢山据点守将，被酒井忠次杀死）。信俊后来官至伏见城御番的大番头（相当于伏见警备队长），一直活到江户时代宽永年间（去世76岁高龄）。领有20骑、足轻30人的驹井政直，武田时代守卫骏河重要据点深泽城，属于武田信政三男信盛的系统。同样领有20骑、足轻30人的三枝平右卫门昌吉，其父是武田旧臣三枝虎吉，昌吉后来在大阪之阵中担任井伊军的旗奉行。领有45骑、足轻50人的屋代左卫门卫秀正，原为信浓屋代城主，神川合战时固守虚空藏山、击退上衫景胜军势。还有武川众是过去"甲州九众"之一，津金、小尾众出身于甲州北巨摩郡豪族，知久众出身于信州伊那郡知久乡等等。

因为德川幕府和井伊家数百年大肆宣扬直政旗下编入山县众，即成为饭富、

山县赤备正统继承者，因此也有天下三兵部（饭富兵部、浦兵部、井伊兵部）或者干脆就是两兵部（饭富、井伊）的赞誉。但通过以上井伊军团成分来看，不说井伊谷三人众、三河同心众与直政的关系肯定更加亲近，那些零散编入者如川窪、驹井、三枝等等原先的身份也绝不低下，这就使得井伊军团呈现出与过往武田"旧赤备"显著不同的特点。过往饭富、山县本队300骑采用赤备军器，而归入其指挥系统的另外数百骑相备众却并非赤备，或者说有可能小部分赤备化而已。但是在井伊帐下不能这么做，大家都是亡命天涯投奔远州，只给井伊谷众或者只给山县众装备赤备军器，必被视为没有一碗水端平，立刻会闹出乱子。家康给直政的指示很明确，就是整个军团上下全部赤备化。我们可以想象一下，一千两百余骑武士再加上足轻等等，总计10000人左右的大军团一片赤红，简直如同天际红色战云滚滚而来，此壮观景象哪里是旧赤备可堪相比！

《年谱》和《甲阳军鉴拔书后记》都记录井伊赤备军团在德川军中的部署方式是在家康旗本之后、全军的殿后位置，但"别动队"这一称呼又表明井伊军团的任务绝不是后卫，而是发挥士卒精锐、善于机动的特点，根据战场形势离开本军成为"游击部队"，实施对敌军侧翼或后方的大胆穿插、突然攻击之行动。机动性高这一特点会令我们联想起过往武田军的"马入"骑兵团冲锋战术，井伊军团中骑兵所占比例很可能高于其他友军，不过分析井伊军团参与的历次战役，可以很明确骑兵团冲锋战术并没有成为其常用、主要的战术（当然对旧武田军来说也是不常用的）。事实上随着火绳铳足轻的数量在各大名军队中都呈现几何级数增长，骑兵冲锋战术受到的限制是越来越大了。但更多的骑兵装备令井伊军团可以更为机动灵活，迅速出现在敌军意想不到的地方发动猛攻，虽然并不意味着井伊武士会直接骑马冲击敌军坚固阵地——如同长篠合战中武田军的错误战术。总之，虽然直政是一名作战经验并不丰富的年轻将领，但其手下各路人马多为百战老兵，只要能捏合成形，战斗力绝对强悍。统一装备赤备军器正是为了迅速将其捏合成形，家康对其巨额投资是需要有回报的：在战场上井伊军团将成为家康手中的杀手锏，是在关键时刻甩出去、决定命运的王牌！

井伊赤备军团的组建从天正十年（1582年）冬季开始，不到一年半之后的天正十二年（1584年）三月，秀吉与织田信雄断交并入侵伊势国，将信雄驱逐至尾张。池田恒兴倒向秀吉，在森长可的配合下攻向小牧山，家康果断出手，

❷ 在建立赤备军团之后，井伊直政所使用的桶侧二枚胴朱具足，与上文木俣清三郎守胜所用朱具足很相似，但在尺寸上是井伊家历代朱具足中最大的，非常气派。头盔上装饰物：天冲，右边部分折损（这个看似威武的东西在战场上是很容易折损的，所以基本只在平时戴上）。此朱具足后来直政赏赐给了石原主膳吉次，如今收藏于井伊美术馆。

令酒井、榊原率5000名精兵突袭击退森长可，开始与秀吉争夺天下之战。数日之后，秀吉率领本军30000人由大阪城出发，加上支队池田恒兴、森长可、堀秀政、三好秀次（此人后来成为秀吉的养子又被秀吉强令自杀了）等达到70000人以上，而对面家康的兵力只在两万左右（其中还有信雄的部队）。为了攻打三河冈崎城（家康的老家）断德川军的后路，秀吉任命外强中干的秀次为大将，率领16000余人的兵力朝三河攻去，四月九日秀次突然起意、开始攻打途中本不重要的岩崎城，虽然将其攻克、杀守将丹羽氏重，背后德川军却追了上来，于"白山林"奇袭秀次令其溃不成军。随后双方援军向长久手方向集结，接近中午时分开始进行此次合战中最大规模战斗，德川军右翼中枢为家康旗本3300

人，左翼中枢即为初次参加大战的井伊直政3000人。战前家康或许是对经验明显不足的直政有所担心，曾向其写信进行面面俱到的战术指示，其内容也可体现旧武田将卒在井伊军团中具有重要地位，例如：木俣（守胜）、松下（清景）二人均为宿老，应将其所部列为后备，以稳定军心。曾根下野、远山丹后、今福和泉三人均为原先信玄麾下临战经验丰富者，由其指导军配（具体指挥事宜）就不必担心了。下发刀胁差数百、金子若干枚作为战场上奖赏所用，因（直政）身边由甲州、信州来者均有信玄家风（信玄一般会带很多赏赐品上战场，得胜之后立即发赏毫无拖延），原则上身份低下者赏金子，身份较高者赏武具（刀、甲胄等）。凡此种种，可见家康本人对于旧武田军各项制度均很有研究，并对直政能否顺利指挥旧武田系军兵有所担心。而直政以实际表现交出满意答卷。

长久手之战开打没多久，羽柴军左翼的森长可遭榊原康政铁炮队射击命中阵亡，令其士气大挫。羽柴军右翼（即面对德川军左翼）的池田元助（恒兴长子）、辉政（次子）所部四千军兵突见眼前一片红光，井伊赤备三千军兵杀奔而来！当头一员将领正是直政，虽身材并不魁梧，一张脸看上去似乎仍是少年，其身上朱赤甲胄威风凛凛，兜盔上竖一对鬼角前立、手端长枪、勇不可当！池田军团很快被砍杀至七零八落，元助被安藤直次杀死。在羽柴军左翼池田恒兴也战死，辉政的手下见势不妙、劝辉政道其父兄都已脱离战场，遂带领池田残部逃跑了（捡得性命的辉政日后成为百万石大名、修建姬路城），其主力均为井伊军消灭。长久手之战德川军左右两翼立下最大功勋者，分别是榊原康政与井伊直政，"井伊赤鬼"名号当即传遍天下，威震江湖！

其后秀吉、家康为先将各自周边势力平定，均不愿意继续大规模交战，于是和谈与小规模冲突持续至天正十三年（1585年），秀吉已经官至内大臣（年内更升任关白、翌年得赐姓丰臣）并铲除杂贺党，又与家康结亲并送上人质（秀吉之妹旭姬和老母大政所阿仲），在此之间还发生了家康亲信石川数正投奔秀吉事件（迫使德川军法革新为武田军模式）。眼见形势不可逆转的家康终于1586年10月来到大阪城，与天下大名一同向丰臣秀吉称臣。不过在1585年，家康首先要面对真田家"表里比兴"引发的大麻烦。顺便说一句，家康上洛之行结束后，实际作为人质前往三河的秀吉母亲阿仲，是由井伊直政负责护卫送还给秀吉的。

真田军奋起与井伊赤备成熟

武田家灭亡后投靠织田信长的真田家，在家主昌幸的带领下如杨柳条般在外交舞台上随风起舞。本能寺之变后昌幸又先后投靠上杉、北条、德川，然而"小牧·长久手之战"后，家康正式与北条家就旧武田领地的瓜分达成协议。真田军在泷川一益撤退后很快便夺取的沼田城被要求转给北条家，却不给其他领地来进行交换。昌幸忍无可忍，再次投靠上杉景胜（不过已经吃过亏的景胜长考近一年才予以接受）。昌幸的"叛变"立即激怒家康，于天正十三年（1585年）八月派遣鸟居元忠、平岩亲吉、大久保忠世率领七千兵去攻打上田城。家康的愤怒或许是真的，但他显然没有失去理智，并没有将最为器重的将领本多、榊原、井伊中的任何一人派遣来，而是留着他们继续提防秀吉军，也可以认为家康发动这次攻势只是向北条家表明自己严正态度。如果战事不利，他是不会将更多兵力浪费在北信浓深山幽谷中的，这与秀吉在"小牧·长久手之战"后的选择是一致的。昌幸则信心十足地排兵布阵，只以五百兵笼城，命长子信幸守户石城。自恃兵力绝对占优的德川军攻入上田城二之丸，昌幸随即以奇兵在其背后放火并突袭，信幸也率军侧翼掩杀，德川军大败退出真田领地，昌幸声称斩获1300人左右（德川方面称阵亡350人左右），真田军阵亡数寥寥。虽然经此一战武名震天下，但真田家仍被迫转而投靠于秀吉（信浓各地国人众都已纷纷投靠秀吉）。秀吉与家康达成和解后，真田再度被归入德川指挥系统中。正是在此时（具体来说是1586年8月），秀吉家臣增田长盛、石田三成写给上杉景胜的信中称："真田乃表里比兴者。"毫无疑问代表了秀吉对昌幸的看法。作为和解标志，昌幸遂让信幸娶本多忠胜之女小松为妻（名义上是家康养女），次子信繁（幸村）神川合战时则正在上杉家做人质。

神川合战德川军初战失利后，家康一度派遣近万援军前往上田，为首将领便是井伊直政，但家康交给他的任务只是收拾残局、缓缓退兵，因此"赤备对赤备"的战斗场面并没有上演。当然前文也已说过，这个阶段真田军模仿小幡赤备、装备朱具足等很可能只是部分精锐而已，并没有给人留下深刻印象。《三河物语》、《当代记》等德川方记录神川合战后许多将兵闻真田之名便"瑟瑟发抖"，但也没有真田赤备的相关记载。必须要注意德川军中唯一的赤备军团就是井伊，赤备已成为井伊独占性标志，而真田在与德川闹翻、与上杉结盟随后投靠丰臣之前，是从属于德川的。在这一阶段，就算家康、直政并没有明确下令真田军不得使用赤备军器，真田显然也不会大张旗鼓宣传自身也是赤备军，无意义地刺激德川方面。日后大阪城之战，真田信繁站到德川军对面实施彻底抵抗，对于打出赤备大旗便再没有任何顾虑。

　　神川合战后真田家的生存权获得了认可，而并未有精彩表现的井伊直政随后飞黄腾达。家康带领家臣上洛时，秀吉便高度评价直政乃天下名将，直政遂叙官位从五位下，得赐姓丰臣。至天正十六年（1588年），越中佐佐成政、九州岛津家（秀吉动员二十万大军九州征伐）也已平定，遂筑起金碧辉煌的聚乐第，迎接天皇、大会群雄，家康麾下众多家臣中只有直政被容许上殿，任官公家侍从，从此其文件署名便可见"井侍从藤原直政"，即声称祖先乃藤原氏良门流（先祖备众守共保从井伊乡一口至今仍存的圣井之水中诞出云云）。秀吉试图促使关东北条家也主动上洛向其称臣，以实现日本统一，所牺牲的还是真田家的利益：真田军数次击败北条军而得以保存的仓内城（真田家对沼田城的称呼），仍旧要交给北条家，但真田家可留下以名胡桃城为中心的一小块上野领地（以此地存在所谓真田家祖坟为借口），同时从属于德川领地的信浓国伊那郡获得替代领土。对于不能完全统治上野耿耿于怀的北条家将领猪俣范直采用诡计袭取了名胡桃城（此事发生于1589年11月），昌幸立即将此事报告给

❯ 今日的小田原城天守阁建筑。当然，它与战国时代的小田原城谈不上存在关系，不过单从欣赏角度来说是非常漂亮的。

秀吉。为了让天下霸主的地位彻底巩固，秀吉随即大张旗鼓动员天下诸侯，兵分多路攻入关东平原、合围小田原。在作战会议上，家康与直政就坐在秀吉身边，而昌幸坐于末席。德川军成为作为主力部队的东海道方面军先锋，真田军加入北陆支队，友军是前田利家、上杉景胜、松平康国等。昌幸带领信幸、信繁一同出战，这是父子三人第一次同上战场——没人会想到也是最后一次。

"小田原征伐"也代表着新赤备井伊军团的完全成熟，其标志便是作为井伊军战术典范的《井伊军法》于庆长元年（1596年）九月正式制定并颁布。虽然时间上来看《井伊军法》诞生远在"小田原征伐"之后，但其前言声称军法制定理由即直政受家康委托将大量旧武田系、关东武士"与力"招揽帐下，需参考旧武田军法、以严格规则管理诸士。招揽工作早已于天正年间完成，可见此军法也是在天正年间制定的（一开始很可能都是口头规定），只不过没有系统归纳成册。负责制定（归纳）军法的井伊家臣是以下五人：石原主膳、孕石备前、广濑左马助、横地修理、西乡伊予。参与军法制定具体工作（即执笔者）的有：曲渊宗立斋、菅沼云仙斋、迁弥左卫门、马场藤左卫门、广濑治部左卫门等。不过需注意这份名单有水分，如广濑左马助当时年纪尚幼、毫无军事经验，将他的名字列入大概只是石原、孕石等主导者对他的养父广濑美浓将房表示尊敬而已。总的来说，军法制定者的身份基本都是"甲州四手"成员，他们所规定的军法显然很大部分借鉴旧武田军的惯例，对赤备军器的各种规定也成为后世研究的基础。首先摘选一些重要的赤备军器相关规定：

第一，作为井伊全军指挥标志，井字大旗规定以缠绢四副五尺制作，底色朱红，当中纹金之井字，竿涂黑色。

第二，大将自身（直政）之八幡大菩萨旗，绢制，长度一丈，底色朱红，无图案。上挂七尺飘幅，底色朱，八幡大菩萨之文字白色，竿涂黑色。

第三，大将马印金之蝇取，竿涂黑色。马印是作为指挥者的标志物立于直政身边之物。战国时代很多武将采用独特标志物作为马印，但这个上面看上去像小帐篷、下面很多布条的马印实在是太特别。当然直政的意思并不是他在战场上不想有苍蝇来骚扰，而是表明其麾下军团扫灭敌军将如驱赶苍蝇一样容易。这个马印是金色的，表明赤备军团并不一定所有军器都要采用赤红色。

第四，使番以带浅黄色幌串起标志物，但从庆长初年开始以金色"出物"上将名字黑色书写。使番，即直政旗本中待命、一有情况便奔向各备传达命令的将校，当然一般都是骑马的。在小田原合战时浪人余湖久兵卫在身后背负浅黄色绢制的鬼灯母衣（类似一个充气包）作为使番标志，得到直政的欣赏，遂广泛采用。母衣上面再带一个"出物"即身份牌，金底上用黑字书写姓名。由于这个身份牌看上去像牛舌头，因此也叫"牛舌"。后来鬼灯母衣的颜色从浅黄色也改成了朱红色。

第五，弓头穿着茜色羽织，但其后改为水底色金丸羽织。铁炮头亦穿着同样羽织。除此以外需用朱色旗帜，形式任意。弓头、铁炮头即当时已经成为战场主力的远程投射部队的队长，他们在战场上最重要的任务是辨明敌军位置、距离等并在最合适的时机下令开火，而并不需要冲杀在前。顺便说一句，十余年后大阪之阵时，井伊军又特别规定各队长不得使用特别显眼的旗帜、军装，显然当时战场上狙击战术更加普及了，而远程投射部队的队长是头等狙击目标。

第六，骑马持大旗者，绢二幅旗帜，长五尺，底色朱红，可以金色写各自姓名。家中骑马之小旗者形式如前，只是名字直臣可用金色，陪衬用白色书写或只用主家的家纹。作为各家族代表人物出战的骑马武士不是自己扛旗，而是由同家族的下级武士扛着。长五尺的大旗到了直政之子直孝的年代便尺寸缩小，大致和身旁家臣们的旗帜差别不大了，以免家族主将成为集中攻击目标。

一件极为珍贵的井伊赤备军团母衣遗存实物。曾经的拥有者名为石居元秀，工整写在金色：牛舌：上。

井伊军团"古朱四半旗铭军旗：遗存实物。这是曾经参与过关原、大阪之役的井伊军团所遗存至今的唯一一古制军旗了，非常珍贵。曾持有此军旗者名为永田权右卫门，旗上简写为：永田ごん右门：。

井伊军团："朱白拔八幡神号流旗：遗存实物。此："八幡大菩萨：是由井伊家重臣冈本半介题写的，长度达到一丈。由著名的染坊：山科染：制作，该染坊特别擅长的是黄色和紫色。

第七，甲前立物，即我们经常看到的武士兜盔上夸张的"天冲"装饰物，也是一队人马辨明队伍指挥者位置的标志物。其材料是木制的，上面涂箔，主将和直臣可用金箔，陪臣用银箔。"天冲"装饰物的高度，在战国时代经常可以达到三尺，但实战中经常妨碍动作，甚至有武将冲过低矮的城门时，前立撞门楣翻下马来。后来基本将其长度缩减到两尺以下。

第八，足轻腰间插三本小旗帜，直属足轻赤色无纹，家臣足轻以白色描绘主人家纹。诸士之具足也包括马镫马鞍等全部赤色，而家臣的具足上可以将主人家纹以纹金描绘。我们经常在影视作品中看到足轻队每个人都在身后插小旗帜，实际情况是足轻身后以插并列三面小旗情况居多，且大将直属的足轻与家臣管辖足轻所采用旗帜形式上也不一样。总之，这一条规定中明确井伊军中从将领到普通士卒，全部都要使用赤备装备，因为将领身边有持旗者表明身份，所有家臣还要在自己的朱具足上用金色描绘主人家纹，尽量避免出现队形散乱。

第九，出阵时六具均要准备好并且安装牢固，兜盔由家人持有需得到组头同意。六具，即母衣、指旋（前面所说的大旗上又挂着飘幅）、小旗（插在足轻身后）、团扇（将领指挥道具）等等，所有这些都必须要在上战场前准备停当并且进行检查，不能到了战场上发生松动、掉落之类的事情。有些武士出阵时虽然身穿甲胄，但会嫌兜盔沉重而让随从拿着，军法就特别规定这样做需要得到上司的认可。

通过以上这些描述，对于赤备军团大致的印象便可建立起来。这支部队朱红色的军器装备鲜明、阵容赫赫，以表明其纪律严明、士气昂扬。以下对于军法中关于军队管理、指挥等具体规定进行选取介绍，而其内容也是分外详细的。

第一，武士在马背上持枪，要将长枪用右手持拿。这样一来，有紧急情况可立即用枪，避免左手换右手的麻烦。古代人似乎并不重视世界上还有左撇子这件事……

第二，行军中有任务而在队列中下马，马匹应保持在队列中继续行进（即交给随从牵着走），任务完成后追上队列骑上马。不得让马跑到队列以外造成混乱。

第三，换马鞋的时候只能让马暂时走出队列。换马鞋完成后，沿着道路旁边走追上队列复归原位。即使造成片刻延误也不要紧，不能让马任意奔驰，造成混乱。关于这一条需要附带介绍下，战国时代日本还不存在马蹄铁，但已经懂得马蹄是需要有所保护的，否则长时间行走就会令其负伤。当时用来保护马蹄的是藁（gǎo）草做的马鞋。西方传教士来到日本特别注意到日本马没有马蹄铁，而穿草制马鞋一般只能走四五公里路，就需要停下进行更换。到进入战斗态势时便将此马鞋取走。根据《川角太阁志》的记载，明智光秀率军袭击本能寺时，先叫一声"敌在本能寺！"然后下令取下草马鞋，开始突击。由此可见，当时日本骑马部队即使可以进行突击作战，其持续时间也是短暂的，如果进行一次长度一公里左右的突击不成功，武士就必须下马作战了，因为很多马蹄已经受伤。

第四，征用的知行所役夫在战斗前后不得擅自让其返回。武士、足轻手下征用来的随从，擅自派遣返回往往是因为要处理一些私事，所以也在禁止之列。

第五，行军队列的顺序，由组头每年正月十一日进行抄录，然后给组内的士卒进行安排。正月十一日是这部军法的制定纪念日，也因为正月里一般比较闲，适合整顿工作。

第六，旗本之使番20人，其中10人要常置于旗本内，其余十人派遣往前方进行侦察。对于一备军伍，要用6人侦察前方一里之内情况，每两人一组派遣出发，逐次派遣逐次返回进行报告。侦察任务也是交由背后着鬼灯母衣的精锐之士负责的。有记载大阪之阵时，井伊旗本中担当此任务者有24人。一般先派年轻者两人一组前进侦察，一旦发现有情况，则派遣富有经验者快速前往查明。其后特别规定，如果侦察者发现情况后忘记返回报告的使命，擅自采取行动，将受到极其严厉的惩处：不但其自身乃至于其妻、子都要被处决，其家名要被断绝。另外规定还有20名"小使番"，承担辅助性的命令传达任务，但对其不完成任务而擅自行动的惩罚，一样严厉到要满门抄斩的程度。

第七，向战场上运送军粮和武具等的运输队，以30骑为一列，前后顺序进行标识。

第八，晚上扎营休息时，将马擅自放出乱跑会被误认为发生夜袭，从而导致大混乱。因此规定在发生马匹乱跑的情况时用拍子木发声三下。果真发生夜袭时，敲钟三下。马匹的管理在军营中是特别需要注意的，对于有疏忽的马匹管理者将处以高额罚金。

第八，发生战斗时先锋是铁炮、弓，其次是旗队，后面是马上武士，其手下要区分开来。这条规定反映军规制定于天正年间，以铁炮足轻队的猛烈射击进行主要战斗手段，或者说作为决定战斗趋势的重要手段，已经成为潮流。骑马武士当先冲在最前面几乎就是自杀，而在未削弱对方铁炮、弓的射击能力情况下，贸然派遣骑兵队、长枪兵队发动冲击也会蒙受重大损失。但是，热血沸腾的将领仍然难以安坐本阵、保持冷静，这是下文要再谈的问题。

第九，严禁事项：一是擅自脱离队伍；二是吵架斗殴；三是滥饮；四是没有得到允许就脱下甲胄；五是没有得到允许就卸下马鞍，违者以八幡大菩萨之名严厉惩处。

第十，当某些人的小旗、具足等并没有用赤色，而是其他颜色的，其身份可能是新入伍者或者从其他军团中借调而来者。这些人需要从队伍的最前头开始直到旗本为止兜转一圈，展示自身的旗帜和具足，令诸士能够了解，以避免自己人发生冲突。这条规定是当时天正至庆长年间井伊军团赤备化达到如何完备程度的最好注解。只要不是新入队伍，或者因某种原因暂时借调进入队伍而来不及装备赤备者，凡是在井伊军团中有一定资历者都已经拥有赤备装备。如此形成"赤备就是同伴"的共识，到战场上突然发现身边出现非赤备者，很可能马上将其当作敌人，所以这些人必须要事先向整个军团展示自己的旗帜和具足，以利识别。这也间接证明笔者于文首就提出的观点：实际一整个军团完全赤色、不带一丝杂色地出现在战场上，是极难实现的。但毕竟井伊军团的赤备化已经达到接近完美的程度了。

第十一，战斗开始进行推进时，可能只有军团的一部分能够移动。这时不能焦躁，骑马到处乱窜搅乱整个军阵，要根据主将的指挥一同进退。重要的是除了主将采配（指挥）、太鼓的鼓声指示以外，不要擅动。这条规定令人想起武田信玄"风林火山"之军规。

第十二，无论昼夜要派遣三名忍者担当警戒。重要的地点是山顶、河端以及其他场所，要派忍者潜伏而去查看敌情。收割接近成熟的稻谷，以及搜查仓库小屋以获取物资，这些都是当时战争中的常规做法，可派遣骑马武士一人带领足轻铁炮20挺、弓10张前往负责警卫。收割来的稻谷与柴薪等分各组别打上记号进行分发。敌人尚远的情况下可减少警卫人数。

第十三，接近敌军时布阵的具体负责人是石原主膳、孕石备前、广濑左马介，这三个人要采取交替当班制，当班者手下役人十人，应仔细考虑后进行布阵。此三人也就是这部军法的具体制定者。

第十四，战斗开始前铁炮足轻需要准备三根火绳并插在腰间，顺序装口药（发射火药）进行发射。发射铁炮所瞄准的目标，对于步行武士瞄准其带上（上半身），对骑马武士如果是正面就瞄准其胸口以上、侧面就以其膝盖为目标。发射火药是事前装在被称为"早合"的小火药罐中，因为有时候装得太满火药会凝固，所以还要留有一定空隙。专门做此规定，也可看出当时火绳铳射击战术的重要性。骑马武士是铁炮足轻最重要的射击目标，规定详细到从什么方位射击身体哪个范围，也可间接知晓当时战场上如果骑马武士没有遮蔽、太过显眼将会遭遇多大的风险。下文将提到直政之亡逝便与此相关。

第十五，铁炮队不要一次性射击完毕。如果有铁炮50挺，应让25挺先射击，其后射击剩余的25挺，交替装填弹药以维持不间断射击，应让铁炮小头充分了解情况行动。铁炮队长在这个时候，如果因为周围情况而无法发出正确的命令，那就是天下第一胆小鬼！这真是一条信息量很大的规定。长篠合战时织田军铁炮队采用"三段击"战术的记载，都是江户时代才出现的，一向被史界严重质疑其真实性，笔者也认为"三段击"即使存在也只是一个"开场锣"而已。而在十余年后制定的《井伊军法》中，则存在明确的火绳铳交替射击战术规定。然而这很可能也只是规定了一种理想战术情况，交替射击无论从战场实际状况还是火绳铳本身性能来说都是极难维持较长时间稳定火力的。《军法》制定者似乎将战术很难成功的原因归结为铁炮队长指挥不力，骂之为"胆小鬼"表现出气急败坏的情绪。然而《军法》上文也规定了战斗开始时铁炮、弓是打前锋的，所谓"周围情况"，无非就是队长成为敌军集中射击目标，子弹在其身边四处横飞。不害怕才是不正常啊！

综上所述，井伊赤备毫无疑问是一支威武之师、精锐军团，是受到旧武田军深远影响的。然而同样脱胎于旧武田军的真田军不遑多让，奋起树立六连钱军团之威名。

战神篇：关原与大阪之役留下永恒传说

东西两军定天下

天正十八年（1590年）的"小田原征伐"于三月开始，真田昌幸所属北陆支队杀入上野国，先后攻克松井田城和箕轮城。随后进入武藏国，这时北条各城守军已经缺乏斗志，纷纷投降，然而忍城却坚决不投降。上杉景胜、前田利家、真田昌幸随即转去攻击钵形城以及北条氏照的居城八王子城。氏照当时不在八王子城内，其正妻带领城内妇女儿童集体自杀。在忍城周边，以石田三成为大将的诸路德川部队将该城团团围困，据说信繁也率一部分真田军离开主力、参与围城作战，但三成受秀吉之命筑堤水淹忍城的行动却因堤坝溃决失败了，该城直到小田原北条本家投降之后才开城降服。战后论功行赏，真田家除了本领小县郡，还拿回了沼田领地。在东海道上，井伊军团从属于德川军，与友军（池田辉政、丰臣秀次等几年前"小牧·长久手之战"的手下败将）协同一路进展顺利，攻克山中城等、说服玉绳城北条氏胜投降、修筑石垣山城，秀吉在此好整以暇地开茶会、搞娱乐活动，摆出要将小田原城长期围困的姿态。当然为了给守军进一步施加压力，还是要打一打的。直政奉命帅所部向小田原城的蓑曲轮防御部发动夜袭，六月二十五日夜又突袭舍曲轮防御部并一度攻入城内，事实上直政是小田原城投降前唯一曾攻入城内的讨伐军方面武将。七月五日，北条家宣告开城投降，氏政、氏照切腹，氏直流放。随后直政率所部跟随德川军继续向东、进军奥州，镇压不服从秀吉"奥州处置"的"九户政实之乱"。九月初六万大军包围九户城，直政与浅野长政联手在东侧攻城，迫使守军投降。虽然浅野、直政等人联署签名文件上保证投降者性命，但攻城军随后却入城大肆杀人放火，据说大火延烧三天三夜，至现代还从遗址中挖出了显然非正常死亡的许多人骨。井伊赤备也是行凶者之一，但这就是古代战争的原貌，"井伊赤鬼"威名更高了。

终于实现日本全国统一、成为"天下人"的丰臣秀吉，为保证江山永固的重大措施之一就是将原本领地靠近近畿的德川家康，移封至原北条家的关东领地上。虽然家康领地从五个分国增加到名义上的八个，总石高增至300万石，但其领地与秀吉直接控制的近畿之间安插了丰臣秀次、池田辉政、田中吉政、山内一丰等许多嫡系武将，把控易守难攻的道路，况且关东周边还有上杉、宇都宫、佐野、里见乃至于真田，都不是老实家伙，可对其进行牵制。这一番布置看似天衣无缝，只要秀吉自己不作死就没问题，但秀吉马上就去作死了。文禄元年（1592年）三月，秀吉下令16万日军登陆朝鲜，做梦"征服大明国"，虽然初始进展顺利但很快遭遇援朝明军强力打击。昌幸携子前往肥前国名护屋城（秀吉为出兵朝鲜专门建造的大本营），但并没有渡海作战，只是承担了一些将木材从木曾地区搬往近江的任务等。直政则跟随家康移至关东，成为上野国统治中枢箕轮城主（后废弃箕轮城修筑高崎城），领地石高12万，成为家康家臣中封地最高者（排在下面的本多、榊原石高10万），与仍然保有一部分上野领地的真田家展开交往，昌幸父子与直政都交了朋友。他们是否一同鉴赏了赤备，就只能付诸想象了。侵朝战事不利令秀吉焦头烂额，损耗嫡系将领们太多力量，西日本都变得荒芜了。虽然秀吉于庆长二年（1597年）又动员十四万日军入朝试图捞回颜面，但日军只能苦守于半岛南端各要塞中。翌年八月秀吉病死，临死前将独子秀赖托孤于包括家康在内的五大老，随后侵朝日军狼狈撤回国。

"猴子"刚上天，家康便和诸多大名结亲家，开始为夺取天下做准备。作为家康左膀右臂的直政也不闲着，黑田如水孝高、长政父子就是由直政出面签订盟约，随后通过黑田的关系又将一大批丰臣家武将拉拢至德川帐下。秀吉留下的武将们分裂为以加藤清正、福岛正则、加藤嘉明、黑田长政等为首的武断派，与石田三成、小西行长、大谷吉继等为首的文治派对抗，正好被家康利用，《川角太阁记》不由感叹："（家康）作为天下人，其城府之深之可怕，较太阁殿下犹十倍过之。"庆长五年（1600年）六月，家康借口要讨伐会津上杉景胜而从伏见城向关东进发，三成与景胜觉得机会来了，立即向吉继提出相应的作战计划，后者听了当即判断三成没希望获胜，但由于他与三成乃生死之交，还是同意与其一道行动，八月一日集结起来的西军攻克伏见城，随后向美浓大垣城方向挺近，接近关原决战之地。七月二十五日，行军至下野国小山的德川军听闻三成行动，召开会议（小山评定），随后家康率东军走东海道返回，八月二十二日攻克岐阜城，此时德川军中直政与本多忠胜共同担任军监职务，是东军实际总指挥之一。另一方面，名义上属于德川指挥系统的真田军在昌幸和两个儿子的带领下，响应攻打会津上杉的命令而起兵，部队行进至下野国犬伏，三成派来的密使赶到了。经过一番争论，昌幸与信繁（娶大谷吉继之女为妻）决定以回报太阁恩情的名义转投西军，而信幸判断三成必败、决定追随家康参加东军，真田兵势遂一分为二，投入这场命运之战中。传说昌幸与信繁率军返回的途中路过信幸的居城沼田，被信幸之妻小松姬（本多忠胜之女）着铠执刀挡在城门外。

首先看关原主战场。战前会议上，为了表明自己不是为夺取天下，而是维护丰臣家、惩处乱贼的立场，家康让福岛正则（兵力6000人）首先表态充当先锋，带动其他将领纷纷宣言参战，但家康也不希望首战之功没德川系武将的份，遂将直政（兵力3600人）与松平忠吉（家康四男、直政的女婿、初次参战，兵力3000人）部队安排在福岛军团侧翼。九月十五日早8点，根据江户时代官方的说法关原大战是这样打响的：雾气稍微散去，确认面前是西军宇喜多秀家部队，福岛军侧翼的直政与忠吉各率数十骑横向插来要率先开火，福岛军先锋可儿才藏高喊道："说好今日头阵归我们福岛军！你们别抢！"直政回首喊："家康公四男松平殿下要展示初次上阵之英姿！"才藏听说前面是家康的公子哥，也不好再说什么，于是直政、忠吉手下兵卒率先向宇喜多军齐射火绳铳，福岛军连忙也跟随开火。这一方向上的战斗被认为是合战至中盘为止最为激烈的，福岛旗本和宇喜多旗本都被对方数次攻至崩溃边缘，可谓惨烈拉锯。相对于西军宇喜多、石田、小西、大谷各部各为战，东军各部协调性更好，井伊与福岛、松平相配合将宇喜多军几乎包围起来，但由于战场上烟雾弥漫

今日位于群马县高崎市的高崎城石墙遗迹。虽然这些遗迹已经并非战国时代之物，但高崎城足堪称井伊赤备军团发展成熟的重要场所。

（当天有雾又大量使用火绳铳），导致双方的攻击准头都不足，很难取得决定性优势。正午时分，事前与家康订下密约的小早川秀秋背叛西军，从松尾山冲下来打垮大谷军，继续向前攻击苦苦支撑的宇喜多军，导致其彻底崩溃，随后带动小西军、石田军也崩溃。最后战场上的西军只剩下了义弘率领的岛津军，陷于重重包围之中，福岛、井伊都凑拢来对其围攻。危急时刻，义弘命铁炮队一齐开火，随后从福岛军中央突破成功。井伊、松平、本多诸队连忙追上去，直政更是红了眼一般甩开大部队，身边只剩下了数骑跟随，岛津丰久等回身拦阻者纷纷被杀。然而作为日本最早普及使用火绳铳的军队之一，岛津军的狙击火力十分厉害，直政终于被一颗子弹命中右肩或者右手腕，重伤落下马来，松平、本多也受狙击损失较大，岛津军残部逃脱成功。

战后，直政并没有静处养伤，而是以军监身份协助小早川秀秋攻击石田三成的居城、近江国佐和山城，于九月十八日将其攻克。随后直政积极参与德川对毛利家、长宗我部家的处理工作，还受真田信幸（信之）的委托，为免去昌幸、信繁的死罪而努力游说家康，最终救得两人性命，此时直政当然也想不到救下信繁会导致什么后果。论功行赏，直政从上野高崎12万石加封至佐和山城18万石（而且此处是近畿战略要地），是家康身边老将中唯一增加石数在3万以上的。由于过度劳累，以及受创伤势复发导致破伤风，庆长七年（1602年）二月一日，年仅42岁的井伊直政在佐和山城中去世。由于继位的直政长子直继体弱、缺乏领导能力，家康于元和元年（1615年）亲自下令直继分封去越后安中，由其弟直孝继承家主之位。民间传言直政死后在佐和山城下出现被家康砍了头的石田三成，悲痛的家康疑心直政早死是三成怨灵作祟，遂下令将佐和山城破弃（当然最大的目的还是要杜绝近江百姓继续崇拜三成），并动员许多大名力量（这么做其实很出格）重新于近江国中修建彦根城，直孝以此为居城，奠定井伊彦根藩百年荣华基础。

关于直政受伤早逝还有一事可说，即家康似乎早就注意到直政在战场上易于冲动（就和家康年轻时一样），很可能导致危险。《常山记谈》对此记载道："井伊直政壮年锐气甚高，东照宫（家康）指示以下联署者（仍然是曲渊、菅沼、迁弥、马场、广濑这些井伊部将）写谏言书提上。"这份谏言书后来在井伊家世代流传、作为家主和家臣都必读的重要文件，但"谏言"之标题不妥，遂改称为《阵书军记》。文件一开头便指出直政的最大缺点，身为家康帷幄中支柱之一，到战场上便如一普通武士、"一本枪"冲杀在前，"物轻而心急"，不能如成熟将领一般"不进、不退"，稳坐中军冷静指挥。此种勇气"不过一介猪武者"，不值得提倡。

这份《阵书军记》最显著的特点就是这几位旧武田部将张口闭口就会以信玄公作为范例。例如在讲述武将应以其他优秀将领作为学习榜样时，就采用了武田信玄与上杉谦信一边交手一边学习对方高超指挥艺术为例，并望其以本多殿下为榜样，学习本多殿下攻则猛、守则稳、从不冲动的指挥方式。之所以不直接说向信玄学习，是因为直政接收了许多旧武田将士，并引入旧武田军法来建立赤备军团，但直政本人最钦佩的将领不是信玄，而是谦信。他认为谦信除了指挥艺术令人赞叹外，也是一位会上战场亲自舞刀、上阵厮杀的将领，虽然谦信是否砍伤信玄尚存争议，但在攻打小田原城时，他的确曾故意在守军近距离内耀武扬威。《阵书军记》接着记载当年信玄与谦信作战时，如何向周边部署大量侦察兵以掌握敌方动向，而谦信一开始只是让血气方刚的年轻武士去进行侦察，违反命令也不惩处，结果本可打赢的战斗也没赢，后来谦信才开始学习信玄同样重视侦察。另外，直政殿下如今行军、作战时都骑同样毛色的马，

❯ 井伊直政雕塑。

很容易导致自身成为狙击目标，当年谦信、信玄都养有影武者，同时向对方身边派出奸细，调查对方甲胄形式、马种毛色等等，但由于两人都注意经常更换装备、影武者又神似难辨，调查最终并无成效。在此笔者想插一句话说，一直以来各种电影、大河剧中，军队主将都坐于军帐中央显眼位置，手持军配、部将左右待命，此种场面其实完全忽视战场安全问题，实际场面是主将甲胄并不显眼，与部将们也只是围坐一圈，外人乍一看很难分出谁是谁。《阵书军记》接着劝诫直政对待部下军卒不要太苛刻严厉，因其性格急躁至有时接近残暴程度了，甚至被起外号叫"人斩"，曾有武士拒绝其高额俸禄邀请，宁愿去俸禄较低的本多忠胜麾下服役，就是不想在"人斩"手下反丢性命。以上种种看来，虽然井伊赤备由直政一手建立，取得诸多功勋，但直政本人却并非完全成熟的优秀将领，而冲动的性格令直政在决定天下命运的关原大战中、获得胜利的最后时刻负了伤，最终英年早逝。也许作为"越后之龙军神谦信"的崇拜者，如此结局对于直政并非不可接受吧。

直政的故事讲到这里，让我们回过头去看看"关原合战"之信浓分战场上真田军的表现。上一次上田城合战是由昌幸与长子信幸指挥的，次子信繁在上杉家度过一段人质生涯后，从春日山城出走去服务秀吉了（似乎没有得到景胜许可）。据说他成为秀吉身边"马回众"即护卫校官，颇受秀吉赏识。小田原征伐前的某个时期信繁回到父亲身边，并在石田、大谷等麾下参与并不成功的忍城围攻战。"关原之战"导致真田家分裂，虽然两边投靠意味着总有一方能赢，但昌幸、信繁与信幸之间必定也存在无法克服的意见矛盾，否则只单纯以两面下注的策略来说，昌幸一定会选择长子信幸，而不是至此为止军旅经验仍十分缺乏的信繁在身边。无论如何木已成舟，昌幸、信繁紧急率军进入上田、户石城，兵力仍然只有3000—5000人左右，德川秀忠则率3.8万人的大军于八月二十四日从宇都宫出发，其目的是走中山道穿越信浓前往美浓国，九月三日进入小诸城后向真田家发出劝降通告。但昌幸不能让秀忠军团前去增援家康主力，必须拖住他们才能增加西军的胜利概率，遂先表达降顺之意拖延数日，秀忠前来接降时突然翻脸。秀忠大怒催动大军进攻，先让信幸部队去攻击其弟信繁守卫的户石城，信繁遂弃城前往上田，信幸入户石城后便找理由闭门不出。昌幸又故意示弱引秀忠军接近上田城门，突然以火绳铳、弓箭攻击后发力反击，信繁和当年兄长一样引伏兵侧击。秀忠军败退至神川边时真田军又从上游放水，淹死诸多士卒，秀忠军按照家康传记《列祖成迹》的说法是"我军大败、死伤无算"。宝贵的时间已经被消耗了，秀忠只得留下部分部队提防真田军，于八日拔营急速往关原方向赶去，却还是没赶上十五日的决战，让家康愤怒至极。

得知关原主战场结局时，昌幸刚刚率真田军夜袭森忠政部获胜，正打算夺取整个信浓乃至进军甲斐，最终成为大名（三成写信给他信、甲两州完全的军事行动自由）。终知大势已去，昌幸只得再度降服，交出上田城。已经两度背叛德川家、令其大军蒙羞的昌幸至少应该切腹，信之（信幸为表明忠于德川而改名、即取消名中来自于父亲的"幸"）恳求岳父本多忠胜与井伊直政、本多正信代为求情，终于为昌幸、信繁免去死罪，一同流放高野山麓九度山村，而信之拥有的领地反而加增至9.5万石。至大阪之阵、家康去世后，信之于元和八年（1622年）受秀忠之命转封至松代城（家康、秀忠所痛恨的上田城早就废弃了），遂成为真田松代藩鼻祖，领13万石（后因家中争执减至10万），一直活到江户明历元年（1656年），享年93岁！他可能是亲身经历天正壬午之乱至"关原合战"的武将中最后一个去世的，堪称战国活化石。然而松代藩真田家已不见残留赤备的痕迹，在德川幕府体制下这是近江彦根藩井伊家的专属物。真田赤备的最后传奇要由抗争至生命尽头的幸村（信繁）书写。

从大阪城到永远

真田信繁从奋战牺牲于战国最后一幕的武将渐渐演化为"日本第一强兵"，名字从信繁变成了幸村（以下称幸村），个人形象也从身材矮短、脱牙、貌丑、白发苍然的暮年武士变成英俊、魁梧、率领赤色洪流一般的铁骑驰骋于大阪城下的偶像派"战神"。如果将"战神"定义为杰出将领，那么幸村是不够格的，因为杰出将领需要在军事战略、战术双层面上体现出优越能力、取得绝佳战绩。例如拿武田信玄和上杉谦信两人进行比较，信玄胜于战略的平衡与把握、谦信擅长战术之灵动与进取，但两人站到北条家诸将（以及年轻时德川家康）面前时无论战略还是战术都具有碾压性优势。真田昌幸的外交手腕无比灵活、战术攻防素养亦甚高，但其执行军事战略只有一种：以小搏大，先示弱引敌前来，再以伏兵、突然反击将之挫败，而两次上田合战德川军受挫后撤退都不是因为打不下去，而是存在其他战场牵制因素。昌幸只能固定执行这一种军事战略就在于其国人众身份、兵力甚小，没有执行大战略的实力，"关原之战"昌幸投靠西军实际是试图夺取独立大名地位的尝试，可惜选择错误。

幸村的处境就更糟了（即所掌控实力更小），"关原之战"结束时也不过在昌幸手下执行战术任务，战略指挥权一次也没有到过手中，虽然表现可谓优异，但相对于其兄信之，恐怕陪同父亲前往九度山的幸村天下还没几个人晓得。不过另一方面，必须指出幸村的人生经历非常丰富，上杉家、丰臣家、德川家中都有过服役经验，然后再回到父亲手下学习军法并开始带兵作战。过往武田赤备的风采、真田军中残存的赤备军器，以及"关原之战"前同驻上野国的井伊赤备军团之赫赫军威，这些可能都为幸村所憧憬。一旦得到表现舞台，无论年纪如何不饶人（48岁最后出山）幸村也绝不会放过机会。庆长十六年（1611年），昌幸在高野山流放地去世，信之努力争取到将父亲遗体运回真田乡埋葬，幸村虽然仍然不得自由，监管却放松了许多，这也证明家康、秀忠（1605年成为第二代将军）所顾虑者仅是昌幸，小瞧了幸村。传说家康后来听说真田逃脱往大阪去了，连忙问跑了父亲还是儿子，听说是儿子便松了口气，不以为意了。

已步入晚年的家康又无比耐心地等待了14年，浅野长政、加藤清正（1611年）、池田辉政、浅野幸长（1613年）、前田利长（1614年）等秀吉恩顾武将都升天见主子去了，他终于要出手灭亡丰臣家。庆长十九年（1614年）某日，丰臣家使者秘访九度山，为幸村送上二百枚金、三十贯银之巨额钱财，请其入大阪城为丰臣家效力。幸村立即答应，与儿子大助、身边一批猎师为主的百姓乔装打扮潜往大阪（当然陪同者"真田十勇士"只是传说，不过根据武田、真田之军法，其手下应该是有一些忍者）。他在大阪城指挥总数大约五千军兵绝大多数是临时集结的浪人，真田家臣自然都回归信之的松代藩内过太平日子去了（另有一说是上百名旧臣从上田前来投奔，就算这是真的这些人恐怕也都并非重要人物）。这种情况下他有可能迅速组建赤备军团么？"大御所"给了幸村时间。对于家康来说这是毕其功于一役的终结大战，十多年来不间断减封、改易，现在天下诸侯除了大阪丰臣家外全部听命于他，不得不谨从命令出兵，而减封、改易的过程也制造了无数浪人成为不安定因素。家康所要做的就是花时间集结天下大军，同时也让天下浪人有时间都跑到大阪城里去，然后大军压境将其一举灭之，使得幕府江山永固。如此大战略几乎是必胜的，不是大阪城中幸村或长宗我部盛亲、后藤基次、明石全登、大野长治这些人用任何战术手段可以扭转的，更何况这些人还各怀私心、矛盾重重，而上头把握最终战略决策权的却是秀赖之母淀君（信长妹子阿市的长女茶茶）。事实上以大野长治、木村重成等为首"笼城防御派"提出的理由就是家康从历史战绩来看善于野战、弱于攻城，其集结军队实施行动往往非常慎重、花费时间很长。这些理由完全是站得住脚的，东军确实是缓慢而坚实地进行集结与进军，临时编组、缺乏配合的西军主动出击、与东军对决野战的获胜概率令人怀疑。

十月十一日家康从骏府出发、一路集结各地诸侯，至十一月十二日才逼近大阪城，十九日由蜂须贺军攻克木津川口、切断大阪城外援通道。也就是说，丰臣家有近两个月时间招募武将、浪人，运入大量战备物资，幸村完全可以利用这段时间突击训练归属其帐下的浪人士卒，筹办赤备军器。笔者以为正是因为浪人们多年颠沛流离的生活，反而使他们的个人战力相比过了十几年安稳日子的各大名

❯曾由井伊军团重臣胁五右卫门丰久所使用的："本小札二枚胴：朱具足，其兜盔是上州小星兜，以显示其主人自井伊军团上州高崎时代以来的老将身份。其下部描绘的花菱图案华丽而引人注目。其袖筒可用锁链进行长短调整，这又显示出此朱具足的实战性。井伊属下的胁家将此朱具足作为家宝代代相传至今。

军队更强。幸村可以凭借深沟高墙的大阪城、蛮勇的浪人、赤备的光环与家康生死相搏，而家康的手下几乎都是老将领的儿子们（当然也有与幸村同年的伊达政宗，以及上杉景胜、藤堂高虎等老将）。彦根藩井伊军团五千赤备人马由直政庶出次子直孝代替藩主直胜领军，这也是25岁的直孝首次上战场，向家康请求得到与其父直政当年同样的德川军先锋之职。家康一方面表扬其忠勇，另一方面任命了两员先锋将，即直孝和老将藤堂高虎，显然高虎的作用是为直孝压阵。至伏见城为止，彦根藩军实际是由重臣木俣右京守安、铃木主马正、川手主水良行所带领的。直孝这一路上亲自对属下执行监察，经常身穿便服突然进入士卒营帐中，有一次没认出主公的三名士兵竟回话说你管鸟闲事！

在井伊家藏文书中有如下记载：此时井伊之将兵由万马往来之古强者，替换为不知战事的年轻武士之世代，直孝对其各种行为失当处虽严加处理，然而古豪（经验丰富）之天下人家康视之仍多有不足之处，一部骄奢之年轻侍从受到训斥。家康已是寿命只剩两年的老人了，还要对号称天下精锐的井伊军团中年轻人亲口进行训斥，可见十余年的和平岁月已经足够养出一代慵懒武士。井伊赤备的赫赫军容依然不变，借调来的士卒须环绕全军展示旗甲的规定仍然执行，这意味着全军上下照旧一片朱赤，气势骇人。抵达宇治（幸村曾主张主动进军宇治、濑田阻击东军但被驳回）召开军中会议，直孝首先表示自己年轻、经验不足，还望有意见者但说无妨。一开始谁都没吱声，接着攻略骏河以来的老将浦与元贞站起来，强烈建议军法指挥事宜全权参照孕石备前（源右卫门泰时）意见执行，便万事无忧。孕石泰时早年在武田军中便立下不少功勋，据说三方原合战时身患梅毒病，路都没法走，捆绑在随从背上挥枪作战，来到井伊军帐下成为井伊军法、献直政谏言书的执笔者之一。直孝对此表示赞同，井伊军于是开拔继续进军，十月二十九日经过住吉，十一月十七日抵达天王寺，大阪城已在面前。全军上下很快发现大阪城外紧急修建出现一个"丸马出"，这是东军方面称呼，来自于旧武田军防御工事的术语，后世自然称之为"真田丸"。

大阪城中集结军队已号称10万以上（德川军20万），然而据说其中身着甲胄者只有八九千人，其他还只能保持浪人落魄样。幸村本人手下临时编成、突击训练的5000人左右兵卒已准备就绪，可以想见其中大多数人也没有甲胄，但这支队伍的核心很可能就是已经与幸村互相熟知的高野山猎师队，他们精于射击术、没有穿着甲胄的习惯，幸村所要做的是将旗帜、军装尽量染红，作为赤备标志。各种影视作品中都表现幸村使用真田家六连钱旗帜，但值得信任的史籍中没有这项记载，只有《左卫门佐君传记稿》说幸村在夏之阵时所骑"河原毛"马的马鞍上有木地金的六连钱纹。说起原因也很简单，对面德川大军中就有正式打着六连钱旗帜的上田藩（由于上田城被废弃，信之实际居住沼田城）真田军，声称身患重病（也许是不愿再与弟弟交战）的信之让自己两个儿子信吉、信政代为出阵。但此时这支正规的真田军已并非赤备，冬、夏两战均无显著表现，因此略去不提。但上田藩军的出现还是让幸村在大阪军中遭受猜疑，其率军出城野战的提案被认为有伺机叛变嫌疑，因此与后藤基次一同提出为补强大阪城南侧防御、在其东南角的小丘上建立"真田出丸"防御工事，对试图攻击大阪城正南面的德川军构成侧翼威胁，这样德川军的攻击矛头自然先指向真田丸了。

本辑的其他文章已对真田丸之结构、战事详细进行描绘，因此本文只简述战斗过程，毕竟这是有史可查的历史上唯一一次赤备与赤备之间的战斗：经过几天放冷枪挑衅，十二月四日天刚放亮，大阪城内一名铳手误将火绳掉入火药桶中引发爆炸，对面的前田军以为是内应（显然德川军方面有派奸细）开始行动，向真田丸正面发动猛攻。前田军左翼隔开其他数队即为井伊军，直孝旗本队的前方木俣右京守安、铃木主马、河手主水良、奥山六左卫门各队为了不让夺城首功落于他人手，也都一齐展开攻击，带动井伊军左翼的松平军、藤堂军、伊达军也疯狂投入进攻。各家军队（主要是冲锋最快的前田、井伊、松平三家）一同陷入真田丸前壕沟之中、挡在木栅土墙前，前后左右拥挤成一团，无数活靶子惨遭密集射击，前田军"讨死三百骑"、松平军战死"四百八十骑"，井伊军冲在最前头的木俣队亦损失极为惨重，这一天德川军连同杂兵在内的死伤数字可能近万！虽然幸村手下赤备多少有些名不副实，对面德川军中则只有井伊一家是赤备，然而隔着壕沟、木栅上下对射的两军中都有赤备军卒，这一幕值得世间铭记。

家康从西方引进的先进大炮从大阪城北侧发射，将天守阁一角打碎，吓坏了淀君，这场大战就这样虎头蛇尾地以和议宣告结束。连同真田丸在内的外壕、内壕被东军填平（内壕随后被大阪方面部分恢复），二丸、三丸都被拆除，只剩下了孤零零的天守阁。幸村干脆拒绝了家康向其提出的转换阵营诱惑。在招待越前藩的使者原隼人佑（旧武田猛将原昌胤三男）的宴席上令儿子大助起舞助兴，随即将自己的鹿角兜盔展示于客人，道："和睦不过暂时之事，东西军再战是必然的。然而一想到我儿大助可怜，悲不自禁。我儿生即为浪人，今十五岁便要化作战场之苔……"遂抹泪不休。这不单单是个悲情故事，事实上德川军违反约定、将大阪城防基本破坏殆尽的举动，让所有人看清

❯本文标题主图的《夏阵图》中，位于中央位置的真田幸村赤备军团。此图是证实当日作战场面的第一手资料，可以看到幸村使用了赤备军旗，但上面没有六文钱家纹。

❯同样在《夏之阵》图中，幸村军团右上方的井伊直孝军团，可见其金井字军旗，以及八幡大菩萨流旗。两支赤备军团同时出现在了战场上。

家康必将很快再度出手、彻底灭亡丰臣家，而这一次失去城防的西军只能进行野战。幸村抱定了必死决心留在大阪城，好歹又得到了几个月的缓冲期为野战做准备，可以想见大阪冬之战中功勋最大的幸村必然能够吸引许多有能力的武士兵卒投奔帐下，其赤备军器装备也得以进行充分整顿。

这里就要提出一个问题，即幸村为了迎接即将到来的野战，是否将麾下部队整编为骑兵部队？真田家由其出身，本来就偏爱使用骑兵，幸村既然要进行野战当然以快速突击最有可能取得成功，那么重拾武田军当年"马入"战术也是理所当然的吧。明治时代创作的《家康大仁村难战图》便描绘了狼狈的家康骑马在前逃跑、后面打着六连钱旗帜的幸村也骑马对其狂追。先不吐槽家康身边人都没了影、幸村没这么帅、六连钱旗帜实际没用等，首先所有正经史书记载幸村的最后突击至多是打到家康旗本外围、导致家康旗本中有人逃亡，乃至于家康有了切腹自杀的觉悟——但肯定没有接近到幸村可以拿刀对家康挥舞的距离。如果大阪冬之阵以后丰臣家方面购买军用物资，包括战马在内并不受到限制，那么已经打算实施野战突击战术的幸村必定会有相关举措。然而笔者以为对于作为战略物资的战马（其他火炮等），德川家必定会实施许多限制措施（冬之阵后大阪周边仍然存在大量监视部队），所以战马的流入应该很困难。其他如甲胄、枪铳、赤色涂料的流入应该没那么难，丰臣家什么都缺但不缺黄金白银，当时西方传教士留下的记载中也可看出西军基本都在大阪城周围田地中驻扎，大量武器弹药进行储备。幸村的手下可以整备成为真正赤备军团的样子，此事倒并不困难。

最终，夏之阵时真田幸村赤备军团的模样便以最醒目的形式出现在《大阪夏之阵图屏风》的中央位置（以下简称《夏阵图》，现作为日本国宝藏于现代再造的大阪城天守阁中）。此屏风图由福冈藩黑田家所藏，据传是亲身参加了夏之阵的黑田长政命人绘制，可以想见长政必然会仔细进行审视，甚至直接指导作画。长政之父如水孝高众所周知是秀吉帐下两大军师之一，长政对于太阁恩情自然是铭记于心的，"关原之战"时应井伊直政邀请参加东军，是因为侵朝战争中与小西行长等人闹矛盾很大。大阪之阵时虽然长政不得不率军（兵力不多）效力于家康，但是目睹真田赤备之英勇、秀赖惨死、大阪城灭于战火，心情复杂的长政想通过这幅巨作将曾经的华丽永远定格。这幅图画上的大阪城，与秀吉筑城所使用的建筑工艺图画（保存至今）进行比较的话，从大门到内殿至天守阁等等尺寸和位置基本都是一致的，由此可见《夏阵图》对于还原当日大战场景很用心，这也就给我们提供虽然不至于百分之百但至少也有九成以上的把握说：位于该图正中心位置，天王寺西门鸟居下的真田幸村队，满是赤色旗帜、赤色甲胄，幸村侧旁有显示主将位置的金色唐人笠马印，都是极为接近历史本来面貌的。真田军所对阵的是越前藩松平军、信浓松本藩小笠原军，这也符合史实。幸村本人参加决战时的装备，显然是他当时能拿得出手的最豪华之物，《左卫门佐君传记稿》记载是"绯威铠，胄带白熊打鹿之抱角，马为日常秘藏之河原毛，鞍上有木地金之六连钱纹，马具挂红色厚总"，虽然马鞍上六连钱纹只能视作当天参战者留下的回忆，但身上赤色甲胄、带鹿角的兜盔、胯下骏马所挂红色厚总，都可以得到《夏阵图》的证实。在真田军右上方描绘的是打着赤色井字大旗、八幡大菩萨旗的彦根藩井伊军。

最辉煌至没落的赤备

　　赤备军团最辉煌一战、也是日本战国闭幕之战终于要打响了。五月五日家康和秀忠集结全体东军，准备进攻大阪城，当夜幸村与后藤基次等商议在防御要点国分村、道明寺（道路较为狭窄）迎击东军。五月六日天还未亮，后藤军首先在国分村与东军开始激烈交战，面对兵力悬殊差距一直英勇打到本军崩溃，又兵卫基次身负重伤、不得不切腹，此时已是上午10时左右。在此之前，若江、八尾方向两军也开始交火，西军长宗我部盛亲暂时击退东军藤堂高虎，而守卫玉串川堤岸的木村重成军忽然看见好似一团火焰般闪现一支雄军，毫无疑问便是井伊直孝的赤备军团。双方开打没多久，木村军后备部队（显然由素养不高的军卒组成）就开始崩溃，重成连忙上前挥刀斩杀数名逃兵，但无法阻止全面崩溃，井伊家老庵原助右卫门朝昌挥动手中十文字长枪，将重成打下马来，割下其首级，木村军作鸟兽散。因感念重成之忠勇，直孝将其首级带回彦根藩、祭祀于宗庵寺内。井伊赤备乘胜追击，向着长宗我部军侧翼攻去，转瞬之间又将其击败了，盛亲只剩下身边五六骑，凄凄惨惨逃回大阪城内去了，战后此人被捕（竟然不愿意切腹），秀忠向其询问东军之中谁的军功最大，他想也没想就说当然是井伊殿下最大，然后就被秀忠下令拉到六条河原去砍了头。

　　战事进行至此东军堪称一路顺风，不过接近正午时幸村、毛利胜永率所部赶到誉田陵附近（据说是被浓雾所阻，还有一说是不放心其忠诚度的大阪方面临时将他召回城内），连忙收编了一些被打散的西军残兵，"独眼龙"伊达政宗军团已杀奔来。幸村下令坚守不退，很快造成伊达军前锋队大量死伤，双方陷入胶着。得知后藤、木村、薄田等将领已阵亡的消息后，幸村下令缓缓退兵，东军也不再穷追（还传出了伊达军临阵叛变了的谣言）。当夜大阪方面判断第二天早晨东军将向已然毫无防护可言的大阪城南侧地域发动总攻，西军唯一的获胜机会只有乾坤一掷、决死突击家康与秀忠的本阵。幸村军与毛利军遂连夜部署于天王寺旁茶臼山上。七日清晨，东西两军见"真田左卫门佐于茶臼山上立起赤帜，一色赤色装束布阵。少许东侧，真田大助同样赤印布阵"，在赤备的旗帜下幸村与大助父子二人迎来最后一战。

　　随后发生的战斗成为永恒传说。正午时分，本多忠胜次子忠朝与小笠原秀政（这也可以印证《夏阵图》的正确性）率先发起攻击，幸村从茶臼山冲下与毛利军一同将本多、小笠原打垮，随后松平忠直15000人的军团竟然被幸村军团穿个通透，直接向着家康的旗本杀去。家康的马印倒了、旗帜也被扔了（慌张

据传这个"六十二间小星兜"：就是大阪之战中真田幸村最后时刻所戴的兜盔。据传这个兜盔就是由西尾抢到手以后又献于主家。两边的白熊毛是后来装上的饰品。当然，这个兜盔是否真的是幸村遗物，不可妄下定论。目前其由个人收藏。杀死幸村的人是越前松平军帐下西尾仁左卫门宗次，

的旗奉行后遭处分），自43年前的三方原之战以来，家康再也没有如此接近死亡，然而回过神来的德川诸军纷纷赶来救主，筋疲力尽的幸村军团很快消失在家康旗本前（毛利军则苦苦挣扎撤回城内）。幸村见事不济，颓然伏卧草中处置伤口，被一名越前藩军中的铁炮头轻松取下首级，返回大阪城中的大助则从容切腹。《真田丸》片头幸村率领赤备铁骑进行无畏冲锋的场面，到底有几分真实呢？幸村多大程度上在此战中使用骑兵"马入"战术呢？笔者以为幸村必然利用了骑兵加赤备的最大化逞威效果，能够将数量绝对占优的东军各部很快打散或者打退至一边去，没有骑兵冲锋的威力加成是不可想象的。然而正如前文所述（以及《夏阵图》证实），幸村赤备军团绝非完全的骑兵军团，而且骑兵冲锋战术只能持续短暂时间，冲到家康旗本面前时很可能马匹均已力竭或者负伤。幸村出战时骑着"河原毛"骏马，但他最后被取首级时身边无马（否则敌军一定会将此马俘获并向主子献宝），可佐证这个观点。

另外，当天的战斗中有无可能幸村赤备军与井伊赤备军再交手呢？井伊军当天所参加的不是天王寺方面（家康旗本所在），而是冈山口方面（秀忠旗本所在）的战斗，此处西军大野治房（与兄长治长不同，治房是个激进主战派）所部同样打得很漂亮，一举打垮前田利常军，井伊军与藤堂军连忙前来支援但也陷入混乱之中，大野军遂一举攻到秀忠旗本前，吓得秀忠差点也亲自拔枪去战斗，被本多正信劝阻，随即发起反击，将同样精疲力竭的大野军挡回。井伊军在这场激烈战斗中的损失亦颇为惨重，前述宇治军议上被委以重任的孕石泰时及广濑左马介两人便阵亡了，直孝旗本中的旗帜与马印也倒下了。到底无法穿透秀忠旗本的大野治房只得转身逃回大阪城内，城池陷落时试图救助秀赖的八岁幼子国松逃脱没有成功（当然会有野史、小说认为成功了），被逮捕后斩首。大野军团的无畏冲锋同样是值得尊敬的，在最后时刻西军方面忠勇之将绝非仅有幸村一人。

总之，西军在五月七日的决死反扑中差点创造奇迹，其根本原因是东军将卒缺乏经验，阵型不严密又容易惊慌动摇，但稳定情绪之后战斗力还是压倒西军。抵抗至此已经瓦解，当天夜间大阪城在火光中陷落，淀君和秀赖逃入山里曲轮的仓库内，很快被发现。谁去把过往家康之主公秀吉的老婆和儿子干掉呢？自然让王牌嫡系的井伊军去干最合适了。淀君将家康的孙女、秀忠的女儿千姬送出来乞求活命，但秀忠收了女儿，拒绝饶命，随后直孝对走出仓库的大野治长直言事已至此，只得觉悟吧。治长返回后，直孝立即命令井伊军向淀君和秀赖所在位置开火。淀君和秀赖只得在库内放火，自刃而亡，丰臣家灭亡。可以这么说：真田幸村赤备在战国时代最后一幕奉献了最为精彩的演出，井伊赤备为战国时代拉上了终结帷幕。

但赤备的故事还没有结束。由真田信之传承下去的松代藩真田家已失去与赤备之间的关联，这个家族的故事在也在本辑另有文章叙述。井伊直孝因大阪之阵功勋（特别是最后对秀赖下手之功），幕府遂承认其为直政继承人即彦根藩第二代家主，其兄长直继的家主履历被抹去，改名为直胜移封去上野国安中藩领3万石。直胜的井伊支系家族后来又辗转封至越后与板，作为一个小藩还是幸存至幕末。直孝领导的彦根藩石高陆续加增至35万，成为谱代大名中最高的大名，直孝本人作为宿老辅佐三代将军家光、四代将军家纲，对于福岛正则、本多正纯、松平忠直、柳川调兴、德川忠长、加藤忠广等大名的改易或流配处分，对黑田骚动、庆安事件的处置等有深刻影响，可堪与保科正之并列为幕府前期支柱，直至70岁去世。直孝之子直澄成为第三代家主之后，于宽文八年（1668年）荣登大老之位，众所周知大老是德川幕府最高职位、统领老中，且并不常设，井伊家先后有直澄、直兴（第四代家主）、直该（第七代家主，实际就是直兴，因子嗣早亡而改名再度出任家主与大老）、直幸（第十二代家主）、直亮（第十四代家主）荣任大老，至那时为止大老职位其余五人出自其他谱代家臣之酒井、土井、堀田，加起来不过和井伊家一样多！

直亮之弟直弼年轻时行为有些乖张，在彦根城下造了一座小屋取名"埋木舍"，热心于修禅、茶道、和歌、兵法学等等。由于各位兄弟都去投奔他藩，直亮之子早亡，好运（也可说霉运）的直弼成为井伊第十五代家主，安政五年（1858年）出任幕府大老。直弼面对的是外国列强逼迫日本签订开国条约、尊王攘夷派到处制造事端、幕府内部为将军继承人问题分裂内斗的严重局面，这位直政的子孙果然作风凌厉，没有得到天皇允许便下令签署通商条约，对反对派展开大规模镇压，史称"安政大狱"。因此直弼本人被取恰如其分的外号：井伊赤鬼。安政七年（1860年）三月三日，以水户藩脱藩浪人为主的一伙尊王派刺客在江户城樱田门外袭击上班途中的直弼将其杀害，史称"樱田门之变"。幕府竟然以藩内武士没有保护好家主、丢了幕府颜面为由，减去彦根藩10万石。直弼之子直宪就任第十六代藩主，不得不面对更为动荡的局势。

于此江户幕府末期，彦根藩井伊军仍然是扼守传统的赤备军团。全军布阵分为六备，分别是前锋备一、前锋备二、左备、右备、殿军备，这五备环绕当中的旗本，每一备都由士大将领导，下辖组士以及从士杂夫等、骑马士、铁炮组头及士族、铁炮足轻、弓足轻、旗指、长柄组、医师马医等，即各备以四五百人的兵力、各兵种组合起来可单独执行战术任务，并在全军统帅领导下协同作战。直弼、末代藩主直宪在内，所有中层以上家臣都拥有自己的赤备具足甲胄。元治元年（1864年）长州藩激进派发动禁门之变，试图攻打京都御所夺取年幼天皇，彦根藩军由直宪率领，穿着旗甲鲜明之朱具足与长州军展开激战，虽然长州大将久坂玄瑞被彦根藩军木俣队杀死的说法有吹牛之嫌（一般认为久坂是在鹰司邸内自杀并且火烧尸体找不到了），但确实军功甚大的彦根藩得以恢复旧领3万石，禁门之变成为井伊赤备军团最后一次值得赞赏的表现。而在镇压天诛组之乱、天狗党之乱时，彦根藩军表现都很糟糕，天诛组以寥寥数人发动夜袭，竟然能吓得井伊军整队逃跑，而且还把朱具足都弃之不顾地逃了。捡起朱具足仔细查看，上面还有写着此逃跑之人的祖先战绩：大阪之阵时

这基本上是遗存至今朱具足中最为华丽的，充分反映其主人生活在和平富裕的江户盛世中。高耸的大：天冲，是井伊家藩主的象征（向直政致敬）形状的：前立。下有井字家纹。其主人是上野安中藩的第二代藩主井伊直武'，其父亲便是因为身体原因而将家督给了弟弟直孝的直继（直胜），转封创立安中藩。直好被继位之后，又转封至越后河西尾藩——远州挂川藩，领35000石。挂川藩的第四代藩主直矩又转封至越后与板藩井伊家，最后一代藩主名为直安，是过继而来的养子，其生父就是井伊直弼。

井伊直弼的：伊予札二枚胴：朱具足。在相当华丽的头盔两侧色的井字熠熠生辉。此朱具足是直弼隐居于埋木舍中所拥有的，倒幕运动成功之后，入住埋木舍的大久保员臣将其获得。进入近代，此朱具足作为日本甲胄的代表还曾前往海外进行展出，其华丽风格博得大人气。目前收藏于井伊美术馆。

秋山某所着用。实在是"乃祖之赤装即失，勇气无存"（土佐藩主山内丰信所写讽刺诗）。庆应二年（1866年）幕府对长州藩发动志在必取的第二次讨伐战，彦根藩井伊军、越后高田藩榊原军、广岛藩松平军作为幕府嫡系进攻山阳道芸州口，是五路围攻长州藩山口城的幕府军中最重要一路，但是各路幕府军中纷纷出问题，广岛藩军就突然采取中立立场、停止出兵，作为"德川四天王"之后代，井伊军、榊原军责无旁贷必须继续进军。

六月十四日清晨，身着赤色甲胄、吹法螺敲太鼓的井伊军四千人马作为先锋沿山阳道堂堂而来，渡过小濑川（现在广岛、山口两县分界线）时突然被长州藩持有大量西洋先进步枪的军队袭击，顿时溃散，许多人想去抢海滩边船只逃跑而溺死海中。其败状之惨，被时人以源平战争时惊于水鸟之声而溃的平家军相比。长州军缴获漂亮的赤备盔甲无数，大炮缴获十余门，其中倒也有产于美国的火炮两门，至于所缴获的火枪则少有较先进的西洋步枪，多数仍是古旧的"和筒"即火绳铳、国内仿造步枪，长州兵将之讥笑为无用之物。榊原军几乎同时在大竹也遭到突袭而惨败。数百年前名声赫赫的天王军团就此威名扫地，藩内主张不再支持幕府的呼声开始高涨。第二次长州征伐彻底失败后萨摩、长州军联手进军京都，彦根藩军主力已被默认为萨、长两军的后方支援部队，观望鸟羽、伏见之战，随后完全转入胜利的倒幕军阵营，随其进军关东，在逮捕新撰组局长近藤勇时立下功勋，幕府灭亡之后获得赏典俸禄2万石。明治政府成立之后废藩置县，近江国转化为滋贺县，井伊直宪获封伯爵，家族中人长时期担任彦根市长等职务，在当地的影响力仍然巨大，其中也有研究日本古代甲胄刀剑，特别是赤备具足的专家。赤红色的无敌军团，将会永远在历史上熠熠生辉。

智谋之神？
武力第一？

作者·李洁

小说、动漫和游戏中真田形象的变迁

在幕末小说中，真田幸村是能瓦解德川势力的力量之源和精神信仰。在商业化时代的ACG中，他的谋略出神入化，武力睥睨天下，是光与暗、血与火炼就的战神，也是横行一世的青春偶像人气王。

盖棺无定论：
从战国实力派武将到青春偶像

　　自从被德川家康评选为"日本第一兵"，真田幸村就开始以各种各样形象活跃在官方和民间的舞台上，在小说、歌舞伎剧、落语，到近代的电影、电视剧、动漫、游戏、舞台剧、同人cosplay等等形式的文化包装中，他的形象一直在变化，这个本名真田信繁，又名真田源次郎的历史人物，因为人们不同的需求，而被打扮成各种造型，有胡子拉碴的潦倒大叔形象，也有风格摇滚、梳着非主流发型的不良少年，甚至被乾坤大挪移地改了性别，成了大脑门儿高智商的战斗萝莉。

　　真田一家，也因真田幸村而受到流行文化的重视，一同丰富在大众通俗历史文化的视野中，名望仅次于战国那些风云大人物的家族。智力和武力同样强悍的攻弹正真田幸隆，表里比兴、在众多猛兽环伺下屡次走钢丝的真田昌幸，背负着各种关系含辛茹苦的真田信之，还有真田家其他有个性的男人和女人们，以及传说中神出鬼没、风靡江湖的"真田十勇士"，使真田一族的形象丰满而艳丽，缭乱而多彩。

　　无论是熟悉、不熟悉日本战国史的，只要稍稍了解一些日本文化，都听说过"真田幸村"这一号，但就像"一千个人眼中有一千个哈姆雷特"，每个人眼中的真田幸村都不大一样，他可能是智将，可能是勇士，可能是运筹帷幄的军师，可能是个每天喊着"馆主大人"的一根筋少年，可能是个战斗值超高的热血游戏角色，可能是个为达目的不择手段的腹黑武士，还可能是个摇着六文钱大扇子的傲娇小女生。

　　无论是《高山公实录》，还是《三河物语》都记载了当时的真田突击之勇猛，德川家康当年被真田幸村吓了一大跳，藏起旗帜灰头土脸玩命地逃跑，但就此把真田幸村评价为"日本第一兵"，也多少有点为自己辩解的潜台词——不是我军太无能，而是赤备军屌炸天。不过，无论历史怎样演绎，后世如何美化与变形，真田幸村还是有两把刷子的，在大坂之阵展示才略，以少战多，勇气可嘉，智慧可钦，虽败犹荣。

　　"历史是胜利者的故事……输掉的人的真实不会遗留下来，所以才有了剧。"这是饰演当红热播剧《真田丸》的主演堺雅人，对真田幸村演艺形象的理解。对于真田幸村的评价，最恳切的恐怕是他哥哥真田信之在藩志中留下的一句话，他说，"幸村才是值得领导一国的将器，武名响彻天下，名副其实的男子汉。"

作为真田家变数最多、威名最高的人，真田幸村甚至连这个名字是怎么来的，都已经无从考据了。1672年，时值大坂之阵终结的57年后，一部名为《难波战记》的军记物语，逃过幕府的禁制，把真田信繁写作真田幸村，通过书和讲谈的形式，将这个末世英雄的形象，传播给民间大众，从而开启了与楠木正成、源义经齐名的日本第三大悲剧英雄的传说。

在真田幸村人气暴涨的同时，他的家族，从爷爷真田幸隆到他的儿子真田大助，都被开启了通俗形象之路。《真田三代记》诞生于江户中期的元禄年间，这是一个日本民间文化走向昌盛的时期。由于在德川幕府的统治之下，为了避免麻烦，《真田三代记》被改名为《镰仓三代记》，搬上歌舞伎剧的舞台，真田幸村的形象从识字群体向更广泛的大众传播。

歌舞伎剧《镰仓三代记》讲述活跃在大坂之阵中敢于站出来与德川家康对抗的真田幸村的故事，这是一部被改了名字与设定的小戏。江户时代，真田幸村被视为与德川家康对着干的逆贼，在幕府严厉取缔描绘真田幸村的戏曲文艺的禁令之下，人们偷偷利用这样的节目，来为英勇的幸村献上赞赏的掌声。

《真田三代记》与其说是历史小说，不如说是早期的武士小说。日本的武士小说与中国的武侠小说、西方的骑士小说齐名，都带有脑洞大开的幻想色彩。故此，真田三代记不仅演绎了真田一家三代的故事，也创造了"真田八勇士"，后世很多版本的"真田九勇士"、"真田十勇士"，都是以《真田三代记》为蓝本的。这部连小说带绘本的真田家族演绎，大大提升了真田氏的知名度。

不过，在《真田三代记》里，编著者也提出了使用"真田幸村"这个名字的理由，"村"字的来由，一说是取自他的姐姐村松殿的名字，另一说是取自德川家忌惮的妖刀"村正"，而无论如何，信繁这个名字已不常见，所以三代记使用的是"真田幸村"。当然，民间说法，一说是信繁为了不连累哥哥，在进入大坂城的时候，改名"幸村"以掩饰身份，一说是在大坂之阵后，真田信繁并没有战死，而是逃走了，乔装改名，隐遁民间。

同时代及其后的时期，一定也有其他演绎真田家的小说或戏剧，鉴于很多历史和现实的原因，未能流传下来，但这并不代表他们就没有历史印记。这种不

《真田三代记》中真田家的全家福。

留文字的影响印记甚至反映到正史上，到了18世纪的宽政年间，就连德川幕府编撰的《宽政重修诸家谱》中，都将真田信繁写为真田幸村，沿用了民间用法。

而作为真田家唯一保存下来的一条血脉，真田信之的后代，在地方史志松代藩藩史中，也使用民间称谓"真田幸村"。从此，真田信繁这个历史真名反而不大常见了，为群众所喜闻乐见的是"真田幸村"及其各种演绎重塑的形象。

作为真田家最繁盛时代的三个顶梁柱，真田昌幸、真田信幸、真田信繁，在民间文化的颠来覆去下，各自发生了他们自己都想不到的变化。

真田昌幸，这个作为武田信玄近习六人之一、被武田信玄当成眼睛的男人，有着非常优秀的战略、战术以及丰富的战争经验。可惜天时不利，他的智略在上升，主家武田却在衰落。论玩战术，在战国几个大佬间周旋谋生的真田昌幸，才是活跃在战国史上真田家的主角。

真田昌幸的谋略并不比幸村差，甚至可以说，幸村是承袭了老爹的兵法，在夏之阵前，真田幸村基本就是跟着老爹走，无论是兵法还是政治见地，真田昌幸都非常高明。但由于幸村的最终一战，一战成名，并且受到各种因素影响，被严重地偶像化，缺乏包装优化的实力派真田昌幸，反而没有自己的儿子出名。

作为偶像派幸村的哥哥真田信幸（真田信之）也是个悲剧。真田家显然采取的是类似于三国时诸葛家的策略，三个兄弟分别投奔魏蜀吴，为家族均匀地押宝，而真田信幸不幸又幸运地跟对了人，却失去了在历史上扬名立万的机会，一直只是个不咸不淡的角色，无论在官方记载还是民间的文学文艺诠释中，他都在跑龙套。

不过随着真田幸村身价的水涨船高，出于市场需要，真田信之的形象也得到了一些重塑，但是始终无法独立，要么是和真田幸村绑在一起，借兄弟的光成为重要角色，要么是和真田家息息相关，代表家族形象出现。

而真田幸村在现代的动画游戏及电影电视剧里出现的时候，也并非单身，身边总伴随着诸如忍者、十勇士、还有其他的一些与真田家有关的人物角色。而十勇士一度超越真田幸村而存在，就像很多70后、80后在青少年时代首先知道的是展昭，其次再了解包青天，或者首先知道的是韦小宝，然后才去了解康熙；日本20世纪的青少年也是首先知道十勇士，然后是真田幸村，进而了解真田昌幸和真田信之，更有兴趣的，追溯到真田幸隆及其他真实历史人物的踪迹。

而作为真田形象的核心人物真田幸村，在日本，犹如中国的赵云、关羽、文天祥，在江户时代末期，甚至被神格化，简直家喻户晓，主要有几方面原因：一是他确实在大坂最后一战里，以少战多，震撼人心，连德川家康都不得不佩服；二是他十分符合日本人的武士道，忠义勇武，可以立为典型模范；三是一种普遍的日本主流美学观念——"物哀"，物哀讲究死亡是极致的美丽，赞赏"瞬间美"，追求永恒寂灭前生命的闪光，而真田幸村最后的冲阵极其符合这种审美。

换句话说，即使历史上的真田信繁（幸村）对于推动或阻碍历史进程没有什么大的影响，只要上述因素存在，并有一些时代因素左右，就会产生巨大的形象变化。人性在表面上对权威的服从与私下里对权威的逆反并不矛盾，外表点头哈腰，内里腹诽不已也是人之常态。

即使在德川幕府的盛世，尚有歌舞伎剧歌颂真田幸村，那么在幕末德川幕府内忧外患的衰微之时，作为德川家康的死敌真田幸村瞬间蹿红于各种文艺文学作品中，也就不足为奇了。比如《萨藩旧记杂录》这部书，就是诞生于幕末明治初期的，为了黑德川，而抬高秀吉，进而"真田幸村"作为丰臣忠臣的形象也借此风势不断走高。而真田幸村，由于有着反抗德川幕府，并给予德川沉重打击的精神，被当成德川幕府的克星，在幕末成为反幕府英雄。

到了20世纪初，由于德川幕府与维新派的矛盾进一步激化，到了兵戎相见的地步，作为维新派的思想阵地，文学界也掀起了倒幕文学，关于真田幸村的文学作品出现了井喷，真田幸村甚至被描绘得出神入化，无论是从武略还是武力值都提升到了前所未有的高度，甚至有人揣测，传说中真田幸村大坂之战后没有死，而是退隐到鹿儿岛，而西乡隆盛出身自鹿儿岛，或有一定的联系，这大概是无稽之谈，不过西乡隆盛的最后一战，也是结束幕末内战时代的战争，这多少与大坂之阵的真田幸村有相似之处。

大阪，作为幕末具有鲜明反抗意识的城市，被对应到历史上的大坂之阵，"坂"字有"士反"的结构，十分符合倒幕心态，而大阪本身又具有反抗德川家的前情。东宝映画曾经拍了一个比较奇葩的电影《丰臣公主》，上映后被人评为日本的"达·芬奇密码"，当然就是通过挖掘今日大阪埋藏的丰臣家的秘密以及秘密金库，引出大阪人守护400年的约定，保护丰臣家的后代，在某种形式上保卫大阪独立等等。

不过让人比较在意的是，这个秘密的独立王国的总理，名为真田幸一，他具有统帅大阪的权威，号令一出，可以让整个大阪市停摆，用信任、坚持、传承，让大阪团结一致，共同对抗任何威胁丰臣家及大阪市的来犯者，这恐怕也怀有着对真田氏深深的情感寄托。

或者说，利用真田幸村的形象，现代的日本人希望得到的，更是一种精神上的正能量。从二战后到现代，日本人熬过了非常困苦的时代，经历过饥荒，经历过连味噌汤都喝不起的日子，就算是经济腾飞时期，也顶着巨大的生活、工作压力，而到了后来的泡沫经济期，及随之而来的大萧条，从正面给了刻苦奋斗的日本人一个大嘴巴子。

大多数的日本普通人，都经历过或者看着上一辈经历过"穷忙"的状态，越穷越忙，越忙越穷，生活犹如逆水行舟，不前进就翻船，一旦堕落，就会陷入无止境的向下螺旋。而真田的形象，多少给了饱受压力与失败感的日本人一个信念——即使个人是弱小的，但可以凭借智慧和精神，去与未知的命运进行战斗，即便未知胜负，但正像海明威说的，一个人可以被毁灭，但不能被打败，在强大的命运困境面前，唯一能做的就是用抗争来不负此生，而这种逆境的奋斗精神，值得代代传承。

真田信繁、真田源二郎、武田弁丸、好白（法名）、真田左卫门佐、日本第一兵这些历史称谓，到了当代，形象再一次变化，在二次元文化中，真田幸村被戏称为"龙虾"、"杏花"，这期间辗转着怎样的变化？真田氏的形象又被如何拓展与演绎着？游走在三次元和ACG世界的真田家的人们，有着何种脑洞大开的变化？

智谋之神：真田家盛产天才军师？

从战争中解悟生存之道：《真田太平记》

《真田太平记》一共12本，写了9年，池波真太郎被誉为日本的金庸，但事实上，金庸没有哪部书写了9年，而且池波正太郎是专职写作，不务杂事，这套《真田太平记》，可谓是真田故事的集大成者，它包含了历史小说、时代小说、剑侠小说、忍者小说等多种内容，虽然是写真田一家，却展现了战国时期各势力之间的角逐，在1985年，还被日本放送协会作为时代剧，登上荧屏，从而影响着一代代日本人对真田家的印象与理解。后来的很多小说、电影、游戏、动漫中真田形象的塑造，也颇受这部大部头战国小说的影响。

这部小说截取的最初时间，是从武田家衰微开始的，开篇不久，武田胜赖就战死，真田家失去了靠山，从此开始了无所归依的乱世求存之道。

《真田太平记》因其不专一的属性，故此架空人物很多，主要还是为了突

◄《真田太平记》的作者池波正太郎。

▲《真田太平记》图书12册。

出真田作为一个小大名，是如何利用忍者情报网的。在这种乱世如海家如船的局势下，真田家努力地活下去，正如文中真田昌幸所言："太平只是暂时的，在这样一个弱肉强食的世间，人怎能与战争绝缘？"真田的领地处于德川、北条、上杉之间，哪个大佬都不好惹，因此，为了生存下去，真田家形成了独特的家族战略风格。

不过，这部小说里，过多地强调了忍者谍报、刺杀等能力，虚拟的部分过多，从而也一定程度影响了历史性，有时候偏离主题，但可读性却更强，而电视剧中，忍者那种出神入化的忍术，也确实是此书的一大卖点，毕竟并不是历史专著，倒也无可厚非。

真田昌幸：存活于乱世的辗转腾挪之术

电视剧《真田太平记》里，丹波哲郎所饰演的真田昌幸，简直就是一个猥琐老头形象，好色，和小姨子有一腿；偏心，对两个儿子的态度截然不同；要诈，和儿子下棋败了，却趁乱捣乱棋局，大部分时间坐卧在地炉间嚼着年糕，转着眼珠，狡诈多谋，心口不一。但在本书中，真田昌幸被誉为日本战国第一智将。虽然不像父亲弹攻正真田幸隆那样智勇双全，也不像真田幸村作为天下第一兵那样拉风，却能够在武田灭亡后，将近20年的时间，使真田家在各个大名环伺下，不仅没有被灭掉，反而实力越来越强，身价名望也不断上扬。

武田这艘大船沉了，真田家这艘小船只能独自泛舟海上，在德川、北条、上杉、织田等等各个航空母舰般势力间斡旋，这就是《真田太平记》一开始真田昌幸所面临的难题。

真田昌幸是个其貌不扬的人，身材矮小，脸盘极大，而额头占了半张脸，在中国的面相民俗中，脑门越大的人越聪明。对于武田家，他是真心实意地辅助，丝毫没有要诈的心思，却最终被武田胜赖猜忌，从而未能挽救武田家。

这种"我本将心向明月，奈何明月照沟渠"的挫败感，也许给他留下了心理阴影，无论是德川、织田、北条，他都无法真正信任。而对于上杉，则是因为曾经救过真田家，他怀有感激之情，却并未有臣服之意。直到归顺丰臣秀吉，真田昌幸才说出一句"我们是丰臣家器重的真田家"，原来，他真正想得到的，只是强者的认可。

真田昌幸的父亲幸隆是赫赫有名的弹攻正，文武兼备，而儿子幸村是"天下第一兵"，这一家简直不要太牛。但最厉害的，还要数真田昌幸，他承上启下，在《真田太平记》里，真田幸村很多谋略都是直接从他那里继承下来的。他在武田灭亡后，接手了武田信玄"天下第一"的谍报网的核心人物，最终建立了自己的"草者"集团，通过严密而迅捷的忍者谍报信息，窥探天下动态，从而知己知彼，在面临危机时能及时分析出解决办法。

在战国时代，忍者地位低微，但真田昌幸却把他们当家人一样看待，他专门建立草者集团，尊重并且信任忍者，并将这一点传给幸村，使忍者在战斗中发挥很大的力量。他的地炉间就是中情局一样的机构，并且有手球这种高科技的传讯命令的设备。

在池波正太郎笔下，真田昌幸是一位非常有创意，具有想象力的军事家，他作为真田幸隆的第三子，作为质子留在武田信玄身边，耳濡目染武田的战略战术，始终尝试用自己的方法来解决问题，在第一次上田之战时，也展示出其灵活多变的战术风格。

在本能寺之变后，丰臣秀吉疾如风一样的行动速度，得到了真田昌幸的赞赏，秀吉的干练与果敢，让真田昌幸对其抱有好感。而这个时候的家康，正在伊贺山进行自助游，遭遇大乱，狼狈逃窜，让真田昌幸颇为瞧不起。只可惜当时丰臣秀吉离他较远，而德川较近，他即使喜欢丰臣也没办法。

真田昌幸建立上田，是为了进一步加强势力，与各方抗衡，而非大名们互相妥协的牺牲品。因此，顶住各方压力，不择手段，也要建上田城，而上田城的修建过程简直就是诈骗来的。不过，其实这也没什么不妥。无论是德川还是北条，对昌幸来说，都不是真正的盟军，都是老狐狸，他们所说的话，"没有一句是可以相信的"，可以说，在表里比兴方面，其实大家都是差不多的，只不过昌幸因为实力弱小，形势所迫，在朝三暮四的领域更加出色而已。

"表里比兴"这四个字，似乎很贴切地冠在真田昌幸的头上，说他表里不一，是居心叵测的墙头草，但在《真田太平记》中，却更多地展现了他的另一面。

看起来他是如同柳三变一样心口不一、不可捉摸，但实际上这种表现，只是因为未能遇到值得忠诚的对象。比如他对武田家，还比如丰臣家。在本能寺之变后，书中就一而再再而三地提及他对丰臣的仰慕，只是因为距离太远，只能神往与憧憬，并扬言："如若在羽柴筑前守的手下效命，那势必能充分发挥我的本领！"

而到了后来真正得偿所愿地在丰臣麾下时，即使受到各种委屈，依旧能以大局为重，连丰臣秀吉和德川家康都惊叹他转了性，变得如此沉着稳重。而丰臣秀吉的一句"我不会做出伤害你的事"，彻底赢得了真田昌幸的信任，以至于到后期即使是流放九度山，翻身无望，依旧心心念念要回大坂，固然有着想收拾德川家康的心思，此外也未尝没有对大坂和丰臣家的向往。

而同样是大名的德川家康，并且还曾经是真田家不得不依赖的对象，真田昌幸却一直无法真心归顺——"真到了非常时刻，三河守家康肯定会像扔掉废纸一样扔掉我的。"因为家康对他也并不坦诚，总拿他当棋子，将心比心，真田昌幸对他是真心讨厌，但为了确保真田家的后路，他依旧把长子信幸捐献出来，与德川联姻。

《真田太平记》中的真田昌幸，并不能算是完全意义上的老谋深算，他也有赤诚的一面，比如对待上杉和石田，这些曾经帮助过真田家的人，他也是发自内心感恩的。对于部下，他是真心善待，即使在"关原之战"败北时，依旧会考虑到家臣们的归宿。他对家人的爱，是真挚的，他疼爱源二郎，而依靠源三郎，对于山手殿，是又爱又恨，但最终还是与她相伴到老。

从"好色"这一点看，比较真实贴近人性，只有在女人面前，真田昌幸才会流露出软弱的一面，比如对阿德说"真是太棘手了"，"不应该有战争"，"索性战死好了"。但实际上他对局势和战术的把握，是出类拔萃的，用本书中的话来说，是"战无不胜"的，只是因为兵力不足，没办法进行规模作战，只能小打小闹，捉襟见肘。

但即使只是千人规模的战斗，真田昌幸亦能发挥出足以抗衡万人的力量。"第一次上田之战"以两千对七千，"第二次上田之战"越发变本加厉，以两千五对四万。人生如戏，全靠演技，陪德川秀忠玩了一出兵不厌诈，把秀忠的大军死死拖住，相当于在没有后援的情况下，为西军解决了四万敌军，这也造就了后来幸村善走奇袭路线的战术特色。

虽然在此书中，看起来昌幸很多的策略，都是征询他人意见而定的，但真正有着决定真田家命运的决策，却大多是他自己在地炉间所决定的，比如归顺丰臣，还比如让信幸疏远真田本家，而与德川走近。他非常能看清事情的本质，无论是军事上还是政治上，并且能够很好地利用这种本质，保存自己的家族和领地在乱世中长存。

这种战争智慧是他常年处在军事高压下的结果，以至于他十分自负，在此书中，对于西军在关原战场的败绩，真田昌幸十分震惊，并且极度惋惜与悔恨，如果换做自己，用极少的军队，就能够取胜。而德川家康在"关原之战"时已经59岁，隐忍多年，一朝露出獠牙，终于翻覆天下，这极大地激励了时年54岁的昌幸。

这种自信与燃烧的斗志一直延续到他在关原战败后被流放到九度山，热切期望恢复自由身，让自己的战术继续在战场上所向披靡，即使经历了十几年的苦难生活，在奄奄一息的时候，依旧不忘"和德川决战之日"，这种每日浮现的愿景，深深烙印在幸村心上，成为他日后逃离九度山，重返大坂，与德川对抗的根源之一。

真田幸村：智的继承，末世尖兵

这是目前所有完结版本的"真田幸村"里性格最招人喜欢的一个，他飞扬跳脱，不拘一格、积极乐观。从外表上来看，这是一个身材矮小却行动敏捷的人，说起话来充满活力，举手投足间都有其父真田昌幸的风范。

据《宽政重修诸家谱》里记载，真田幸村继承了其父昌幸的基因，身高一米六，在战国的男人中，虽然不算最矮，但确实也不算高，很难想象他以这样的"海拔"，拿着动漫里那种高长而锐利的十文字枪，是怎样一种猴爬杆的喜感。而本书中，提到真田幸村6岁时就在真田幸隆身边，深得幸隆喜爱，被其称为"小猴子"。真田幸隆是幸村少年时代的偶像，这种智将风度与魅力，深深刻入幸村的灵魂，并在追随其父昌幸的谋略战中不断成长。

真田幸村的性格，似乎是杂糅了父亲与哥哥的性格，真田昌幸灵活狡猾，经常不按套路出牌，有时候很热血有野心，有时候很顽强倔强，而哥哥源三郎，温和内敛，才不外露，庄重而从容不迫，宽容而淡泊。本书中真田幸村，乐观、懂得感恩、活泼，生活随性，腹内藏着华丽丽的真田兵法，外表却是个朴实无华的人。

这种双重性格的融合，使他具备不同于老父和大哥的魅力，而成年以后的幸村，性格上更加成熟，行事柔和，却并不多言，有着一腔热血却从不轻易发怒，即使遭遇挫折，也能够一如既往、若无其事地过着恬静的生活，就算被困在荒凉的九度山，也不断在向父亲学习兵法，持续十几年的对前途充满希望，期待着"重出江湖之日"。但这样一个人，却并没有什么太大的野心以及权力欲望，他有的只是梦想，借用真田信之的话评价幸村，"对幸村来说，天下事根本就是无所谓的"。

正是这种性格魅力，使上杉和石田很容易喜欢他，也得到了积极活泼的丰臣秀吉的赞赏。此外，他也有着父亲所难以在众大名中被认可的东西——信任。这种信任，不仅源于他的处世态度与方法，也在于他的知道感恩，重感情，讲情义，以至于上杉后来等同于被真田家背叛了，依旧无法对幸村发火，而石田则一直在照顾着幸村，连昌幸都被感动了。

《真田太平记》中的幸村，更有江湖气，与书中那些草者一样，忠义却不高调。他遇事冷静，办事靠谱，而且心胸宽阔，信任他人，并且相当自信，即使在大坂东之阵关键时刻的前夜，也能将头埋进被褥呼呼大睡，相反，兵力占优势的德川家康却睡不着觉。

不仅性格上结合了哥哥与父亲特点，在兵法及其他才干上，真田幸村也博采众长。幼年因为极受父亲宠爱，怕被养成废柴，而被真田家头号元老、叔公矢泽赖纲强行拎去接受启蒙教育。洗髓归来，活泼的个性丝毫没变，却变得足智多谋，在很多战役决策中，连父亲昌幸都要经常听取他的建议。在本书中，无论是两次上田之战，还是关原大战，真田幸村都提供了克敌制胜的战术建议。

而作为二子，不得不成为人质，常年在别家的生活经历，给了真田幸村丰富的阅历，以及良好的局势观念和政治素养。上杉景胜、丰臣秀吉、石田三成——在这些人身边，真田幸村不仅学到了很多军事上的新理念，也改变了只为守住家族和家族领域的局限思想，形成了顺应时代的天下观。

真田幸村的军事素养，受到祖父真田幸隆、父亲真田昌幸及兄长真田信之的熏陶，常年的耳濡目染，给他奠定了非常坚实的战术基础，当然，最主要的还是父亲真田昌幸。在此书的大坂之阵前，真田幸村曾说："只是想让天下人看到，祖父、父亲留下的真田兵法。"而他倾力打造的真田丸中，也使德川家康从中看到了真田昌幸的影子。

真田幸村不仅继承了父亲真田昌幸的兵法，也从精神上继承他的意志，常年以少胜多的战例，使真田幸村形成了灵活的战略战术方针，如同独孤九剑一样，以无招胜有招，敌人不知道他下一步会出什么牌，无知导致恐惧，使真田兵法成为战国名牌，卖点是高深莫测，也使真田丸给敌人以巨大的压迫感。

此外，他也继承了父亲顽强的战斗精神，即使在最恶劣的情况下，在取胜无望的情况下，也积极寻找突破口，从而扭转战局，两次上田之战是他很好的军事实习。

本书中，真田幸村是个迫不得已的机会主义者，但荆棘造就王冠，常年的兵力少、地盘小、压力大，在多方面的艰难困苦中求存，形成了他能够抓住一切机会，利用规则，寻找胜机的战斗作风。遇到强大的对手时，对决中依旧能够保持冷静，极其擅长在激烈的战局中准确地把握机会，按部就班的同时又不择手段。

这是一直跟在以"表里比兴"著称的真田昌幸身边的结果。可以说，如果真田昌幸有其他大名那样的实力与地盘，战国天下还未必鹿死谁手。正因为如此，上杉欣赏他，丰臣信赖他，连一直与他不对盘的德川家康，也不得不钦佩与畏惧真田昌幸。活在父亲光环下的真田幸村，在最初并未受到重视，德川家康对他印象不深，因此在真田昌幸死后，放松了对九度山的监视，真田幸村才有机会逃脱，奔向大坂。

不过也正因如此，在冬之阵前，大坂对他并不信赖，他参加的两次上田战役，都不是主将，并没有光辉的战绩，尤其在第二次上田攻防战中，他所表现出来的骁勇和智谋都被众人当成了其父昌幸的才华。但这并不是坏事，至少敌方对他的防范不那么严密，直到真田丸建起来后，德川军才知道大事不妙。

真田丸上插着各种红色的旗，所有人都明白他在玩赤备，而他的赤备是模仿了武田信玄手下猛将饭富虎昌的。本书中，赤红之泽说明了他的斗志，等于向德川军叫嚣，向东军挑衅，而且不用六文钱的家纹作战旗——这是真田幸村一个人的战斗。

在此战中，真田幸村只求顺利指挥他的部队，盘算他可以做到的事，构筑起属于他的小城。真田丸除了进行战略上的威慑，也有实际作用，真田幸村在城内用太鼓战旗调教一盘散沙的浪人，使松散的浪人有组织有纪律，从而增强了凝聚力，最终迎来大坂冬之阵的胜利。

本书分析，在冬之阵中，真田幸村胜利的因素很多，比如出其不意、瞒天过海，同时也有德川军的大意与轻敌，但无论什么原因，最终还是狠狠地打击了德川军，而本次胜利的意义还远不限于如此，它像是在做广告，印证大坂有制胜的机会，所以这是一步有后招的棋，胜利的战争，可以吸引其他还在观望的大名归顺，给他们一个回归丰臣家的理由。

但就在真田幸村如此努力的同时，他一直孜孜以求想要展现的真田兵法，却难以得到用武之地，大坂城围绕着淀殿和丰臣秀赖的女人们、大野治长以及其他战将们，组成了猪队友小分队。真田幸村的大坂对策，是真田昌幸反思历届战役的成败，一点点复盘出来的，具有针对德川家的必胜法。但讨厌打仗的淀殿母子，一次又一次否决了真田幸村的冒险奇袭，最终是半点胜算都没了。

不仅苦心营造的真田丸被拆了，大坂城原有的防御也被拆得一干二净，连一向以寻找机会为特长、注重实干的真田幸村，都觉得万事休矣，而通过冬之阵的胜利赢得天下再度归心丰臣家的期待，也因为与德川军的议和而瓦解，各地大名静静地看着丰臣家作死。

在夏之阵，真田幸村摆脱了冬之阵的束缚，将计就计，既然无法守城，索性痛快野战，逆势反击，或许能歪打正着地灭掉德川家康。而最终真田幸村采取的战法，也是德川家康十分畏惧的真田突袭，用一字冲杀法，来攻歼德川军一字排开的阵型，以锐利坚硬的冲锋，穿透敌军阵营，使德川军的10倍压制失效，按照本书的说法，把德川家康吓得绝望，甚至准备切腹。

此书中，真田幸村是不被"胜败"所裹挟的，在战略战术上，真田兵法确实以不择手段地克敌制胜为宗旨，但真实的战例，却大多是胜利无望的背水一战，真田幸村虽然嘴上说着"我可不喜欢没有胜算的争斗"，但在没有胜算的情况下，硬着头皮死扛也要找机会取胜，表现了真田军的顽强斗志。

真田幸村并非认不清形势，如果以胜利为目的，他大可以加入德川一方，在真田信之麾下听命，但这种寄人篱下的生活，对于真田幸村来说生不如死。真田信之认为，"他（真田幸村）看重的根本就不是胜负"。王夫之说，大丈夫行事，论是非不论利害，论逆顺不论成败，论万世不论一生，可以很好地概括真田幸村的成败观。即使最终会战死，但死亡是新生的开始，如果他老死九度山，或在真田信之手下做个默默无闻的战将，今天我们讨论这个人也就没有多大意义了。

无论是冬之阵，还是夏之阵，大坂城是没有主帅的，丰臣家的遗老遗少们，秉持着贵族般的傲慢，早已遗失了昔日的战斗家族风采，这样的主君，懦弱、多疑，害怕失去大坂城，害怕将帅权力过于集中会临阵倒戈，尤其到了夏之阵，他们畏惧孤注一掷的决战，不断否决真田幸村的战术，以不战、不和、不死、不降、不走的态度，让所有将帅们心凉。而真田幸村并非看不透这一点，正如信之所言，他不惜一死，其实只是给自己的梦想陪葬。

这个用怀疑、胆怯与愚蠢筑成的大坂城内核，使真田幸村的梦彻底陨落，他无法指挥全军，甚至连所统辖军队的行动策略，都要受到外行指导内行的制约，而丰臣家当时的境地，如鱼在案上，伸头一刀缩头一刀，还不如拼了。因此，他不再对丰臣秀赖抱任何希望，即使如此，他依旧坚持贯彻战将的意志，在最后一战中，将神出鬼没的机会主义坚持到底，寻找最后的胜机。即使在没有任何胜算的情况下，真田幸村依旧寄希望于拿下德川父子的脑袋，这种顽强，也表达了他最初的信念——"就给天下人好好看看我左卫门佐的奋勇英姿"。

真田信之：最后的守护者

这个一直默默无闻充当各小说、动漫、游戏中真田家背景墙的男人，即使在热播剧《真田丸》中也颇为窘迫，要么被人怒斥"大妈咧口啪"（闭嘴，黄口小儿！），要么是时常被老父昌幸的诡计多端弄得懵圈，无论才智武略勇武上都并不出色的男人，却胜过了所有人，包括家康——因为他活得比所有人都长，达到了93岁高龄，父亲是战国第一智将，弟弟是战国第一兵，那么信之就是战国第一寿将。

真田信之最终保存了真田家的家族延续，真田家在他的带领下，最终活了下来，直到幕末，松代藩仍在。时至今日，每年10月，在真田领地松代町，依旧有"真田十万石祭"的庆典活动，而真田往昔的家臣也多有存留，并过从甚密，在祭典中依旧扮演着家臣的形象，称真田家的当主为"殿下"。

而在《真田太平记》中，这位真田家的长子，却给人一种心安的感觉，即使老父偏爱弟弟，他却并不吃醋，在家中，他起着平衡的作用，在家外，他依旧处于一个平衡的地位。正如真田昌幸所说，"我疼爱源二郎，依赖源三郎。"真田信之调节着父母之间的矛盾，母亲与父亲小妾之间的矛盾，父亲与异母私生子弟弟的关系，同时，牺牲自己，作为家族存续的条件，与德川方联姻，为真田家留了一条后路。

只是因为周围的人名声太响了，而且也太出彩，所以，信之这种原本就十分韬光养晦的人，才会被历史的目光所忽略。这是个很有担当，很有韧性的男人。他不像父兄那样傲气，却更有儒家风范——我就默默地看着你们叱咤风云，而真田家坚强的后盾由我来做。由此，对于真田家，兄弟俩各有分工，呈现出两种不同的守护方式，一个守护血脉延续，一个为家族扬名立万——这两个最后都成功了。

《真田太平记》中，真田幸村在临死前，说了一句："大哥，幸村先走了。"而真田信之当时并不在场，他这句背后暗含的潜台词，就是我已经为真田家的荣耀尽力了，而保护家族的事，就看你的了。真田幸村死后，真田信之的战斗还在继续，德川秀忠不断为难他，诬陷他在夏之阵前私通幸村，意图不轨。信之拿出了小松殿保存的家康让他招幸村归顺的信，暂时摆脱了麻烦，并且表明家康让他这个外人去劝降，却不告诉秀忠及其亲信，赤裸裸地打脸，这说明信之的智商并不比弟弟与父亲低，只是一直非常低调、不张扬。

要说历史上秀忠真的难为真田家，也没什么证据，真田这种小大名，即使几次三番地和德川家挑衅，并没有什么威胁，德川也没有真正把他们放在眼里，因为根本就不是同一重量级的。不过，历史上，在真田信之的守护下，真田家是战国中少数得以延续下去的大名家族之一，并且到了1884年颁布《华族令》的时候，真田氏成为子爵，后升为伯爵，而作为被人们所赞赏与仰慕的家族，今后还将继续下去，真田信之功不可没。

在本书中，真田信之确实是真田家的一个另类，真田昌幸想要在乱世中做出让人惊讶的事迹，真田幸村想要给德川看看真田家的硬骨头，而真田信之看起来却心肠很软，一直在照顾真田家中所有人，并且将领地治理得很好，他不仅要考虑天下的安泰，还要考虑真田家的存亡，他韧性极强，忍耐力堪比德川家康，这也是一种能力。

真田信之情商极高，他老成持重、韬光养晦，并且具备精准的判断力，如果真田幸村和真田昌幸用聪明绝顶来形容，那么信之就有一种"不动如山徐如林"的智慧。在父亲和弟弟战死后，他依旧努力地活着，即使被幕府排挤，也没有崩溃，坚韧而持久，即使是领地由富庶的上田，被移封到松代藩，他仍然积极治理，并且在这里活了36年，细水长流才是最强的守护，这也是真田家不择手段"活下去"这一战略核心的体现。

《真田太平记》中的真田信之很能看透事情的本质，因此也能够很好地把握事情的走向，以保存自己。他不仅在第一次上田保卫战中果断否定昌幸的战略，最终取得上杉的支持，保护了真田家，在一些大的战役前，他也有出色的格局观。比如"关原之战"，真田信之表明他一开始就不认为西军能胜，而对于后期的大坂战势，他也预测到了将来必有一场好戏，但并不认为丰臣家能赢，因此经常监视九度山，不希望幸村飞蛾投火，如果说昌幸和幸村是战术上高明，那么信之就是很高明地理解了时代本质，是长线战略思维的高手。

因此，引用此书中真田幸村的话，来评价真田信之——"像哥哥这样出色的人，世间少有，说得过分一点，连父亲都望尘莫及。"只是，江户时代的小说家，尤其是后来倒幕派们，与德川幕府不睦，而对投靠德川家的信之也非常不爽，以至于真田信之的军事及政治才能被埋没，而很多信之的战绩，却被糅合到了真田幸村的故事中。

真田幸村的另一面：《二军师》

司马辽太郎是个能淡定吐槽的人，他总是能云淡风轻地叙述一件事，高高地站在历史视角的斜上方，以一个读者看起来刁钻的角度，宁静祥和、不徐不疾地讲述历史上某某大事件。但事件是一层外衣，他更希望展示给人看的，是众生相下人物内心的撞击。

《二军师》是短篇，短到抽根烟的时间就能读完，但是，对真田幸村却刻画得入木三分。

司马辽太郎的名字取义自《史记》的作者司马迁，表达对司马迁的敬仰，"辽"有"相差甚远"之意，也就是说"远远不如司马迁的太郎"。而在《二军师》中，司马辽太郎正是采用了《史记》中列传的体例，将真田幸村与后藤基次（后藤又兵卫）放在一起演绎。这种手法，在传记之王普鲁塔克的《希腊罗马名人传》中也是相同的体裁，将带有某种相近因素的两个历史人物放在一起讲述，从而碰撞出一种比较史学的奇异火花。

在这篇小说中，真田幸村是以一个智者的形象出现的，司马辽太郎对他的定位是"军师"。军师，那就是谋士，或者说是个参谋，本质上就降低了一级，不是什么西军统帅，甚至都不算个大将，真田充其量只带一万多人，相当于现代一个师的编制，而后藤又兵卫更惨，六千人还不到一个旅团的人数，充其量只算个大佐。

当然，战国时期上万人已经算不少了，但是，以一两万自由散漫惯了的雇

佣兵，与东军号称"三十万"的正规军相对垒，简直是鸡蛋碰石头，即使取得了短暂的胜利，击退了东军，也只是击退而已，距离咸鱼翻身的道路尚远。而德川家康及其大军的坚韧是丰臣家二世祖秀赖所无法比拟的，1615年大坂夏之阵端掉丰臣家最后一个老窝之后，1616年6月，德川就撒手人寰了，可见其撑着最后一口气不死，也要踏平大坂的执念。

《二军师》描述的是真田家真田幸村在大坂夏之阵中的表现，作为二号主角的真田幸村，在这种非常情况之下，是以怎样一种形象呈现在世人面前的？司马辽太郎真的认为是真田幸村害死了后藤基次吗？他笔下的真田幸村，为什么与历史上和传说中的真田幸村判若两人？

幸村与又兵卫：性格、才能、战术上的对比

初看这篇小说的时候，一直很疑惑，司马辽太郎是不是太偏心了，明明标题是二军师，难道故意为了塑造后藤基次这样一个悲剧英雄，就把周围所有人往死里黑？尤其是同样悲剧了的真田幸村，到底做错了什么？

当然，作者没有直接指明真田幸村的缺点，而是通过各种侧面，来反映真田幸村在性格、才能及战术上与后藤又兵卫的差距。

这篇文里的真田幸村，是一个"流浪武士"，是一个"过去诸侯的后裔"，是一个"实战经历只有两次"的名将之子，并且每次不是"随父"，就是"协同父亲"作战，是一个在"书斋里深通谋略"有天赋的谋士之才。怎么听怎么不对味？这是真田幸村？这明明是赵括！官二代，经验少，没有应变能力，纸上谈兵的嘴炮虽厉害，然而并没有什么用。

真田幸村来大坂的时候，是有"成百上千旧臣跟随而来"，并且借着父亲

的名望，得到了老百姓的欢迎，说真田幸村有"青出于蓝而胜于蓝"的智谋。如果不结合后来的故事走向，单单看这里，差点被作者骗了，这是在夸他呢？当然不，这是在给一个"盛名之下其实难副"的铺垫。被武士和百姓那么信任的一个高才生，最后却因为其人深深的"我执"，不仅坑了队友，而且导致了整个西军的覆灭。

对于真田幸村的外部描述，则用了"额有一疤，长及二三寸，体甚矮小"这种类似于"大索貌阅"的户口登记用语，表明此人如此普通，如果没有那个额上的刀疤，恐怕掉到人堆里就找不到了，进而，又来了一句"身短体瘦，目光深沉"的总体评价，对真田幸村进行完美补刀——目光深沉，并不是什么好话，说明这人喜欢玩心眼儿，城府很深。

而到了后藤又兵卫，则收起了这种冷冷的略带嘲讽、鄙视、毒辣的笔调，很详细地描述了后藤久经沙场留下的53处刀伤，不仅说明他战斗经验丰富，还是个不怕死、忘我投入战斗的猛将。他进城的时候单枪匹马，但带兵能力很强，不多久就把来自五湖四海的浪人武士雇佣兵，训练得如同"百年的嫡系臣子"。这部分给幸村又埋了一个雷，在后期小松山战役的时候，幸村打配合，去接应又兵卫时，由于对浪人管束不力，延误了道明寺会和时间。作者行文处处伏兵，一步一坑地把真田幸村打翻在地，再踏上几脚。

当然，更刻骨的是对于真田幸村性格上的塑造。这倒是没有像对于外貌和才能的描述一样，冷嘲热讽，语带机锋，而是通过几件事来反映他的本性。

《二军师》是个双主角文，虽然开始的主视角是后藤，但对于真田幸村，也并不吝惜笔墨，通过各种正面侧面来与后藤又兵卫做比较。

在开始修建真田丸的时候，幸村、又兵卫两个人几乎是同时想到的，但后藤又兵卫更早，而真田虽有"成竹在胸"，却仅仅是在胸，没付诸实践，几天后巡城时看到后藤又兵卫的手下在搬木头，脚踏实地修筑防御工事，才惊觉对方捷足先登。真田幸村的对策是十分霸道的，直接将后藤进行的准备工作拆拆拆，气得后藤大骂"口啪"（黄口小儿）。这个事件，反应幸村的狭隘心理，不顾大局，唯我独尊——就算是看起来正确的事，也该由我真田幸村来完成，自负而自私的一面尽显。

当大野治长诋毁幸村，来找他认为的真田幸村的"对头"后藤又兵卫，进行挑拨离间的时候，后藤展现出的大度，足够名垂青史了，他不但夸奖了幸村的人品，替幸村开脱回护，并且主动让出了筑城机会，使得真田幸村修筑了真田丸。对比之下，真田幸村对于后藤这一番好意，丝毫不领情，没有任何表示，表现出了一个官二代"天才"谋士的高冷气质，而后藤好人做到底，当自己的下属对真田不满时，后藤继续为真田辩解，不过，这次的辩解明显带着点不爽，指出了真田幸村作为"世家子弟"的不懂事。

在最后决战的决策会议时，真田幸村那种"目光深沉"的城府显露无遗。他选择的战略，是以守为攻，战争胜利不胜利是另一回事，首先要保证主君秀赖的安全问题，以此赢得秀赖和淀殿的支持。

最终众人一致赞成大野分兵两路的蠢蛋战略时，真田这个和又兵卫针锋相对的人，并没有力陈己见，而是"一脸茫然"地接受了让人绝望的战略部署。——他并不是不懂这会造成什么后果，从后来他终于磨磨蹭蹭去找又兵卫打配合战的态度来看，他仅仅是为了自保，如果他当着所有人的面，站到又兵卫的一方，或者继续坚持自己的观点，折了大野、太夫人、秀赖的面子，必然会招致反感和不信任，虽然秀赖母子本身也并不大信任他。而后藤在这里的表现也是无可奈何，他虽然不像幸村那样在乎秀赖母子的态度，对于大野的傻二决策无能为力，无法再坚持到底。

在战役开始后，真田的后知后觉一览无余，可见本文拟将幸村一黑到底。不仅建真田丸是落在后藤的思路后面，其他也是差着半步，直到得到东军大举进攻国分岭的确切消息，真田幸村才明白后藤是对的，但是，在国分岭一事上，真田也纠结了好几天，在后藤疲惫不堪时，才去商议对策。

最让人难受的，是真田幸村的临时变卦，约好了时间地点汇合，却迟迟不到，以大雾和浪人难以约束为理由，迟到了七个小时。恋人约会迟到顶多分手，而部队约会迟到，则不仅使另一支队伍孤军被围，全部战死，而且整个西军也再无翻身的机会。

真田幸村害死了后藤基次？

这个话题，在日本历史上争论了三四百年，时至今日，很多人依旧认为，当年在小松山，真田幸村是故意迟到，害死了后藤，因为再怎么迷路，作为对大坂很熟悉的土著，也不可能几个小时都找不到自家队伍。但也有人反驳，害死后藤，对真田幸村有什么好处？而且根据《难波战记》记载，真田信繁在后藤战死后，曾经十分痛心自责，表示"我要像后藤队那样突击，就这样战死算了"。但事实上他并没有放弃，依旧在各种谋算，即使处于劣势，仍能沉着冷静地进行着战略部署，直到最后一刻，也没有放弃不择手段克敌制胜的希望。

但是司马辽太郎显然并不这么认为，在家康派人劝降又兵卫时，真田幸村说过这样一句话："难道又兵卫急欲战死疆场么？"怎么都感觉这句话诡异，细细地回味过来，难道是他觉得家康给后藤50万石领地的许诺非常丰厚，如果是他的话，可能会答应？司马辽太郎在这里点到即止，留给人们对真田幸村的想象空间。如果真的是一种惋惜甚或是嫉妒，那么不单单是性格、才能与气度的问题，而是人品值得推敲了。

不过从这时开始，真田幸村也做好了战死的准备，对于后藤，他放弃了援救，让"又兵卫当于又兵卫的殒身之地死去"，而自己选择四天王寺作为"最壮烈的殒身之地"。

究竟是怎样一种境况，让这样一个在九度山隐忍蛰伏十几年的人，在最终大战时选择死战的模式？

在《二军师》中，被害死的，不仅仅是后藤又兵卫，也有真田幸村。

首先，从大势来看，即使不像小说里三比一的对比，德川军也具有绝对的军事优势，从冬之阵拆掉大坂城最坚固的壳以后，无险可守的大坂城，没有任何外援的丰臣家，基本就是无依无靠的状态了，以至于擅长防守战的真田幸村，不得不和德川家的悍将们玩野战。而从天下大势看来，自秀吉去世和关原战败后，丰臣家已经衰败了，大坂之阵的上半段热身赛时，尚且只是因为天时占了一点优势的丰臣一方，在夏之阵的时候，失去了寒冬的掩护，也失去了最坚固的城防，很难有胜算。

而最根本的原因，还是内耗。

丰臣秀吉玩得一手好权术，猴子的平衡能力是非常强的，他希望通过大名间的制衡来稳固丰臣家的未来，但当他这个站在天平中央的人死去后，平衡瞬间打破，内部很快分裂、崩塌，经过"关原之战"，暂时的稳定终于碎了一地。而残留在大坂城内部的人们，依旧在遵循丰臣秀吉的习惯，让复杂的形势更加复杂化。

真田幸村和后藤基次都是军事家，即使在二军师里，是作为军事家中智慧的代言人"军师"，在政治上依旧是外行，宫斗段位不够级别。垂帘的太后淀殿和年轻的秀赖，虽然表面上不得不倚重后藤和真田两个军事顶梁柱，但淀殿既瞧不起后藤，也不相信真田，再加上大野治长从中和稀泥，继续玩"平衡"，使整个丰臣方的政局如同耍猴。

朦肿傲慢的淀殿、没有自理能力的秀赖、津津乐道于玩权术的大野治长，此外再加上今天倒向东风明天倒向西风的群臣，喜欢造谣的女人们，以及横行的德川奸细，这种环境从整体上给人一种"都不是好东西，统统都该死"的错觉。以至于明石全登与长宗我部盛亲两个干将都绝望地狂笑，更何况被塑造为"纸上谈兵"、相当自负的当事人真田幸村。

二军师相互之间抗衡的结果是两败俱伤。一方面，原本就是十万对三十万的劣势，在分兵两路后，后藤和真田只能各有五万，而真实出兵时，后藤到手的兵力只有六千，真田幸村好一点，得到了一万二千人，看来是更被赏识一些，却让他更加崩溃，即使一再顺从让步，也没有得到信赖。而另一方德川军，虽然只派了三万四千人对付后藤，却是近于六倍的兵力，而且阵容有条不紊，前赴后继十分靠谱。而真田幸村，则将面对决战中的敌军洪水一样的攻击。

当然，即使是后藤的六千人和真田的一万二千人，他俩依旧是没有绝对兵权的，所有部将都是参谋——可见真田和后藤真是名副其实的"军师"，也可见，丰臣家对有表比里兴基因的真田氏，及本来就不招淀殿待见的后藤又兵卫，缺乏信任到了极点，很怕给他们权力多了，他们会立刻倒戈德川阵营。

司马辽大概是夸张的写法，但也未必是无中生有。从管理学角度讲，一个部门有两位平起平坐的主管，这部门迟早关门。当然，嘲讽两位军师，只是他的表面工作，小说最后的落脚点，是始终未出大坂一步的秀赖，仅此结尾一句，层层积攒的怨气发泄出来。后藤又兵卫是悲剧，真田幸村又何其不幸。

在这部作品里，司马辽太郎既没有让神出鬼没的忍者出场，也没有安排绝世剑豪，只是非常淡然地叙述一个历史故事，用的还是《史记》的纪传体。人们似乎很难理解在《风神之门》里作为正面形象塑造的真田幸村，怎么到了《二军师》里，就变得这么不堪了，难道作者只是在秀技能？无论怎样极端地塑造一个人的形象都能自圆其说？

不过，如果从很多细节去挖掘，也许可以解开这个疑问。司马辽太郎所讨厌的，并不是真田幸村，而是跟他一样的那群人，保守，自负，志大才疏，当然，讨伐的终极目标，是对搏杀在前线的将士不信赖的丰臣权力中枢。

《二军师》出版时，司马辽太郎刚好60岁，而后藤又兵卫死的时候，是56岁，后藤带兵侵略过朝鲜，也跟明朝干过仗，最终变成了丰臣家最后的"军师"。而无论从年龄还是经历上，和司马辽太郎何其相像，他参加过侵华战争，最后不得不弃武从文地做了新闻记者，不难推测，作者在写又兵卫的时候，不由自主地进行了一定的自我代入。

本质上来讲，这篇作品一丁点儿娱乐性也不带，虽然笔触风趣，但是太一本正经了，简直就像是在给人树碑立传，传达着作者的爱憎与观念，而后藤又兵卫的豁达落拓，与真田幸村的保守自负相碰撞，给予了真田幸村另一面的形象塑造，使人们从单纯的对真田幸村的崇敬、同情之外，又多了一些新角度的思考。

智谋之神：《风神之门》

司马辽太郎即使写小说，也表现得像写正史一样，一不留神他就会做个考据，这比如猿飞佐助的身世和身份。《风神之门》是一部间谍小说，如果将雾隐才藏和猿飞佐助换成中情局与克格勃的设定，也能是一部不错的冷战谍报小说。风神之门是1962年的作品，后来很多关于真田家及真田十勇士的作品和影视动漫，都参考了风神之门中真田形象，当然，更主要的是这部作品中不仅是东军与西军两个阵营的对峙，也存在着忍者集团两大家族，伊贺与甲贺之间战与和。

《风神之门》虚拟的情景是大坂与江户各派间谍，也就是忍者，故此忍者间各种形式离奇的战斗是主要风景，而真田幸村则作为背景人物，从九度山的阶下囚，到大坂城的一军统帅，做派神秘，却又充满魅力，让人心折。

对于灭亡，织田信长载歌载舞："人间五十年……岂有长生不灭者？"上杉谦信则云："一期荣华一杯酒，四十九年一睡间；生不知死亦不知，岁月只是如梦中。"真田幸村去世时，也仅48岁，如果他不从九度山出来，活个六七十岁不成问题——但，这又有何意义？

大坂的陷落，本身就如同一场毁灭美学的大戏，而诸多浪人勇士，却如飞蛾一般，扑向这已失去昔日荣耀的寂灭之火。司马辽太郎在这部作品中，虽然抬高忍者而贬低武士，但对于真田幸村，却不像《二军师》那样一黑到底，而是将其作为一个拥有高超智谋，却生不逢时、死得其所的悲剧英雄来塑造。

真田幸村因其最后冲锋的悍勇，名列日本"三大末代悲剧英雄"之一，

新潮社的日文原版《风神之门》。

在《风神之门》中，基本是借着才藏的视角来看真田幸村的。在才藏路过金刚山的时候，提到了楠木正成。这部作品是司马辽太郎的后期作品，文字效率较高，很少闲笔，因此，金刚山的楠木正成，被用来隐喻真田幸村。

而真田幸村从九度山出来，与德川家康的对抗，在司马辽太郎认为，是"单纯就是为了男人的欲望吧。身体内潜藏着希望自己的才干能为世间所知的本能"，在这里将真田出仕大坂，上升到了有关生存意义的哲学高度，不为名利，只是为了有用武之地。

从才藏的观念出发，他比较欣赏这种人，加入必定败阵的一方，似乎是有点愚蠢的，但是人生的意义在于打好一手烂牌，只有这样才活得有意思，是充满乐趣和疯狂的生活，玩的就是心跳。而真田幸村没有选择在九度山终老，他满腹韬略，并有着父亲制胜的遗策，希望利用大坂城与天下大军对峙的机会，让"六文钱的旗帜再次于战场扬起"，即使是他，也知道当时的形势，德川如日中天，各地大名唯其马首是瞻，西军胜算难定，但还是想搏一把。

司马辽太郎在这部小说里，大多是借助他人的眼光来描述真田幸村的，用佐助劝才藏的话来说，那是"一个连男人都忍不住为其拜倒的男人"，让人愿意一辈子追随他。而才藏最初是颇为瞧不起真田家的，在他看来，这个因为坐错了板凳、最后一败涂地、被流放到深山的人，与世无争的日子过久了，人会变笨，并不会有什么出息。但在与真田幸村一同打猎的时候，才藏发现，这个外表看来无策无备的人，他的观察力、决断力以及布局谋略都是一流的。

事以密成，这是很多军师谋士的特点，不仅要擅长阳谋，也要懂阴谋——阴谋在这里并不是贬义词，对于军事家来说，是必备的素质之一。武田的"孙子大旗"其实少了两句，"难知如阴，动如雷霆"，而这两点，在《风神之门》中的真田幸村身上展现得很好。

他心力卓绝，在行策之时，甚至会让众人忘记自己正处于策谋之中，即使在九度山，处于幕府和乡民的监视下，他依旧能用各种潜在的手段来操练家臣，并有着卓越的调度才能。而在京都与大坂备战之际，局势异常紧张之时，真田幸村则每天穿着家居服修剪梅花，这也是一种掩人耳目——今天还在做家务的人，明天怎么可能上战场，从而麻痹了监视他的人，利用祭奠先人的机会，灌醉了村民，带着他的部下们逃出九度山。这就是所谓的难知如阴，你很难判断他下一步会做什么。

而他光明正大地进入大坂城，昭告天下，我真田幸村回来了，大坂有我这个军师坐镇，定能与德川家一较高下，这有着动如雷霆的意义，无异于一个活广告，让那些在"关原之战"中失去主家与地位的浪人武士，依旧对丰臣家怀有旧情的大名，看到大坂的变化，从而心动行动。所以，真田幸村的每一步都是有意义的，继承了真田家分析人心向背的优势，利用人们对丰臣的情结以及真田家的威望，获得更多的支持。以至于德川家康对他不敢掉以轻心，担心因为幸村的助阵，也许能让很多丰臣旧臣服于自己的丰臣旧臣临阵倒戈。

当然，作为一本武侠小说，《风神之门》夸大了忍者的作用，在这里更突出地描述了忍者谍报网及暗中活动的作用，而真田幸村，正是这个谍报网的撒网者。真田家这种小大名，能够在战国时代的群雄争霸中，依旧留有一席之地，并扬名立万，与其高超的资讯传达手段密不可分，毕竟真田乡强敌环伺，一不留神就会被某个巨无霸大名给踩死，所以，如同自然界的生存法则，越弱小的哺乳动物耳朵越大，无论是在哪部小说里，真田家的谍报机构都是非常出色的。

足不出户就能知道天下事，是真田谍报网的作用，知己知彼，也是孙子兵法的要义，不仅可以通过忍者谍报网来探查军事动态、政治形势，甚至能够从情报中窥视到家康的心情变化。从而将各种信息结合起来，进行判断，做出正确决策，暗中刺杀，战场搏杀，无论在哪个领域，真田幸村都玩得转，进行两手准备，将阴谋与阳谋配合得天衣无缝。

《风神之门》中也突出表现了真田幸村的沉着，比如在伏击德川家康时，用出色的洞察力判断出德川家康并不在被伏击的船上，立刻准备撤退，这里用才藏做了一个比较，他没有采纳才藏"伏击船上其他重臣"这种贼不走空的策略，而是权衡利弊，不做无意义的牺牲。

真田幸村所进行的布局也是神出鬼没、十面埋伏的，令才藏与佐助在京都进行震慑人心的辻斩，散布谣言，说丰臣旧臣岛津、加藤、毛利会叛变，让人在京都的大街小巷唱影法师的歌，使德川军战士们思乡厌武，有点四面楚歌的味道。此外，他让才藏利用幻术，诱使敌人主动攻击，使德川军两万人，趴在地上挨打，这也是冬之阵最精彩的胜利。

即使如此出神入化的策略，也只是真田幸村总战略的一小部分，以至于在才藏刺杀家康失败后，佐助满怀信心地安慰他，"被称为智谋之神的大人"，会在战场上堂堂正正地把德川家康"逼上绝路"。

让人比较在意的，是与真田幸村有关的两件事物：真田丸与真田纽。

真田丸的修建，是真田幸村以退为进的防御工事，它位于城池的突出位置，在战场上首当其冲。这座城，被认为是真田幸村的精神的象征，它不仅是物质上的防御，也为其他响应号召而来大坂助阵丰臣家的浪人武将们，树立了信念。

真田纽就是个不起眼的手工制品，不过在司马辽太郎的分析下，这竟然是"一根绳子竟能吊起天下"的奇物。真田纽有三大作用：首先，它能为真田家带来收入，在维持生计的基础上，还可以暗中雇佣武士忍者。其次，编制真田纽的九度山乡民有了一份工作，多了一份收入，自然对监视真田家这事睁一眼闭一眼，明显是收买人心。此外，通过贩卖真田纽，真田家的人可以四处游走，沟通各地，掌握实时资讯，从而建立了行商诸国的谍报网。因此，真田幸村身处纪州高野山，却能巨细靡遗地通晓天下事——那个时候没手机没电报，谍报网就是监视天下的眼睛。

法术势，是兵法家所要掌握的三个要点，懂兵法，讲战术，看大局，都能通晓，才能战无遗算。《风神之门》中的真田幸村，不仅在兵法和战术上出神入化，也很通晓人心。他的部下能为他誓死效命，取决于他的尊重、爱护与理解，对下属和气宽厚，不着痕迹地驾驭属下，告诉属下要珍惜生命，但同时并不摆架子，给他们充分的自由，简直就是日式的"春秋四君子"。他的这种诚挚，让所有追随他的人心折，产生士为知己者死的信念。

真田昌幸在这部书中只一带而过，不过也评价颇高，是"不亚于信玄和谦信的军略天才"，可惜手上没兵，脚下没地，只能一直依附他人，郁郁而终，但并不向德川低头，即使在死后，也留下秘策，给德川造成空前的危机，而真田昌幸的形象，与其说是武将，更像是一个思想家。只可惜，他没能撑到大坂与德川对战的时候，但在他的遗策中，也能够看到，如果利用他的名望，使部分大名支持大坂，对德川形成兵力上的压制，也许大坂就可以打翻身仗，只不过真田幸村没有威望，所以对于父亲的遗策，他只能酌情采纳，并加入自己的创意，进行升级换代。

但即使如此，大坂最后还是败了。二十万浪人武士的拼死效忠，尽管有真田幸村这位"智谋之神"，但大坂的核心早已腐朽。由寡妇女官以及女官的儿子组成的政治团体来做决断，由没有自理能力又怕事的丰臣秀赖做主君，不仅平庸、无能，而且鄙视、怀疑来支持他们的浪人武将。这种局势，经过冬之阵后的议和，到了夏之阵的时候，所有武将就已经明白了大坂的必亡。此时的大坂就像一个四肢发达、头脑卓绝却患着高血压冠心病的老妇。

真田幸村明白回天乏术，即使是上田城那样的小城，如果团结一心，不择手段地誓死抵抗，也能抵挡住德川大军，而大坂若是方针正确，是没有被攻陷的可能的——城池是被人从内部攻破的，这也体现了孙子兵法不战而屈人之兵、攻心为上的策略，真田幸村即使再强，也无法以下克上地控制丰臣家的做法与想法。

与此同时，同袍的又兵卫也与《二军师》中的不同，在《风神之门》中，又兵卫是一个意气用事的人，跟大野治长闹矛盾，也不打个招呼，就自己率领两千人孤军作战去了。他被德川劝降过，因而被大野治长怀疑，不仅心灰意冷，简直是透心凉。真田幸村虽然表面上是和事佬，但内心是同情又兵卫的。

才藏做了一个历史的假设，如果德川忽然死了，局势将会如何发展——以丰臣家当时的气数，他们缺乏主宰天下的气度，天下会陷入一片黑暗。这一点，真田幸村又岂会看不出来，因此，一贯善于守城的他，在最后选择了野战，尽情冲锋，一扫胸中块垒。在才藏看来，为丰臣家那些人牺牲是毫无价值的，但真田幸村的战死，并不是结束，而是另一种开始。

人固有一死，无法选择死或不死，但可以选择怎么死。对于某些人来说，一年如一日，一生如一年地虚度年华，才是真正的浪费生命，用司马辽太郎对真田幸村的说法，就是"人生在世不过一死，若不死得轰轰烈烈，怎么对得起自己这条命呢。"这体现了日本武士文化的本质，如同本尼迪克特的《菊与刀》中所言，"就像樱花，愿意在清晨的第一阵和风中谢去，然而武士道绝不会完全灭绝"。人死道存，即使人头落地，形骸消亡，这个人的精神却存续下来，被后世所称道、传颂、怀念、效仿、重塑，流芳百代。

真田"智将"之称的起始：《风林火山》

真田家活跃于战国时代，从真田幸隆开始，而真田氏在战国中的基调也从这时奠定。《风林火山》中为真田幸隆锁定了一个关键词——"家乡"。《风林火山》原为司马辽太郎的小说，名字取义于武田信玄借用的"风林火山"的孙子兵法。由于影响力较大，《风林火山》有1969年的同名电影，以及2007年NHK的大河剧，井上靖也写了同名小说。本文只以司马辽太郎的《风林火山》为主，来看真田家是如何奠定其在战国中"智慧"战斗风格基调的。

这部作品中的真田幸隆近乎完人，不仅能征善战，智略过人，而且对上忠诚，对下仁慈，修身齐家。他的谋略，仅次于主角山本勘助，而且思想通达，善于接受意见和学习，善于随机应变，长于搜集有价值的信息，用一句话归纳他的谋略特征，就是资讯创造价值。他很会根据各方关系的平衡与调略，来保存自身或提升自身的价值，而这一传统，被后代很好地传承，他的第三个儿子，后来继承了真田家家督的真田昌幸，就是在群雄环伺之间，以弱小的实力，保证家族的延续。

真田幸隆是武田信玄的两个谋将之一，位居武田24将榜单，是著名的攻弹正，而且善于兵不血刃地取胜，或者说——他只追求用谋略来取胜。以至于在砥石城战败后，与村上军对峙，无法可想时，武田诸将对真田失去信任，觉得他不过就是要要小聪明，而武田家应该调整方略，以勇武之力，从正面硬碰硬。

《风林火山》中，鉴于主角光环，是山本堪助为真田出谋划策，让他去迎接海野家最后的女儿，使其嫁给武田家，以期复兴真田家的宗家海野家，从而让归属于村上军的堂弟常田隆永倒戈，最终拿下砥石城，获得了对村上军的胜利。而历史上，这完全归功于真田幸隆的策略，使村上家一蹶不振，只能跑到越后阵营。

作为策士，真田幸隆的主攻方向与山本堪助不同，山本堪助注重兵法，如同孙武，而真田则对各国大势有深刻理解，是诸国形势的万事通，如同苏秦、张仪。虽然如此，在风林火山中，他始终比军师山本堪助差半拍——真田幸隆的智商并不比山本堪助低，但有一个弱点，就是拖家带口。

不仅要保护自己的家人，保护家族的人，也要保护家臣和乡民，因此，在最初，真田家乡被武田所占领时，真田并没有让属下与武田拼了，虽然经过一番慷慨激昂地鼓舞士气，但是话锋一转，还是要理直气壮地带着家人逃走，而对于部下，则鼓励他们潜伏下来，接受这片土地上临时的主人，保存革命火种，早晚有一天爷还会回来，要部下们活下去，等着恢复故土的一天。

在《风林火山》中，即使是真田幸隆自己，也是选择跟随强者的，因为跟随强者，才有活下去的可能——不被毁灭的办法，就是不择手段地活下去，哪怕暂时投靠他主，这是小领主的自我保护法则，也为后来昌幸如同变色龙一样游刃于各个强大的大名之间作了精神铺垫，在武田胜赖死后，真田昌幸殚精竭虑地思考怎样通过各大名间的制衡，获得真田家的一席喘息之地。

侵略如火的时代，今天跟这个大名，明天跟那个，本来也是战国时期各个小大名或小领主的家常便饭，而真田昌幸继承了真田幸隆的"逃而不败"的气质，即使弱小，依然能够理直气壮地和大名们讲条件，因为他手里攥着各种最新最重要的信息，使他能够明晰地判断形势，从而为己所用，这些信息加上智慧，为真田家在战国中不断提升着身价。所谓的"以弱胜强"，从来就不是真的"弱胜强"，而是弱者借助形势等因素，使自身处于强大或者虚拟强大的地位。

而这种拼智商不拼武力值的生存与战斗方式，被人们戏称为表里比兴，意为墙头草，表里不一，不过国内也有一说译为"文武兼优"，虽然雅致，却并不得体，因为表里比兴的本质，是进行政治和战事上的调略，利用各种即时信息和各种韬略，得到自己想知道的东西，进而通过分析，制定作战或者媾和等权衡策略，没有永久的敌人，也没有永久的朋友——永远的生存至上。

《风林火山》里，"故乡"情结，在真田家是一个一以贯之的坚持，是真田家每个人甚至每个家臣都一直不能放弃的主线任务。战国乱世，作为一个小领主，真田家很难凭借自己的力量确保故土不被战火侵袭，尤其在武田、上杉、北条、德川等各势力的夹缝间，真田的故乡不断地变更着所有者，用风林火山里真田幸隆的话来说，那就是，"故土也成为通过战争来占领的土地"——没有永远的家园，只有永远的家人。

人即城，山本堪助对武田的评价，用在真田家也很贴切，不过武田是因为强，野心勃勃，具有强烈的扩张心，所以不需要建城。而真田是即使今天建了城，明天又不知道归谁了，比如后来昌幸诈骗德川家康而建的上田城，其后几次易手，真田只能借助别人的力量来守卫自家地盘，也很无奈，但这也形成了真田家的另一种风格，"人在家在"的人本主义。

真田家的每个人，都会为家族的存续而牺牲自己，这种向心力形成于真田幸隆时代，在风林火山中，真田幸隆的妻子忍芽和长子信刚，为了能够劝服常田隆永，冒着生命危险去做说客。而真田幸隆虽然对他们这种鲁莽行为非常恼火，但最终道出恼火的根源只是担忧他们的安危。这同样体现在真田幸隆对家臣、对朋友、对武田家的态度上，只要保证人还在，就有希望咸鱼翻身。

但是，与很多三姓家奴不同，真田并不是真正的墙头草，而是秉持一种柔韧的坚定。真田家在故乡第一次被武田所灭的时候，曾经憎恨武田家，但后来，所投靠的村上家不着调，根本不考虑真田家的感受，在战略上不思进取。真田家只能投靠敌人武田信玄，而武田信玄竟然待他不薄，见面就赏了一座城，并且是真田的故乡之地——这成为真田三代都对武田家忠心耿耿的缘由，并且一直持续到武田家灭亡。

即使在此之后，真田家臣服过德川、织田、泷川、上杉等，却大都只当成救命稻草，并没有什么归属感，换句话说，真田家对他们，只当成暂时的靠山，毕竟以心换心，他们也只是想要真田家的降服，并非真的看重真田家，真田当然也谈不上什么誓死效力。不过到后来，丰臣秀吉却是个意外，与武田信玄对待真田幸隆一样，丰臣秀吉非常重视真田信繁，对真田昌幸也是刮目相看，所以即使在秀吉去世后，真田信繁依旧站在西军一方，鞠躬尽瘁，不惜生命，也就是所谓的"士为知己者死"。

谋略是真田幸隆在武田做家臣时，最受武田重视的原因。在风林火山中，不仅是他，连他的妻子忍芽都能够参与战事分析，并直击要害，而尚为少年的真田信刚，也能对基本战势分析得八九不离十——真田家在此中被神化得有点过了，连妇女儿童都具有了军师策士的才能。

不过，在《风林火山》中，真田幸隆的策略确实很惹人注目，他是执着于玩战术的，只要能玩战术，绝对不拼实力。武田家的孙子大旗下，兵法受到极度推崇，因而，不战而屈人之兵，尽量减少无谓的牺牲，也成为真田作战的一条准则——上兵伐谋。所以他这个"攻弹正"，在《风林火山》中，大部分时候攻城基本靠忽悠，靠策略，靠调略，而非全凭武力。

比如与村上家的松尾城之战，充分利用了孙子兵法的各种计谋，得知有敌方间谍潜入，反而使用苦肉计，将计就计地派自己的间谍打入敌人内部，最终诱敌深入，关门打狗。这种战法在后来的"第一次上田之战"中也用过，真田昌幸利用少数人马，使用有点类似空城计的手法，虚虚实实，把敌人引到城内进行巷战、游击战，让敌方陷入全民皆兵的汪洋大海，从而取得了以少胜多的胜利。兵乃诡道，在面对绝对的强敌时，不绝望、不气馁、不卑不亢地迎敌的真田家，靠的是灵活的战术和坚韧的求生精神。

《风林火山》中，真田幸隆的策略之战，体现了战国中小领主势力确保自我生存的智慧，为了保护家园和家臣，绕了很多弯子，最终夺回了故土。不过，这也只是真田家为家族和家乡而战斗的开始。到了大坂时期，真田家已经十分成熟了，真田信繁和真田信之两兄弟，分别投奔东军和西军，本身就是一个大策略。

无论是西军胜利，还是东军统一天下，下了双料赌注的真田家，即使不赢，却也不会输，而保持家族延续的本钱还在，从战国末期到德川幕府统治时期，再到幕末，进而到近现代，真田家一直有所延续，使很多真田家的事迹和精神得以传世。以至于到了今天，我们依然能够津津乐道地谈论真田三代的各种正史逸闻，也有赖于其家族史料的存续。

要想欺骗敌人，先骗自己人：《鬼眼狂刀》

《鬼眼狂刀》是上条明峰以日本战国末期"关原之战"及大坂夏之战为背景所做的漫画作品，其后因为好评如潮而被漫画化。作者上条明峰，没有被明确报道过性别，非常低调，连照片都没有披露过，但是做过高桥留美子的助手，而高桥从来不用男助手。无论从主角设定上，还是从异常简化的打斗来看，是女性的可能性都非常大。而有些动漫百科将性别定为女，作者照片却贴了个大叔，不知道是几个意思。

万事通、智将、德川家康最忌惮的人，这是《鬼眼狂刀》中众人对真田幸村的评语，故事开始于"关原之战"，而真田幸村一开始就出场，受壬生家所托，要寻回壬生京四郎，因为遭遇小行星撞地球这样的架空事件，整个战国史被扭曲了，而此剧中的真田幸村，也得以具有重新改写命运的机会。

虽然主角是鬼眼狂，但不得不说，上条明峰在漫画中对真田幸村这个角色倾注了太多的热情。这是所有小说、动画、影视界里，最"美"的一个真田幸村，男身女像，留着长发，用句比较流行的ACG语描述，就是"长得这么漂亮一定是男孩子"。中途还曾经男扮女装，惊艳得很，而这部剧的真田幸村在中国观众中人气尤其高的原因，也在于他的装束，旗袍、外裳、褂子，镶着滚边，绣着凤凰花纹，是精巧细致的中国风服饰，让他更加有亲和力，更加男女莫辨。

而他的声优绪方惠美也是一位女性，但以配音具有女性化气质的男性为特点，曾经在香港参加烂铁祭音乐宣传活动时，被扫厕所的大妈赶出去，理由是"要去就去男厕所啊"。这简直是作者、声优和动画角色的完美匹配，三位一体，安能辨我是雄雌。

当然，虽然外形上像女人，这里的真田幸村却一点也不娘，甚至比男性更加理智，因为有真田十勇士而无所不知，表面上每天拎着个酒壶，经常调戏良家卖酒妹子，实际上却运筹帷幄，用智谋推动或改变着事态的发展方向，虽然有时候天意不遂人愿。

"关原之战"后的第四年，真田幸村应该是在九度山，而《鬼眼狂刀》中，他不甘寂寞，在九度山放了个替身，自己下山搅动天下，扮演着"消灭和平"小分队中的一员，用中国历史教材中常用的套话，那就是"阻挡统一的历史进程，逆历史潮流而动"的捣蛋鬼。

幸村在剧中是线索人物，最初经常就是一帧两帧地出现，偶尔来吐个槽，搞个笑，下属们在他面前并不拘束，很随和随性的一个人。他天天拎着酒壶，似乎漫无目的，却又心思深沉，目标明确，私下里部署好了一切，以戏弄属下为乐。

与其他小说动漫中的真田幸村最不同的地方，他不仅欺骗敌人，甚至连自己人都骗——几乎所有同伴都在他的套路中，他有明确的目的，但别人从来就看不透，当然他更擅长的是一本正经地胡说八道。引鬼眼狂参加御前比武，并非为了那把武器北落师门，也不只是为了杀德川家康，更主要的是为了和鬼眼狂决斗，也就是说，通过与强者战斗来验证自己的实力。

故事当然是虚构的，但是历史背景却是存在的，只不过在《鬼眼狂刀》里全部颠倒了，从"关原之战"开始，从天而降的陨石成为西军战败的直接原因，此后就开始错乱得一发不可收拾，德川家康先挂了，德川秀忠被各个家臣背叛，遭到各路大名围攻江户，大坂夏之阵变成了江户守卫战，而真田幸村成为攻城一方。不过，与历史不同的是，身经百战的德川秀忠没有选择守城，而是率众迎击，后面的历史戛然而止，未知胜负。

这也许是作者脑洞大开，不过也难免让人想象，如果当年冬之阵的大坂城没有那么坚固，如果秀赖早就选择出击，如果众多大名支持丰臣家——则历史定会有所不同。其实夏之阵的失败，从一开始就埋下了，战势如逆水行舟。丰臣家以大坂为屏障，重演了北条氏守小田原灭亡的悲剧——如果核心不强，再坚固的城池也有被攻破的一天。这也让人产生联想，如果换一个能征善战的主君，那么幸村就不会在大坂夏之阵中被逼入绝症，但历史没有假设。

而这部动画虚拟的就是真田幸村的前部下"真达罗"，在预知真田幸村会在夏之阵被杀的情况下，下了一盘大棋，引入壬生家，从而改变历史进程。真田幸村由此得到了争霸战国的机会，但他看穿了事情的本质，最终通过欺骗队友，使自己人装备上了五把村正，战胜复活的织田信长，加速了战争结束的进程。

这部剧里真田幸村的性格是后世所有真田幸村中最棒的，总是笑眯眯的好脾气，拎着酒壶显得很逍遥，但背上醒目的六文钱家纹却让人看得沉重，他是从九度山逃出来的浪人，同时也是十勇士团队的首领，即使安排穴山小助作为影武替身留在九度山，却依旧被德川家追杀。

杀了风头正劲的德川家康，为真田家复兴开辟道路，是他的目标之一，而在后来，他的目标进一步升华——强大，与最强者战斗，也是他的野心与愿望。即使如此，他依旧是一副不紧不慢的样子，看似随机地出现在各种恰如其分的环节，实际却是早已盘算好的，等着众人一步步走进自己设下的局，按照自己希望的套路出牌，比如将鬼眼狂带入树海，让佐助和才藏产生误会，以为幸村叛变组织投靠敌方了，这也更能迷惑敌人，使幸村得到敌方的信任，得以达到目的。

真田幸村在这部动画里是非常理智、聪明的，但同时也十分重感情，只是为了形势需要，不经常表露情绪。鬼眼狂在树海遇到危机的时候，真田幸村虽然嘴上说着不会帮他，但最终还是派佐助帮助了他。而在佐助被真达罗抓住，生命受到威胁的时候，真田幸村第一次发怒，即使他明知道真达罗想重写历史，都是为了他真田幸村的时候，还是及时解救了佐助，这一点让真达罗也十分感动，最后甚至为了他们而牺牲自己，去吞噬魔界之门。

历史上的真田幸村是否真是这样的性格，已经无从查考，但从他率军冲杀兵力数倍于己的德川军来看，这个人骨子里还是很有血性的。而笑嘻嘻这个形象可能就与现实相差甚远了，九度山的生活清苦，监视并不松，而做真田纽充分说明谋生不易。但即使这样，这个对朋友义气，对女人温柔，对下属以心换心的幸村形象，确实深入人心。

值得一提的是，这部剧中，真田幸村与真田信之两兄弟那种超越兄弟之上的感情。他们既是一起长大的两兄弟，也是竞争对手，幸村始终打不过哥哥信之，但在鬼眼狂的激将法下，竟然实力暴增，打败了一直无法逾越的哥哥。

兄弟俩的信念也是从"关原之战"开始发生分歧，幸村之剑的属性，是背负真田家，重振真田家，进行守护的，而信之则是希望能为所欲为，为了他看好的主君，为了胜利而战斗。信念的冲击导致了相爱相杀，偏偏这部剧里的信之很强，这也是与以往的书和动漫所反馈信息的有所不同。不过，在这部剧里，信之虽然一直较为冷淡，但内心里却一直想保护弟弟，守护真田家，这才是不变的。

忍者幼儿园老师：《Brave10》（真田十勇士）

所谓的"真田十勇士"，目前公认的说法，是在江户时代，大坂的立川文明堂虚构出来的人物，面向的受众是血气方刚又好奇心较重的年轻人，而大坂作为当年丰臣家反抗德川的最后一役的中心，也成为大正时代传播真田十勇士及真田家事迹的源头。不过，真田十勇士也并非全部子虚乌有，一则，十勇士中的海野、根津、望月确实是真田家臣中的姓氏，二则，战国时代没有电话手机甚至发报机，但大名们需要及时了解战事动态以备战，作为间谍和暗杀者忍者，在执行一些特殊的任务时，比直来直去的武士们更要有灵活性。

《火影忍者》里的"忍者"简直出神入化，强大到能毁天灭地的级别，但事实上，日本的忍者并没有那么牛，他们最初来自于古代日本深山中的村落民兵，甚或山贼，为了对抗官方，逃避税收，保护自己的村庄，于是开始进行游击战术，发明各种随机应变的自保技能，这也是所谓"忍术"的缘起。

　　而这些类似于"游击队"的土著们，在漫长的历史中，也渐渐与当地的诸侯勾搭起来，伪装成平民——当然他们本来就出身平民，借用这种身份，潜入地方诸侯势力，进行各种间谍活动，刺探情报，而"忍"就是隐蔽、潜伏之意，虽然也有忍耐的意思，但并不像后人误解的那样，是忍受非人的训练才成为忍者。

　　日本的忍者中最著名的要数伊贺忍者与甲贺忍者，这两个流派被人们误以为是对立的，在《甲贺忍法帖》中，他们之间甚至像罗密欧与朱丽叶的两个家族一样，不死不休。后世有很多小说、影视剧、动漫、游戏都引入了这种概念，比如在《Brave10（真田十勇士）》（以下简称《B10》）中，属于伊贺的雾隐才藏就与甲贺的猿飞佐助在开始相互不爽，后来成为同袍，而在历史上，伊贺与甲贺之间并没有那么不可开交，还曾经联手帮助德川家康，通过伊贺国逃回领地，这就是在忍者史上比较著名的"伊贺越え"事件。

　　《B10》中的真田幸村，正是忍者军团的领袖，而他属下的忍者，既有伊贺派的才藏、安娜（穴山小助），也有来自甲贺的猿飞佐助，这些都是科班出身的忍者，而其他的勇士，则三教九流，有当山贼的由利，作为小姓的海野六

❯《BREAVE10》里的"真田十勇士"，右上角执扇者为真田幸村，左上角执长剑者为伊达政宗。

郎，玩火枪的筧十藏，来自出云大社的和尚三好清海和巫女伊佐那海，随身携带炸药库的弁丸（望月六郎），海盗出身的根津甚八。

其时为"关原之战"前夕，真田幸村在此剧中作为上田城主，从外形上看来，就是一个懒散大叔，束发乱蓬蓬，衣服穿得松松垮垮，即使去参加德川家的茶会，也不肯好好穿衣服。因为关原大战还没开始，更不用说上田之战，在这部剧里的真田幸村，只是偶尔与石田三成、直江兼续小聚一下，搞点小动作，并没有什么机会进行战略战术的展示，更多的是作为真田忍者军团的老大，集结队伍，进行备战，也就是他所说的要集齐"十个手指"的人。

当然，本部作品里作为后来胜出的德川家康，是被黑的对象，毕竟主角十勇士的立场是站在德川的对立面真田家的，所以德川经常被渲染的就是一个外强中干、色厉内荏，虽然政策霸道，却胆小得不行的猥琐老头，而真田幸村与之对比起来，更像一个江湖豪客，罩着一帮小弟。

说他是忍者幼儿园老师一点都不过分，真田十勇士各有各的特异功能，也各有各的弱点，话说老天往往是公平的，在某方面很出色的人，在另一方面就会有所欠缺。《B10》中，十个人因为各种棱角分明的个性，每天摩擦，不掐架不开心，而真田幸村作为他们的领导，真是一点也没有领导架子，他对每个勇士都是慈和并且宽厚的，即使他们犯了错误。用服部半藏对他的评价，那就是："自处高位，却心慈手软，这是致命的。"

虽然他平时对别人都是一副事不关己的样子，偶尔还有些莫名其妙地好色，但在遇到危险的时候，却能够镇定自若，很轻松地说着笑话，并且首先考虑的是上田百姓的安危，毫不紧张地寻找对策，这也是这个看起来像浪人一样的首领，能够得到属下拥戴的原因之一，在这一点上，猿飞佐助对他的评价是："勇气与智慧兼备的武将。"

《B10》里的真田幸村很自信，在遇到任何危机的时候，都表现出一种出奇的镇静与坦然，在出事的时候，并不责备属下，而是温和安慰，这与德川家康的专横形成对比，在江户茶会时，真田幸村面对伊达政宗的挑衅，用扇子迎战，并且最终将伊达政宗的长剑踢到德川家康面前，吓得家康差点尿裤子。真正的强大并不是声色俱厉，也不是残暴无情，而是即使处在劣势的时候，也能无视后果地随心所欲。

另一个让真田十勇士誓死效忠他的原因，是他对每个人都很了解。小姓海野六郎评价他，"比起什么少主，更像游手好闲者"。正是这种做派，拉近了他与十勇士的距离，他并不像个老板和主公那样每天吆五喝六，而是与十勇士走得很近，像一个很好相处的大家长，十勇士本质上是忍者，战国期间忍者往往都是被主人无情地驱策，很少有好下场。而真田幸村则把十勇士当成伙伴，表面上满不在乎，但内心却很担心他们的安危，在他眼里，年轻的十勇士们，更像是他的晚辈，他对他们的期许，是"平安就好"。

真田幸村在《B10》中并不像利用工具那样驱使十勇士去做高风险的工作，而是替他们考虑，并且充分信任十勇士，他对十勇士每个人都很了解，即使是看起来比较弱的人，他也并不轻视，而是随时给予鼓励。他不贪婪，时刻保持清醒，在明白了十勇士真正的实力时，却可以随时放手，有种"塞翁得马安之非祸"的智慧，而真正不屑于说给别人听的理由——凡事只考虑自己的人得到力量又能如何，这句话的潜台词却是，他不愿意牺牲信赖自己的十勇士，用他们来换取一将功成。

武力第一：战国第一强兵？

真田兄弟情与天下信念：《战国无双》

"战国无双"是日本光荣公司制做的，全称为"光荣株式会社"，这是一家夫妻档的店，夫妻双双都是战国史迷，老板襟川阳一用他拥有的第一台电脑，开发的第一个游戏就是"川中岛合战"，从此一发不可收拾。

"战国无双"是光荣诸多战国游戏和无双系列中的一个颇具影响力的游戏产品，凭借其华丽丽的人物形象，屌炸天的技能效果，玩的就是心跳的PK系统，和痛快的割草、杀阵打击系统，将很多游戏迷推入了日本战国史的大坑，不仅仅在日本掀起了一场战国史的热潮，也让很多中国的游戏爱好者成为日本战国史迷，有兴致去了解那个时代的每个英雄。

"战国无双"脱胎于"真三国无双"，或者说，它和"三国无双"是双胞胎，同一引擎系统下的，战斗模式和基本操作方式雷同，而角色也有对应性和相似之处，比如织田信长和曹操，真田幸村与赵云。而与这两个游戏一脉相承的大蛇无双，则将中日两个乱世的历史人物硬性掺合在一起，导致"德川家康与孙策并肩作战"、"在上田城监禁赵云"这样古怪的乱斗剧情比比皆是。

那么真田幸村和赵云有相似之处吗？战国无双又是如何演绎真田幸村这个形象的？在这款历史味道很浓的游戏里，真田氏都扮演了怎样的历史角色？

无双对善恶非常模棱两可，基本就没有什么招人恨的角色，除了疯魔小太郎有点无厘头的变态以外，其他人都有着自己的信念，只不过各为其主，体现了日本人崇尚的儒家"心学"，不同于中国的"理学"，强调生命活泼的灵明体验，而非克己复礼、尊崇正统。

每个人经历不同，所走的路也会不同，所追求的东西也不一样，没有所谓的对错，千人千面而已。所以，人与人之间的关系，也变得非常微妙，上一秒还是仇敌，下一秒可以一同坐在斗室里喝茶——我理解你的处境，但我不赞同你的做法，我不爽你的立场，但我敬服你的为人，这种莎士比亚戏剧式矛盾的人物关系，在战国无双中比比皆是。

在战国乱世，今天东风压倒西风，明天西风压倒东风，像真田家一样的小大名，在武田覆灭后，处在北条、上杉、德川等几大势力之间，朝不保夕，风雨飘摇，造就了表里比兴的真田昌幸，也促成了各自归属不同阵营的真田幸村和真田信之兄弟。

在战国无双动画里，真田两兄弟，遵照史实归属丰臣和德川两端。对于"义"，两个人有各自不同的理解，真田幸村所追求的，是对旧主的"忠义"，而真田信之追求的，是天下太平的道义。战国无双对这两兄弟的评价，不存在什么愚忠或背叛，是以一种很温和的历史观来看待的。

真田幸村是战国无双里的首选武将，在无双里的头衔，按照级别分为八个等级：拂晓的武士、十勇士的头领、有勇有谋的骑将、赤威的勇将、不死之身的烈士、战火中的勇士、仁义勇猛、日本第一兵，一步步变得牛掰，却总之离不开一个"勇"字。这当然是游戏策划专门用来对应真田幸村对德川最后冲锋的，明知取胜生存下来的希望渺茫，却依旧沉着冷静地冲向敌阵，这是需要多大的勇气，来战胜向死的未来。

在这个游戏里，真田幸村一如既往地使用他的十文字枪，而与之对应的三国赵云也使枪，枪扎一条线，而十文字枪抡圆了，可以连捎带刮，扫倒一片，威力更胜，尤其是在被围困的绝境时，枪以其一寸长一寸强的优势和锋芒锐利的攻势，勇猛无双。

在《战国无双2》里面，真田幸村的十文字枪变成了双枪，攻击力加倍，在《战国无双3》中，真田幸村的两把秘藏武器，炎枪素戈鸣和神枪五十猛尊更是威力十足。不过，有句话叫自古枪兵多薄命，使枪的勇士，通常打法都有点不要命的风格，直来直去，勇往直前，一条道跑到黑，绝不拐弯抹角，非常符合真田幸村的性格与命运。

《战国无双》里的真田幸村是非常坦率、正直并且重情义的，时而会头脑发热，比如在小田原合战时，就一个人跑到小田原城去挑战，差点陷入重围出不来。当然历史上没有这出戏，完全是动画制作为了突出人物形象而进行艺术变动，从而获得商业价值。

这部作品里出现的真田家，除了真田幸村和真田信之以外，真田昌幸只是在信之去投奔德川的时候打了一下酱油，而真田十勇士则被简化为一个女忍，信之的妻子稻姬也成为战士，与他一起守护真田家。真田幸村的岳父大谷吉继则是一身纯白，只露两只眼睛，借用了历史上因患麻风病而毁容的传闻。

《战国无双4》因为真田幸村的人气高涨，专门制作了动画《战国无双·真田之章》，其中真田兄弟是这部动画的主角，真田幸村和真田信之，从兄弟俩齐心协力对决北条，到关原大战决裂，道不同分道扬镳，再到大坂之阵真田信之来劝降，最后兄弟相爱相杀，这是一个比较流行讨喜的动画制作套路，迎合了很多游戏真田粉的YY心理。

在动画里，真田幸村从小田原之战时，是鲁莽的红衣少年，发型很摇滚，做派很新潮。而到了最后大坂之阵的时候，也只是个穿着红色盔甲的青年将军形象。史实上，大坂时期的真田已经是中年大叔了，而且由于九度山的困苦生活，他过早地衰老，头发花白，牙都掉了。不过，从年纪上看，40多岁死去的统军大将，依旧算是英年早逝，人们由于同情真田幸村，而将其年轻化，也是一种趋势，而游戏和动画都迎合这种玩家和观众市场的文化心理需求，将其年轻年轻再年轻，这也是提升人气的ACG营销手段之一。

从气质上来说，《战国无双》里的真田幸村是热血少年，即使到了后来大坂决战，也是热血青年，虽然在关原战败被俘后一度消沉，在九度山每天坐在山顶看云彩，看了十几年，却依旧没能磨灭血性，在最终决战的时候依旧是一骑当千，当丰臣军被家康的军队各个击破时，他单人独骑冲向家康的大本营。

当然，这是一种游戏和动画常见的桥段，必须惊险紧迫才能挑起高潮，不过这段夸张还是有本可依的，大坂夏之阵的时候，真田信繁出其不意地突袭，确实把德川家康吓得不轻，有说他被吓得差点自尽，也有传说推测当时确实干掉了德川家康，最后进行战后统一的收尾工作时，只是搞个替身装装样子。

顺带说一句，流行文化中的幸村粉，很多人称真田幸村为"杏花"，这源出于无双系列游戏的大蛇无双，喜欢给人起外号的出云阿国，称幸村为"杏花"，后来被很多"苍红派"的同人女沿用，而幸村喜欢穿红色，杏花恰巧也是红色，故此有这么一个离奇的外号，带着很浓郁的腐文化味道。

真田信之在《战国无双》系列游戏的前三部里，一直是跑龙套、大众脸，而在动画里，却借着弟弟的光，一跃成为二号主角，从而得到了良好的外形塑造。历史上的信之，加入德川一方是迫于形势，还有一种说法，是真田信之与石田三成交好，即使归属了德川，也继续与石田三成暗通曲款，而在《战国无双》动画里，真田信之主动加入德川一方，自觉地站到石田三成和丰臣家的对立面，理由是为了守护真田家，为了天下太平，顺应时代对和平的召唤——这与真田幸村那种知其不可而为之形成鲜明对比，真田幸村留在西军的理由是"为了贯彻这份义气"。

《战国无双》中的真田幸村。

《战国无双》中的真田信之。

在《战国无双》动画里，真田信之的主要作用是不断地四处跑，一会儿跑到上杉的越后，与直江兼续谈谈生存之道和天下大爱，顺便拉上杉下水。一会儿他又跑到大坂城挑个衅，再与前田庆次套套近乎，总之哪里有危险，德川就派他去哪里，但他总能化险为夷，不仅保住性命，并且出色地完成任务，武力值和智慧都不逊于真田幸村，在归顺了德川之后，基本就是各种做说客，像苏秦、张仪一样连横合纵。

基本所有动画里的银发男子都是又冷又酷高智商，亦正亦邪本领强，《战国无双》里的真田信之却是出奇地老好人，三观极其正，不仅自己有着高尚的信念，还四处大灌心灵鸡汤，用"保护天下太平"给德川秀忠洗脑，用"寻找生命的意义"阻止幸村自我了断，嘴炮功夫了得。但这个银发的家伙，并不是个省油的灯。为了所谓的天下太平，当德川问他如何处置幸村的时候，他的回答是"难免一死"，并没有为弟弟求情，事后又各种内心愧疚，还经常让稻姬给九度山的幸村送生活用品。

比较值得一提的细节，是真田信之的发饰——六文钱的蜻蜓翅，六文钱是真田家徽，而蜻蜓则借用了本多忠胜的武器蜻蛉切。《战国无双》用这个外在细节来诠释了真田信之的立场与内心，既是真田家的儿子，也是本多忠胜的女婿，脚踏黄河两岸，矛盾中见真相。

赤色幼虎的成长之路：《战国BASARA》

这是一部卡普空出品的历史性架空的游戏作品，所谓的历史性，在外部人设以及很多小细节上，非常遵循历史设定，比如很多人物的盔甲，都是参考了各个博物馆文物原样而设计的，而其中很多故事典故，也参考了诸如司马辽太郎及其他一些近现代日本战国史小说家的故事设定，人们总能看到自己熟悉的东西。但是，由于它的名字叫BASARA，一开始就注定了脑洞大开的恶搞路线。

"BASARA"翻译过来，就是"婆娑罗"，意指否定传统的权威，随心所欲自由豁达的生存意志，所以，无论是在游戏还是在动画里，所有的人物都不再受历史的局限，而是原创式发展，很多失败的英雄因此有了技压群雄、以强大来争霸的可能性。真田幸村在此间出现了颠覆式的变化，一改历史小说中的悲剧命运，成为战国BASARA中数一数二的勇武神将，动画里最初的真田幸村，让人觉得策划在设定这个人物的时候，大概忘了植入大脑。非常舞台剧风格的一根筋，每次出场必要大喊大叫着"馆主大人"扑向武田信玄，然后被武田信玄一拳砸在墙上，教他做人的道理。事实上武田信玄去世的时候，真田幸村才6岁，连枪都提不起来，更何况上战场，不过既然是BASARA，也并不需要拘泥于这些细节，真正较真起来，丰臣秀吉比姚明还高大，本多忠胜变成高达，都让人汗如雨下。

战国BASARA中的真田幸村在外形上引导了后期很多游戏动画中真田幸村的人设，一身红装，摇滚造型。没有了长长的鹿角兜，把赤备胴具足也拆分开了利用，笼手和草折部分得到了保留，而原本胴的部分被缩减成了一个类似于散热器形的装置，臑当部分也被精简成了灯笼裤、雪白底、赤红焰。头上很愤青地扎着红色的钵卷，留有非主流的爆炸发型，双手握着暗红色的双枪朱罗，脖子上还用绳子穿了六枚铜钱做配饰。造型要多前卫有多前卫，一切都以美型为主。不论时空怎么变换，无论是"上田之战"、"小田原之战"，还是"关原之战"，真田幸村都是一如既往的青少年，这就是架空的真谛。

正因为真田幸村在历史上以最后的赤备冲锋而被定名为"战国第一兵"，在战国BASARA中，他不仅外形是一身火红，连战斗技能也离不开红与火。炎属性的战斗特征，让他打出的技能大多带有火焰红、火走、烈火、凤凰落、红莲脚、虎炎、热血大喷火，这种横冲直撞的角色攻击力超高，如同一头带着火焰的老虎，横扫所有关卡，华丽而具有高效杀伤力，属于攻高血厚的战士型。

而在《战国BASARA·真田幸村传》中，也出现了真田昌幸与真田信之。

真田昌幸的设定是一个魔术师，因为是智者的形象，身上基本没有盔甲，手执短矛，穿着如同魔术师般的装束，用各种神鬼莫测的奇术扰乱战场，而每次消灭敌人之后，必然会如魔术师般脱帽致敬。虽然这个设定有些离谱，但本质上，真田昌幸在战术上和战略上的足智多谋，确实可以用战斗魔术师来形容。此外在他的大招中，出现了武田信玄的虚影，也有承继武田兵法的意味。

真田信之的形象则十分刚猛，硕大的白色双马尾迎风飘扬，颇有特色，他的盔甲红白相配，腰间缠着六枚大钱，而他的武器也让人捉摸不透，扛着一个巨大的梯子驰骋战场，进行割草战斗，战斗到一定阶段还可以站到梯子上狮子吼，所以在这部游戏里，他的设定基本是一个能够横扫千军的勇士，别名为"信浓的狮子"，其信念是让真田家在乱世中存活下去。

在主线的《战国BASARA》中，真田幸村即使在最后的战役中，依旧是以武力著称的，而到了真田幸村传中，则更加侧重他的成长，随父兄学习为人处世的道理，积累战争经验，并与各国武将遭遇，满腔热血，在乱世中与父兄全力支撑真田家。《战国BASARA》的幸村传中，真田幸村的外形变得更加华丽，双枪的形态也发生了变化，故事以真田幸村从少年到青年的路线展开，《战国BASARA》1—4里，尤其是在动画里，由于剧情需要，违逆历史而开启了"第二次关原合战"，在真田幸村传中，则出现了大坂之阵，并且竭力向史实回归。

"苍红"是从这部ACG走出来的比较有特色的动漫术语，真田幸村与伊达政宗难分难舍的对抗，被很多腐女同人狂热追捧，演绎出很多类似"奥州暴走族与上田小虎队不得不说的故事"，而从此开始，"红蓝出CP"（红蓝搭配）成了很多游戏与动漫乐于采取的一号主角与二号主角的色彩与性格设定，高冷与热血自此官配成双。

真田幸村的成长也在与伊达政宗惺惺相惜的战斗中不断推进，从最开始的联手消灭第六天魔王，到"关原之战"后，经历了一个从懵懂少年到能够分辨天下是非的青年将军，而相对比较坑的设定是，武田信玄一直活到"关原之战"，并像老爹一样，用家暴的方式给予真田幸村以耳提面命式的教导。此外，在各种比较无厘头的乱斗式的战斗中，真田幸村遇到了诸如织田信长、丰臣秀吉、德川家康等人，在与各种人的战斗和交流中，也积累了很多新的人生经验。

从庙堂到江湖：真田氏的其他形象

柴田炼三郎笔下的江湖领袖：《真田幸村》

整部《真田幸村》看完，被雷得外焦里嫩的大有人在，虽然真田幸村是个历史人物，书中主线也走的是历史套路，但怎么像在读古龙的武侠小说？话说回来，这本来就是个时代小说，演义性质浓烈正是其特性。

柴田炼三郎首先是个小说家，据说他的小说，对古龙影响极大，而古龙武侠中，也出现了很多忍者，不论善恶，不详出身，鬼迷神疑地来来去去，十分神秘，而古龙的文字风格，也很倾向柴田炼三郎的文风，精练犀利、灵动跳跃、意境深远、富有张力、悬念无限……这里不是来吹捧古龙的，我们要看的，是柴田炼三郎笔下的"真田幸村"，以及他身周的人们，姓真田的与不姓真田的他的亲友，以及与他同袍或与他敌对的各色人等。

先不论偶尔旖旎惊艳、浪漫如诗的文字，也不论时不时重口味的H桥段，单单从角色上来看，忍者的戏份竟然多于本书主角的戏份——书名都是人名了，怎么还这么悠闲地把那么多笔墨花在他人身上？果然，这依旧是本打着历史人物幌子的武侠小说吗？或者，它只是从另一个视角，来诠释我们的主角呢？

历史上的真田幸村从16岁的初阵，到最终的决战大坂夏之阵，虽然经历了三十几年，然而参战次数却屈指可数，而他单独挑大梁的、拿得出手的战绩，也就只有大坂之阵。但是，几个因素，使他一跃而成为真田家的形象代言人：英年早逝、智勇双全、悲剧下场、搏命一战，以及比较关键的，被德川家康评价为"战国第一兵"。

柴田炼三郎笔下的人物，大多是"孤独的漂泊者"，都是行走于正统边缘之人，是讨厌独裁、不被霸权所裹挟的浪客侠士们。在《真田幸村》里，真田幸村代表着一种如樱花般易逝易灭的悲剧之美，也是柴田炼三郎寻找读者共鸣的一种方式。

所以，这部小说的主旨也就显而易见，展现的是"明知将要灭亡的败者，在最后时刻展现的武道之美"，从一种比较江湖的视角，赞美"为了丰臣家施展神算鬼谋的军师"真田幸村，当然，更引人的是十勇士等忍者荒诞离奇、近似超人的活泼故事。

《真田幸村》里面出场的主要是真田昌幸、真田幸村、真田大助这爷孙三代，对于真田幸隆和真田信之等真田家的重要角色，以及其他人物都一笔带过，或根本未着笔墨。当然，戏份最多的还是真田幸村，真田昌幸就作为一个类似于场外指导式的角色，推动着主角人物命运的走向。对于真田大助，则完全以一种全新的形象出现在人们面前，不仅颠覆了他的身世、命运，甚至连职业都变了，从一个武将摇身一变成为忍者。

真田幸村是这部书的灵魂人物，是危若累卵的大坂城最后的支柱，是真田十勇士的老大，是德川家康想方设法要除之后快的劲敌，有"日本第一强兵"之称，但在书里，却十足十地有着一种江湖领袖的风范，六文钱队与其说是他

的家臣团队，更像个江湖帮派。

这部书里的真田幸村，并不是高高在上的高级将领，他沉静淡泊，随和亲切，洒脱执着，好奇心重，时而还有点小坏、小可爱，但又不乏杀伐决断与必要时的狠辣。柴田炼三郎给他的是正面的形象，也是所有关于真田幸村的小说和影视、动画中，最活泼灵动的一个"真田幸村"，在柴田炼三郎笔下，他斡旋于战国时代的朝堂与草莽，演绎着一个介乎江湖领袖与骨干重臣的角色。

十勇士：归附真田的奥秘

《真田幸村》是小说《猿飞佐助》的续篇，在《猿飞佐助》篇里，真田幸村是个背景人物，戏份不多，但每次出场都令人眼前一亮。有人说，这部小说其实是在模仿西游记，猿飞佐助是孙猴子、才藏是猪八戒、三好清海是沙和尚。当然，唐僧自然是真田幸村。不过真田幸村并不像唐僧那么窝囊废，他统率下的十勇士，没有一个不是对他有着高度的忠诚之心的。

柴田炼三郎的节奏一点也不着急，叙事从来娓娓道来，恨不能从祖上三代前说起缘由。对于十勇士的每个人，他都不惜笔墨，十勇士个性鲜明，来自五湖四海，却又归宿于同一个目标，真田幸村。

在十勇士每个人的眼中，真田幸村都是不一样的。对于为三入道、穴山小助等人来说，真田幸村是值得卖命的对象。对于三好清海这种生下来就是江洋大盗的人来说，真田幸村不是主人，而是朋友。

三好清海是个有野心、有抱负、有作为的三有和尚，他与幸村的关系，更像是合作关系，因为二人有着共同的目标——干掉德川家康。因此，这种目标明确的人，更容易自发积极地为自己创造条件，为了获得刺杀德川的任务，三好清海自告奋勇地要尝试，但真田幸村并未准许。固然是因为不是佐助不太靠得住，也是因为他正确地预见到了丰臣家不乐观的未来——这也正是真田幸村心中所想的，只是出于无奈不能承认罢了。

　　三好清海知道真田幸村离开九度山，目的之一就是为了继承父亲遗愿：与德川再战一场。而真田幸村的另一个原因，辅助丰臣家这个目标，已经希望渺茫了，所以，他接着要刺杀德川，希望能达成这个他与幸村的共同目标，但是，幸村在此却退缩了，他并不是怕，只是更想在战场上与德川决一雌雄，暗杀这种手段，只作为不得已的策略。而这种对于真田幸村矛盾心理的表达，也是他形象的延伸。据悉大坂城有密道，是供战败时逃走用的，可见真实历史上的真田幸村战术也是非常灵活的。

　　此外，作为海盗的岩见重太郎，见到了真田幸村的另一面。他是慕名而来，结果却发现真田幸村不仅生活得非常简陋，而且还要组织人做手工小作坊养家谋生——颇有点英雄末路的凄凉。不过三好清海给了他一个惊喜，继之他明白真田纽工作只是一个掩护，让德川家康无法觉察蛰伏九度山、处于被监视地位的真田幸村居然还能够暗地里练兵。

　　对于雾隐才藏来说，真田幸村是个有趣的人，不过，他很为幸村不值。丰臣家多次否决了幸村的正确路线，而且有兵不给幸村用，有钱也不给幸村用，一个大写的"抠"字。所以，才藏多次撺掇幸村，要么自立门户，要么另寻出路，不要作茧自缚地给坑爹的淀殿和秀赖卖命。对此，真田幸村很淡定地自嘲"我真田左卫门佐会一边嘲笑着自己一边走向灭亡"，无奈中透着傲骨，折服了才藏。

　　猿飞佐助是个倒霉孩子，虽然天真纯洁有点萌，但毕竟其貌不扬身材古怪，而且有着那么悲惨离奇的身世。他不蠢，但是有点傻，因此他的师父评价，他没什么大出息，但是可以找一个清正廉洁的名将来辅佐，于是到上田城去投奔真田幸村。但历史上上田之战时的真田幸村才22岁，既称不上名将，清正廉洁方面也并不经典，不过小说家言，总要创造点因果。真田幸村与猿飞佐助这对搭档从此时开始，一直配合到大坂陷落。幸村对佐助，是比自己的儿子还信任，而佐助对幸村，那就不只是唯命是从，而是可以为其舍命的崇拜。

真田十勇士是《真田三代记》、《难波战记》、《立川文库》中虚构的人物，不过海野、根津、望月、穴山，在真田幸村的家臣中确实有这几个姓氏。这十勇士的故事在日本非常有名，尤其在20世纪中叶左右的青少年中，基本上就像中国的《西游记》、《水浒传》和《三国演义》，影响着一代又一代的年轻人。特别是猿飞佐助和雾隐才藏，对于还不了解历史的青少年来说，是非常喜爱的角色，而作为他们背后的大人物真田幸村的形象，也随着他们的流行而得到了更广泛的普及，在这一视角里，带领"六文钱队"的真田幸村，与其说是一个丰臣家的股肱之臣，不如说是一个更擅长江湖手段的浪人武士集团首领。

真田幸村的奇袭

柴田炼三郎参加过二战。据说他曾经因为所在舰船被盟军击沉，不得不在巴士海峡漂流7天，但这厮在漂流中有着极高的精神境界，泡在海里最苦难最难挨的时候，竟然在吟诵唐诗宋词，骨子刻着深深的浪漫主义印记，也可见不以物喜不以己悲的坦荡。

这对他小说中的角色塑造有着极大的影响，这种流浪般浮沉无依，却又苦中作乐，甚至满不在乎的心境，这种不被外界所感的柔和的坚强，弥漫在他笔下的忍者侠客们的灵魂中。

真田幸村也是一个漂泊的英雄。真田家这种小大名，生不逢时，虽然真田两代人的谋略都十分出色，但可惜天下大势已定，想出头难上加难。在战国时期，身如不系之舟，作为狂风巨浪中一艘随时可能倾覆的小船，真田家一直在寻找归属感——真田昌幸的归属感，最初是武田家，武田灭后，是努力提升真田家的实力和价值，而到了后来，真田幸村最终的归属感，属于丰臣家。

但即使这样，柴田炼三郎并没有把真田幸村塑造成一个古板的忠臣，当然也不是历史上胡子拉碴、头发花白、未老先衰的大叔形象，而是用了各种讨喜的关键词来形容他：沉静、从容、平和、富于智略、美男子，觉人之诈而不形于色，心如死灰却依旧我行我素，处处为丰臣家考虑却并不愚忠，理想主义却能保持世外观的心态，简直是国民级偶像形象养成中。

兵贵正和，但没那条件，创造条件只能搞奇袭。在柴田炼三郎笔下，真田幸村以其高智商、强大的心理素质及优秀的军事才能，试图在丰臣末世力挽狂澜。

大坂之阵的形式，在九度山时，真田昌幸就已经预言了，他的策略是有胜算的，但胜不了人心。真田昌幸在上田城以两千人牵制德川秀忠三万八千人的战例，给了幸村极大的信心，在高野出家的十几年颇有卧薪尝胆的滋味，想用研习已久的兵法且试天下。

真田幸村先后在不同的情况下给丰臣家做了如下的重要建议：

第一，刚进大坂城时，提议修建真田丸——被采纳。这种坚固大坂城的守城之策，得到了上下的认可，增加了淀殿和秀赖的安全感，因此得以实施，最后也成为大坂冬之阵上能抗衡德川家的关键。

第二，东西关系断绝时，提出主动出击，攻城略地，树威徕远——被驳回。不出城是淀殿和秀赖的底线，真田提出让秀赖到天王寺亲征，一则违反了淀殿的命令，二则秀赖没那个胆子。

第三，德川家康向大坂进发的途中，真田幸村提出夜袭劳师袭远的家康——又被驳回。这次驳回他的是文官大野治长，典型的外行指导内行，不过，大野开口，当然是替太后把关，讨好秀赖，"不能出城"是原则，况且，这时候真田幸村尚且寸功未立，信任度也尚未建立，很难说他不会趁着夜袭的机会，带着丰臣的军队去投奔德川家康——没什么本事的人，总是会想得很多，主观上大野治长似乎是更加全面的忠心耿耿，客观上帮了德川家康一个大忙，同时也给"一片赤胆"的真田幸村泼了一瓢凉水。

第四，在冬之阵议和后，大坂变成无防御的裸城，幸村建议去暹罗——不仅被驳回，而且辅助建议的人都被淀殿派人杀掉。真田幸村这根线埋得很长，从真田昌幸就开始布局，让山田长政去南洋发展，其实暗含着铺出一条退路的意思，而到了大坂之阵的时候，山田长政已经在暹罗安营扎寨，如果丰臣听从真田的建议，远渡暹罗，未必不能安身立命，甚至可以休养生息，有卷土重来的机会。结果提建议的人，却遭到淀殿的冷酷镇压。

第五，还是议和后，真田幸村提出趁着德川松懈下来进行奇袭——被淀殿驳回。被驳回的理由很奇葩，说议和合约是神书，违背了要遭天谴——战国年代，撕毁个合约就遭天谴的话，那织田、武田、丰臣、德川几大佬早就被雷劈死好多次了。淀殿的潜台词依旧是，和平至上，不要战争。但战争并不是你想躲就能躲掉的，真田幸村的妙计被当权派否决时，他只好自力更生地搞小动作，让他的六文钱队去搞刺杀、防火、下毒、放冷枪这些游击队的手段，展现了类似江湖领袖的风采，也真是被逼无奈。

真田幸村在九度山的时候，丰臣秀赖给他画了个饼，许诺授予他50万石的优厚条件，他只是微微一笑，并不当真，却真心不变。德川家康给他实打实的10万石，却被他鄙视了，用50万石的条件揶揄德川。这种在德川家康看来是"执拗"的不惜生命，却是一种不为名利的执着。即使德川处于劣势，即使秀赖是个大话精，但我固守我的信念——柴田炼三郎在这里体现了真田幸村的信义。

很多人分析，在田中芳树的科幻小说《银河英雄传说》中，自由行星同盟的统帅杨威利，大概就是以真田幸村为原型的，被称为"百年难得的天才智将"、"战术魔术师"的杨威利，与真田幸村在很多情况下有着相似的命运，临危受命却遭遇如同朽木的政治格局，即使战术层面上再出类拔萃，也无法挽回战略层面上的失败——换句话说，他们保错人了。

但对与错这事，谁又能说得清，有钱难买我乐意——即使丰臣家的孤儿寡母鼠目寸光，即使对付德川家的百般手段都被浪费，即使在最终说出"任从天命"这样心灰意冷的话，真田幸村依旧在尽人事，各种奇袭，在最终还派自己的亲儿子去刺杀德川家康，显示了我固然无法取胜，但也一定不能输的气概。

变身忍者的真田大助

这个13岁就丧生战火的少年真田幸昌（大助），生在真田幸村被迫蛰伏于九度山的时候。虽然是真田幸村的嫡子，但历史上对于他的记录并不多，反倒是民间记录中颇为活跃，主要还是因为他的出身。在这部《真田幸村》里，他是幸村和女忍所生的，从生下来就开始接受严苛的忍术训练，骨子里异常要强，胜负心非常强。

真田昌幸和真田幸村都是很执着于胜利的人，但是真田大助更甚。他的名字是真田幸昌，也就是为了纪念祖父，将其名字真田昌幸颠倒过来——但是他和表里比兴的祖父一点都不像，这孩子太直肠子，也太骄傲敏感，所以注定命运多舛。

当然，历史上的真田幸昌是幸运的，也是不幸的，他还没有到青年时代，战争就已经走到了尽头，如果早生20年，说不定可以叱咤风云，建立一番功勋，但是，他遭遇了丰臣与德川家的最后一战，并在其中充当了重要角色，也算不枉此生。当然《真田幸村》里的真田大助并不是一个正经的年轻将领，而

插画中的真田大助。

是从忍者出身，做事风格和技术都带有忍者气息的年轻将领。

这部书里更注重描绘的，是真田幸村的舐犊之情，从他告诉佐助对大助宽容些，到后藤又兵卫点化大助时，幸村对又兵卫的感激之情，以及后来的在战争接近尾声时，真田幸村派佐助去搭救真田大助，都折射出了真田幸村注重亲情的另一面，他并不只是个统筹千军的将领，也是个慈父，这一点上，让他更加接地气。

真田大助在此书中仅占据一个章节，而他的忍者才能展示仅仅出现了几次，而前两次并没有什么建设性，一次是去挑战忍术大师玄梦斋，一次是去找又兵卫的麻烦。不过，后者虽然主观上没什么意义，但通过又兵卫，他明白了父爱是什么，当然，也了解了真田幸村的心意。

傲气的人，往往在内心是自卑的。真田大助就是这样一个孩子，而真田幸村通过女忍给他的信，也了解分析了这个孩子可能的性格。

真田幸村像普通的父亲对待自己儿子一样，他非常尊重真田大助的性格，理解这个孩子心中的痛苦，并引导他走向正途，在自己力所能及的地方回护着这个孩子。从这点上看，历史上著名的"日本第一兵"，走下光环围绕的舞台，更加具有普通人的气息。

作为兼续徒弟的真田幸村：《天地人》

战国时代光是国家就有50多个，而每个国家还有不同的势力，而每股势力中，总有那么几个人，或因战功卓著，或因个性突出，或因奇葩事迹而被历史记住。作为越后国名将，直江兼续也是个特立独行的存在。

这个头上顶着个"爱"字头盔作战的上杉家第一重臣，在战国的争权夺势与钩心斗角中，高举正义与仁爱的大旗，文武兼备又洁身自好、忠心不二，是让两个天下人丰臣秀吉和德川家康都赞不绝口的陪臣。不过也有人考据，直江兼续头上的"爱"字，和上杉谦信的"毘"字差不多，都是取自神佛之名，上杉谦信是毘沙门天，直江兼续则是爱染明王。

在《天地人》这部小说以及同名电视剧里，直江兼续则是作为真田幸村的老师一样的角色存在的。因而为了突出直江兼续的教导作用，真田幸村的形象，也与其他文艺作品中的大不相同，没有那种少年老成与气定神闲，更像是个乡下野小子。

在日本放送协会2009年的大河剧《天地人》中，真田幸村的角色选了一个高鼻深目的混血演员城田优。当然，真田幸村作为战国武将的人气NO.1，在这部剧里也得到了肯定，所谓的欲扬先抑，真田幸村的祖父和父亲都被挖出来说事，祖父出身小领主，而父亲走马灯似的换君主，都并不光彩，那么问题来了，作为这样一个家庭的次子，真田幸村是如何崭露头角的？——当然，在这部小说的视角里，老师直江兼续的教导功不可没。

史上真田幸村在1585年到上杉家，年方18岁。其时真田家被德川搞得火烧眉毛，不得不向刚刚交战过不久的上杉家求救，结果上杉家就救了。当然，本书里为了对比显示上杉家的仁爱，很是黑了真田一家。真田昌幸只是为真田家的生存，而不惜利用上杉，并未将他们作为忠诚的对象，只是找到下一个更强大主君之前的过渡。

《天地人》中，为了显示直江兼续的感染力，所塑造的真田幸村，狂野不羁、锋芒毕露，叛逆得很，冷酷偏执没礼貌，对于很照顾他的直江兼续处处挑衅，做派十足混蛋。直江兼续的随和亲切，却被他看为心口不一、伪君子，他精力旺盛处处找茬，对别人的善意充满敌意，比武耍诈，还理直气壮地说，"战场上没有什么是卑鄙的，一切都是为了赢"，不相信任何人，随时可以背叛任何人，十足地继承了他老爹见风使舵的生存之道，也是很多战国武将的生存之道。

直江兼续对这种状态的幸村，归因于他的小大名的家庭出身，以及父亲的管教无方，在真田的上田城面临德川大军压境时，以德报怨，不仅说服上杉立刻出兵协助真田，还放作为人质的真田幸村回去参战，这种信任与仁义，对真田幸村的怀疑主义世界观是个晴天霹雳。真田幸村最终拜他为师，直江兼续没有教他武艺，当然可能真田幸村的武艺比他还高，也没有教他写文章，而真田幸村却被感动，继承了直江兼续的精神，从此燃得一发不可收拾，即使经历十几年的苦难，依旧斗志不减。

在最后的大坂之阵时，直江兼续与真田幸村再次相见，当然，这是小说里杜撰的，真实的历史里见没见实未可知，不过没见的可能性更大，因为此时的真田幸村忙得不可开交，根本没时间也没精力去秘密约会老朋友，喝酒聊天。

在这部书描述的大坂之阵中，真田幸村的地位与其他作品中不同，在这里，丰臣家认为有两度击败德川经验的真田家，是大坂这边最大的王牌，成为丰臣家在没落时的武力和战斗上的支柱。

《天地人》海报，尖顶，"爱"字头盔者为直江兼续，真田幸村在右下角。

真田最后见到直江兼续时，身上已经再没有半点当年孟浪的气息，和直江兼续一样沉稳成熟。两人促膝相谈，回顾"关原之战"，谈论当年的梦想，直江兼续希望幸村能够忍耐，但幸村明知道大坂必败，依旧为大坂而战。而直江兼续则劝他保护德川的外孙女千姬。

结果真田幸村真确实与淀殿和秀赖救出了千姬，不仅让直江兼续感动，让德川秀忠震惊，甚至让老谋深算，看起来十分冷酷的家康，也被感化得老泪纵横。

在真实的历史中，千姬是自己逃回来的，然后就出家了，并非是因为秀赖、淀殿、幸村、直江兼续等人的保护与爱才逃生的。不过这本书的主题就是慈悲为怀，为真田幸村套上此项标签，也算是为了点题。

甚至连直江兼续都十分肯定他，说他干得漂亮。而真田幸村最终悟出了自身战略方向："战争的胜利，并非是使对方屈服，而是保留精华，并使其流传后世的一方，方为真正的胜者。"换句话说，依旧是那句话——我可以战死，但我并没有战败。而真田幸村最后的一万对二十万，也是以另一种方式推进战国时代的结束与和平时代的来临。

把真田幸村撕作三份：《网球王子》

"菊与刀"的武士文化是日本文化的核心之一，因此，在日本动漫里，只要能与竞技类扯上关系的，很多都被代入"武士"的概念。就不说踢足球、打篮球这些体力技术合一的类型，会出现各种足球武士和篮球武士，骑自行车、溜冰、赛艇里也有武士精神，就连下个围棋，打个麻将，玩个花牌，也能自圆其说地融入武士文化。

《网球王子》中各个学院间的竞争，本就像战国时期的各路大名间的征伐，真田幸村这个被誉为日本第一武士的历史人物，也被许斐刚借来充分利用，不过，设定的形式很离奇，把真田幸村的形象撕成三份来表现，真田弦一郎是他的武士部分，幸村精市是他的智慧部分，不二周助是他的精神部分，这三个在众多的网王人物中脱颖而出，都人气十足，如同真田幸村形象的三个影武者。

真田弦一郎的拿手绝招是风林火阴山雷，源于《孙子兵法》中的"其疾如风，其徐如林，不动如山，侵略如火，难知如阴，动如雷霆"，不过，在日本战国，以"风林火山"著称的，却是武田信玄。而真田家曾经作为武田的家臣，即使其后武田家灭亡，风林火山的信条和武田战术也被沿袭下来，并运用到后期的战略中。

真田弦一郎每天早上4点爬起来练习坐禅和剑道晨练，相当刻苦，自制能力非常强。而真田幸村被困在九度山上时，才34岁，正是风华正茂建功立业的年纪，野心和精力都是无限的，却被迫过着可能永无出头之日的生活，但依然不放弃希望，每天学习，这份坚韧与刻苦，也是后世人们敬仰他的原因之一。而昌幸死后，幸村一人挑起复兴真田家，对抗德川家康的重任。在网球王子里，由于社长卧病在床，真田一人肩负起统领立海大、进行卫冕战的重任，最终却输给了后起之秀青春学园，与历史上的幸村也是何其相似。

从真田弦一郎的角度看，真田幸村的一部分性格被继承下来，具有坚定的意志和不可动摇的决心，性格中孤傲而严格，不服输、不放弃，是一种拒绝妥协和败北的硬汉形象。

幸村精市，这个"王者"立海大真正的国王，却是一个身材纤弱，十分俊美，看起来斯斯文文的人，但打起网球来，却有一种无形的霸道，静谧的压迫感，虽然笑容沉稳，性格宽厚亲切，却能把立海大那些古灵精怪的队员管束得服服帖帖，实在很有一套。

作为网王中真田幸村形象中智慧冷静的一面出现，幸村精市使用的技能也非常高端，让人云里雾里，灭五感、梦境、无我境界、能力共鸣……如同真田幸村神出鬼没，以无招胜有招的用兵之法。

正因如此许斐刚也很体贴地为他安排了一个历史性的对手德川和也，这基本上是个职业选手级别的对手，对于高中生的幸村精市来说非常强大，但幸村精市就能分分钟教他做人，用自己各种奇诡的招数策略，把对手引入自己的

◀《网球王子》中的立海大附中队，右下格占幅比例最大的依次是真田弦一郎（偏左戴鸭舌帽者）和幸村精市（偏右紫发者）。

◀《网球王子》中的不二周助。

圈套，令傲气的德川和也找不到北。幸村精市的观察力超强，对敌时也十分敏锐，是一位智将型的学园领导者，以及在技巧、精神上十分高超的网球选手，在众多网球王子中，他的战斗力几乎可以算是第一位的。

提到不二周助，只要看过网球王子的人都不会陌生，在当年网王连载的时候，他在人气排行榜上的排位甚至一度超过了越前龙马。但是，他与真田幸村又有什么关系？仅仅是因为他长得帅或者是天才？当然都不是，表面上看，他可能和真田幸村一点都不像，没半毛钱关系，但骨子里，不二周助却也是以真田幸村为原型的。

真田幸村在历史上所参加的几次胜利的战役，都是以守为主，只是后来大坂无险可守，才不得不拼个两败俱伤的打法，出城直线突击。而不二周助的网球，其核心也是防守，他在打球时，从来不急不躁，先让你尽情展现，尽情地表演，他全盘兵来将挡，水来土掩，在关键时刻再祭出绝招，一击致命，这种策略模式，名为底线反击，归根结底还是一种用高超的防守来消耗战胜敌人。

无论是两次上田之战，还是大坂冬之阵，真田幸村所展现的防守能力都是超强的，因此，他的守护，也变成了一种象征，提到真田幸村，就会想到那个面对德川大军而岿然不动的真田丸。明明主角越前龙马是带着光环的，但不二周助仿佛是BUG一样的存在，未必能很强势地战胜龙马，却是龙马难以超越的。

不二周助的技能并不霸气，但单从防守来说，是无懈可击的，而建立在防守基础上的进攻，也让人难以破解，无论是燕回闪、巨熊回击，还是白鲸，他的回击总是恰到好处地让人防不胜防，建立在防守时对对手充分了解的基础上，技巧精致得让人叹为观止，甚至有人评价"这是违反牛顿力学"的技能，才气四溢，却又谦卑温和，气定神闲，总是做个能看透事情本质的旁观者。只有在他真正发怒的时候，才会一点不给对方面子，彻底打击对方。

而无论是真田弦一郎、幸村精市，还是不二周助，都有一个共同的特点，就是不形于色，会玩深沉，轻易难以猜透他的情绪，这恐怕也是真田幸村作为一个智将、军师所要保持的境界。

奇怪路线演绎真田幸村：《新选组》冲田总司

在幕末的新选组里，冲田总司是一位尤其悲剧的人物。虽然新选组的主要人物都很悲剧，不过至少战死还是比较正经的死法，而冲田总司作为剑术天才，最终却年纪轻轻死在病床上，不仅是悲凉，而且是遗憾。

"动かねば 暗にへだつや 花と水"这一句，记载在冲田总司的遗物上，据说很多人认为是冲田总司的辞世词。后世人根据这一句，解析出无数种心境。冲田总司离世时，所住的植木屋，恰好有春天的樱花倒映在水面，因此被解释成："花啊，快点动起来吧，若是静止不动，黑暗来临时，花和水就会被它所隔离，那美丽的水镜景色也不复存在。"以此来映衬冲田总司内心的不甘，虽然想去战斗，却再没有拿起剑的力气，只能静静地等待死亡的来临，命运对于这个出色的年轻人是如此残酷。

话说回来，幕末的冲田总司和几百年前的那个真田幸村，似乎是八竿子打不着，并没有什么直接或间接的关系。不过，在《新撰组异闻录》中，却打了个擦边球。

年纪轻轻，样貌清秀，却能够在战斗上独当一面，不仅剑术高超，而且凭智慧战斗，这是冲田总司与真田幸村比较相似的一面。此外，据说真田幸村在大坂之阵时，大坂的老百姓曾经为军队送红豆饭，以示支持。而在新撰组里，红豆饭是冲田总司和队士们非常喜欢的食物。当然，这并不能说明什么，因为日本有些地区的传统，只要发生好事，结婚成年，家长都会做红豆饭以资鼓励。最让人无法忽略的，则要数冲田总司养的那只猪——才藏。

雾隐才藏是真田幸村系列传说中真田十勇士中排在前列的，能力不低于猿飞佐助，属于伊贺忍者，深得真田幸村倚重。而到了《新撰组异闻录》中，则变成了冲田总司的宠物猪，每天要么四处乱走，推动剧情发展，要么被总司抱着，人猪相映成趣。

新选组和真田军的又一个相似之处，是都处于末世，只不过一个是德川幕府的尽头，一个是丰臣政权的终结，两个都是最终守护，并且结局悲壮，而真田幸村与冲田总司，都是英年早逝，一样的在武艺上有天分，并且勇猛果断，城府颇深，被敌人畏惧。而在最后，两人同样是自低微出身向上发展，继承家业后成为藩士的冲田总司，与因"关原合战"的战败而成为浪人武士的真田幸村，同样有着借助战事扬名四海的心愿，最后却又都以失败告终，双双成为日本历史上的悲剧英雄。

萌系的萝莉化真田幸村：《百花缭乱武士新娘》

《百花缭乱武士新娘》由于名字太长，以下简称《百花缭乱》。

日本动漫近几年在"萌"市场上发展迅猛，秉着"万物皆可萌"的宗旨，这种让人无语的境况下，真田幸村便有幸拥有了女性形象，并且极大地颠覆了以往的形象，即使是之前的游戏与动漫，也从未有过如此的反转。

《百花缭乱》是校园战斗题材，其中的真田幸村，是个有觉悟、有智慧、有武艺的平胸小萝莉，额头巨大，遵循着"平胸一定智商高"的二次元ACG定则，高一年级的小学生，被女主柳生十兵卫称为大脑门豆丁、真田虫（绦虫），看起来很幼齿，但本质上非常识大体，顾大局，是这部动漫里少有的有头脑的人。

故事以一个比较架空的形式展开，虽然是一个校园战斗男后宫向动画，不过德川千、后藤又兵卫、真田幸村等名字频频出现，让人以为走错了片场，疑惑是否同名同姓纯属雷同。根据故事线来看，真田幸村的外形虽然离谱，身上依旧留着几百年前同名者的属性：智商高、勇猛、傲，当然，标志性的六文钱家纹也四处都是，帽子、扇子、裙子、辫子，包括笔记本电脑上，就怕别人不

《百花缭乱武士新娘》中的真田幸村。

拿她当真田幸村。

这部动画里她并不是主角，而是男主众多"后宫"中的一位，战斗属性更倾向于四两拨千斤，以智取胜，在很多情况下她更重要的作用是博学范儿的吐槽，常年扮演着设定解析者、故事背景分析员的角色。萝莉版的幸村遇到未知的事情会先去买一大堆书进行研究，是个很较真儿的女孩子。她对朋友无比信任，对敌态度坚决，虽然表面冷淡理智，内心戏却超多。

《百花缭乱》中的剑姬是个关键设定，是推动故事的主线元素。作为第二个变身剑姬的角色，真田幸村的战斗力不是本部动画里最厉害的，却也不容小觑。幸村的剑姬印记是"智"，发动时会有一个大写带光环的"智"出现，标明了她的战斗属性，剑姬降临咒语是"不惜身命"，意味着为了成全大业可以不惜牺牲性命，这个类似于人生观与座右铭的东西是这一角色的核心设定。

她头脑冷静长于分析，偶尔还会腹黑恶搞一下朋友，只有一个致命底线，被戳到就会不淡定——被人骂平胸就会暴走，变身后用两把大扇子把人扇飞，颇有点铁扇公主的味道。必要的时候两个扇子拼起来还是一面盾牌，能遮住三四个人，可攻可守，当然，因为身材瘦小，所以很少进行力量对决，而是各种给团队加buff，比如阵法和保护结界，更倾向于防守。

《百花缭乱》本质上是一个关于人才量产的滑稽逻辑主题，当然作品中这一概念名为"剑姬"。故事引用了历史上柳生十兵卫与天草四郎对决的传说，真田幸村在这部动画里，战斗并不是她的主要功能，作为军师，大家遇到任何问题，她都是负责提供信息和出主意的人，很傲娇却很拼，明明是熬夜很久才分析出来的敌方数据，却打着哈欠说小菜一碟，犹如天鹅，表面典雅端庄，水下拼命划动双蹼。

第三次上田合战与大坂夏之阵的延续：《夏日大作战》

很多人都不明白，这部从头到尾都没有提到"真田"二字的动画，到底与真田家有什么关系。然而看这部动画就像破案，很多细节可以考据出非常有趣的东西来。

这部动漫的题材是青春科幻，讲述了人工智能（Ai）网络OZ被入侵，给人们的真实生活带来极大威胁的故事，OZ是一种电子生态网路，犹如今天中国的人工智能生态链，一旦崩溃，则交通、财经、医疗，各种系统都会运行错乱，基本上就是一场网络引发现实的大灾难。男主健二，作为来阵内家冒充准女婿的打工者，摊上大事了——被人偷梁换柱地诬陷为网络犯罪的头号嫌疑犯。

乍一看，这和真田家真是半毛钱关系也没有，当然，六文钱也没出现过，但是，动画却从很多细节，甚至用主题来投影——用阵内家奶奶的话说，"这是一场战争"，这是一场历史性的战争，这场战争名为"上田合战"，是真田家的第三次上田合战。

动画一开始就出现了类似于历史上上田城的阵内家院门，女主夏希还不厌其烦地逐一介绍阵内家的七大姑八大姨，充分说明了这是一个大家族，在历史上可谓是地方豪族，而阵内叔叔自称先祖是最强的武田军团中的一员，然后出现了真田昌幸的盔甲升梯子二枚胴具足，之后又提到只用两千人参加上田合战，与德川军战斗，再加上保护家族和家乡的传统，以及后面出现的雁金家纹，自此再明白不过，阵内家的原型，就是真田家。

很让人不明白的是，为什么这样一部动画，选择真田家作为原型。在这部动画里出现的整个家族，有着各种各样的人，并且也并不是完全的其乐融融，到底哪里像真田家，难道只是为了有一个值得骄傲的历史背景做后盾吗？

无论如何，这都是个具有奇怪设定的家族，年过句老奶奶，提着一把长刀，砍得不肖子孙屁滚尿流，观众却不觉得别扭过分，反而觉得过瘾很热血。"最重要的是不放弃，是你的话一定可以……"这种话要是由一个油头粉面西装革履的小青年说出来，那是洗脑安利，乱泼鸡汤，但由这个有威望的老奶奶，在全世界都陷入恐慌和混乱时说出来，直击心灵，足以让人振奋到热泪盈眶，这也是阵内家，或者说是真田家战斗精神的宣言：沉着、勇敢、有韧性。

奶奶阵内荣的设定，对应的就是真田家的真田昌幸，无论是她使用的武器，还是她身后频繁出现的盔甲，当然，最主要的，还是她在危机出现时那种大将风范，有威望，有人脉，有统筹能力，如同排兵布阵一样进行部署，如同红楼梦里的贾母，不仅是一家的掌权者，也是他们的精神支柱，但是贾母死后，贾家所有人都精神崩溃了，所有事都乱套了，最后成为悲剧家族。

阵内老奶奶也在网络大战前就去世了，却留下了遗言，鼓励着阵内家的儿孙们，不畏强权，全力奋战，犹如九度山的真田昌幸，临死留下遗言，鼓励幸村与德川一战，为真田家复仇。而动画中，阵内家打响的也是复仇战，因为Ai

入侵者绑架使用者账号，而导致现实世界中的各种混乱，是造成老奶奶没能被及时抢救的元凶，因此，这成为一场一个家族对抗强大网络敌人的战争——这是虚拟世界、现实世界和历史架构的完美通联。

在奶奶的遗言号召下，为了阻止Ai入侵者毁灭世界，阵内家各显神通，用网络世界的分身来对抗现实世界的灾难，一个家庭拯救世界，这种勇气也与真田家一样——一人一家，来对抗千军万马的天下强兵。

动画中的叔公屡次提到阵内家的历史战绩，"庆长五年七月，德川秀忠率领三万八千大军进攻上田，（阵内家）这边只有两千多人……""在大坂夏之阵，我们的祖先突入德川本阵战死……"在说明家族的同时，也展示着反方势力的强大，反派BOSS入侵用Ai，盗用所有用户账号后，相当于几百万的军队，可以控制全世界的公共设施，甚至修改指令，让卫星撞击核电厂，这是一场恐怖袭击，人质是全人类。

在奶奶的号召下和全家备战的支持下，阵内家的年轻人，开始了复仇之战。当然，这也是一场保卫家园之战，如同大坂夏之阵的延续，是一场完全没有胜算的决战，失败了可能就是家破人亡，但正如真田家守护上田城一样，没人让你选择要不要打，没得选择，就算会输，还是要照打不误，正如女主夏希的表妹所说的，"这是愚蠢的家族，我也是蠢蛋之一"。愚，但是很帅。

本着"复仇是对奶奶最好的凭吊"这种精神，阵内家的年轻人们开始了通过游戏竞技拯救世界的进程，游戏里阵内家的青年们穿上红色衣服，代表着赤备军，进行了三次主要的战役。

第一次是妹妹佳主马一人对抗对方上亿账号的冲阵，对应历史上真田幸村最后的冲阵，虽然最后失败了，但阵内家并没有服输，进行了第二次挑战。姐姐夏希在全家账号的支持下，进行二十四人对上亿人的豪赌，最终取得了胜利。大坂夏之阵也是一场豪赌，如果当年有更多的大名站在大坂一方，历史发展或许会有所不同。而真田家与德川家的对抗，不单纯是昔日的宿怨，也是因为不认可德川的体制，真田希望有能力有权力守护家园，而非听命于人。

而最后一场战争，是真正的上田保卫战，男主健二用纯脑力计算对抗大型Ai运算系统，这是奇迹的挑战，胜算极其小，不到最后一刻不放弃，一次又一次的失败，却继续战斗，理由就是：我们还没有输。最后的战争结果，是成功地改变了撞向阵内家的小行星的轨迹，以毫米的偏差坠落在真田家附近。真田

《夏日大作战》的虚拟BOSS（最左）。BOSS形似摩利支天，传说德川家康随身就携带着摩利支天像，因此隐喻为德川家。

家的房子虽然因此震动而化成一片废墟，但所有家人毫发无伤，并且炸出了一个价值千万的温泉。

　　动画里的阵内家战争顺序与历史上真田家的战斗是反向的，从夏之阵到上田合战，好像在说，假如历史可以倒流，那么这个家族想必会有不同的际遇。片尾遍布的朝颜花，其花语是生命中永不丢失的温暖，归结到了本剧的主题——"一家人"。这是从家族角度来反映真田家的动画，真田家在这部作品中，是一种以家族为核心去奋斗、与命运和现实抗争的精神信仰。

值得一提的是动画内持续的背景音，电视里直播的棒球比赛，让人看到导演细田守的良苦用心，每一个细节都不做闲笔，棒球赛的进程与动画中的事件是平行的，随着事件的进展而高潮或者低落，而最终一战是上田学院对松商学院，上田意味着真田，松商意味着德川，因为德川家本姓松平。

然而本片的背景还远远不止这些，这是该片导演细田守的第一部严格意义上的原创作品，对日本动漫文化熟悉的人都知道，在动画电影单片方面，吉卜力在日本一枝独秀，制霸日本动画界，而细田守当年就曾经去应试过吉卜力，后来也曾与吉卜力有过合作，但第一次接触，他被吉卜力断然拒绝，宫崎骏的理由竟然是他太有才能了，不忍心耽搁他，潜台词是，你在我们这里不合适。而第二次接触，是挂名吉卜力，进行《哈尔的移动城堡》制作，因画风不符合宫崎骏风，他的心血被吉卜力全盘推翻，风格被否定，一度打击得他想退出动画界。

但细田守并没有就此一蹶不振，而是继续坚持自己的制作风格，简洁明快正能量，慢行快打，终于在吉卜力垄断的日本动画电影市场中异军突起，并频繁取胜，每一部作品都是精品，后期票房甚至超越了宫崎骏的很多力作。细田守与吉卜力的竞争，正如真田与德川。于是，他将自身情感融入了这部《夏日大作战》中，作为失去领地沦为浪人的真田幸村，对德川"率土之下莫非王臣"的体制规划的反抗，体现了细田守在动画领域自由至上的精神追求，而他在这部动画里，把上田作为了要守护的家园，而阵内家则是反抗黑暗霸权的总指挥。